FOOD ECONOMICS

食物经济 第6版

——从食物系统视角分析食物问题

[日] 高桥正郎 监修

清水美悠纪 编著

刘 坤 译
陈廷贵

中国农业出版社

北 京

图书在版编目（CIP）数据

食物经济：第 6 版 /（日）高桥正郎，（日）清水美
悠纪编著；刘坤，陈廷贵译. -- 北京：中国农业出版
社，2025. 5. -- ISBN 978-7-109-33111-2

Ⅰ. F307.11

中国国家版本馆 CIP 数据核字第 2025BM2166 号

Original Japanese Language edition

SHOKURYO KEIZAI 6TH EDITION － FOOD SYSTEM KARA MITA SHOKURYO MONDAI －
by Masao Takahashi, Miyuki Shimizu

Copyright ⓒ Masao Takahashi, Miyuki Shimizu 2022

Published by Ohmsha, Ltd.

Chinese translation rights in simplified characters by arrangement with Ohmsha, Ltd.
through Japan UNI Agency, Inc. , Tokyo

著作权合同登记号：图字 01 - 2025 - 2419 号

食物经济（第 6 版）
SHIWU JINGJI（DI 6 BAN）

中国农业出版社出版
地址：北京市朝阳区麦子店街 18 号楼
邮编：100125
责任编辑：陈　瑨
版式设计：王　晨　　责任校对：吴丽婷
印刷：中农印务有限公司
版次：2025 年 5 月第 1 版
印次：2025 年 5 月北京第 1 次印刷
发行：新华书店北京发行所
开本：700mm×1000mm　1/16
印张：15.25
字数：257 千字
定价：68.00 元

前 言
F O R E W O R D

众所周知，日本的食物自给率水平极低（仅为 37%），大部分依赖于海外进口。在这种情况下，2001 年的疯牛病、2004 年的禽流感、2008 年的替代燃料生物乙醇的需求增加而导致的谷物和大豆价格飙升等全球范围内的食物安全问题，使我们意识到，我们的餐桌与全球食物、环境问题息息相关。

如果不在特定情境下思考，很多时候消费者往往认为，现如今的"丰盛的餐桌"会永远持续，但实际上其就像建在沙土上的房子一样脆弱，其原因是消费者很难看到超市、便利店和餐馆中随处可见的"丰盛的餐桌"背后隐藏着什么。我们认为，这是饮食和农业之间距离的不断增大所导致的，许多国内外食品进口商、制造商、批发商、零售商、外食产业已经成为饮食和农业之间的中介，形成了一个消费者看不见的黑匣子。

随着新型冠状病毒的传播，外出就餐的机会大大减少，在家就餐的机会稳步增加。然而，无论以何种形式进餐，当你作为消费者坐在餐桌前时，往往不知道食品是在哪里生产的、经过哪些途径、由谁加工、如何加工，也无从知道这些食品是否会以稳定的方式持续供应着，这是因为无法获得有关食品的信息。本书作为一项知识性研究，旨在打开和填补这些信息缺口，缓解消费者与饮食相关的一些焦虑。

世界上关于粮食经济学、食物经济学、食品经济学等主题的书籍数量惊人。然而，迄今为止出版的大多数同类书籍都是由农业经济学家撰写的，并且侧重于上游的农业问题。与此不同的是，本书的所有作者都是或曾经是日本大学食品经济学科的研究人员，其写作的视角基本是从食物经济学出发。换言之，本书不仅关注上游的农业，还关注中下游的食品制造业、食品流通业、外食产业及食物消费的全过程，我们把这整个流程称为"食物系统"。本书的目的是通过对整个食物系统的分析，来审视我们进食中不为人知的一面，这也是本书副标题选择"从食物系统视角分析食物问题"的原因。

很多读者在进入大学后不久把该书作为教科书使用，因此想特别对这些读者说几句，到高中为止接受的教育都是专注于死记硬背的填鸭式教育，进入大学学习，不是死记硬背事实，而是要思考事实背后的逻辑。本书也基于此，希望在阅读本书时能够多思考些为什么，提出问题、仔细阅读、一直探索，直到自己满意为止。

本书第 1 版出版于 1991 年，到 2016 年已更新至第 5 版，这点要感谢读者们的青睐。由于世界形势瞬息万变，日本的产业、经济和整个社会都在发生变化，围绕饮食和农业的环境也在不断地发生变化。因此，在前几版数据更新的基础上，增加了外食、中食产业的独立篇章。在饮食和农业之间距离不断增大的情况下，本书提出的现代饮食问题也变得越来越重要。我们希望，与上一版相比，这一版能带给读者更多的信息，并引发更多的思考。

高桥正郎、清水美悠纪

2022 年 2 月

目　录
C O N T E N T S

各 章 作 者

高桥正郎	原日本大学教授	农学博士	序章、第八章、第十一章
清水美悠纪	日本大学教授	博士（农学）	序章、第四章、第六章、第十章、第十一章
久保田裕美	日本大学副教授	博士（农学）	第一章
安村硕之	原日本大学教授	博士（生物资源科学）	第一章
大石敦志	日本大学教授	博士（农学）	第二章
小野洋	日本大学教授	博士（农学）	第三章
佐藤奖平	日本大学讲师	博士（生物资源科学）	第四章
木岛实	原日本大学教授	博士（农学）	第二章、第五章
下渡敏治	日本大学名誉教授	农学博士	第七章
盛田清秀	公立小松大学教授	博士（农学）	第八章、第九章

各 章 译 者

刘　坤　上海海洋大学讲师　博士（生物资源科学）
　　　序章、第一章、第四章、第五章、第六章、第十章、第十一章

陈廷贵　上海海洋大学教授　博士（农业经济学）
　　　第二章、第三章、第七章、第八章、第九章

序 章
食物经济要学什么

一、从"丰盛的餐桌"考察饮食生活

现在，日本人可以随时随地地选择自己喜欢的食品，超市、便利店无处不在，各色各样的食品随时都等待着人们的消费。

如果走在闹市区，随处可见的快餐及连锁饮食店，可以满足消费者的各种喜好。所以现在"饮食"的真正涵义与其说是填饱肚子、摄取基础营养，还不如说是享受美食、享受时尚。人们也通过各种饮食活动来满足对社交、休闲及时尚的需求。

在如此丰富的饮食环境中，对于摆在我们面前的"丰盛的餐桌"，往往会十分自然且不假思索地去享用。然而，如果我们仔细观察思考的话，就可以发现在其背后隐藏着各种各样的问题，并且相互产生影响。考察饮食问题必须透过事物的表象来探明其本质，这就是"食物经济"所要开展的工作和研究的课题。

希望《食物经济》这本书能揭开"丰盛的餐桌"的神秘面纱，找到隐藏在背后的问题。在序章中描绘了这些问题的大致轮廓，并整理了全书的分析重点。

二、米饭、大米、水稻

大米是日本国民生活的基础，始终主张自给自足，但与其他农产品一样，自 20 世纪 80 年代末以来，也被卷入贸易自由化的浪潮中，断断续续地面临着国际会议的冲击。始于 1986 年的关税及贸易总协定乌拉圭回合，经过七年的谈判，终于在 1993 年底尘埃落定，作为"无例外关税"的特别措施，日本同意在 2000 年将大米的最低进口率准入标准提高到 8％。

此谈判结果对以大米生产为主导的日本农业来说可谓是沉重的打击，同时遭到了农业生产者及相关团体的强烈反对。但迫于国际压力，到了1998年底不得不接受大米关税化，1999年4月实质上正式开放了大米市场。

但自由贸易化的浪潮并未到此结束，续关税及贸易总协定之后，2001年世界贸易组织建立了新一轮的多边贸易谈判即多哈回合，其中农业自由化问题再次被提上议题。在2003年9月的墨西哥世界贸易组织部长级会议上，日本对进口大米所征收的490%高关税成为议题焦点，要求其降低关税并放宽大米市场的准入。随后，2006年日本签署的跨太平洋伙伴关系协议，虽然将大米关税维持在341日元/kg，但依然被强烈要求批准无关税或低关税特别进口配额，这使日本处于非常尴尬的境地。

一直沿用的《粮食管理法》于1995年被废除，日本实施了新的《粮食法》。自1971年以来由政府主导的水稻生产调整政策[①]，也在2013年11月发生了变化，政府决定从2018财政年度起废除该制度，并按计划付诸实施。

综上所述，从20世纪末到21世纪初，大米的经济问题成为日本国内的焦点问题，也成为一个新时代变化的转折点。

在本书后续章节中会对以上问题进行详细讨论，在这里主要想表达的是，即使对社会变革有如此重要意义的课题，但从食物经济角度来看，也只算是冰山一角。

不得不说，作为商品的大米包含着各种各样的经济问题。然而更重要的是，如果仅仅局限在大米层次上去考虑的话，有很多问题无法回答。大米与消费者之间实际存在三个层次上的关系，且相互关联、互相影响。

所谓的三个层次上的关系具体表现如下。第一，在前述大幅降低关税及水稻生产政策调整等背景下不断动摇的大米供应问题。从农民的田间到家庭的厨房，大米本来作为一般商品进行流通，而现如今大米在实际意义上已成为国际流通的商品之一。紧接着当大米进入人们口中的消费阶段时，它就变成了第二个层次的米饭问题。在这里，虽然也产生了健康医学、营养学、味觉变化等有关问题，但如为什么饮食生活变化导致大米消费量大幅下降等与米饭相关的各种经济问题也随之产生。更进一步地分析就产生了第三个层次的问题，即大米的生产阶段，与水稻生产相关联的经济问题。自古以来日本被称为"稻青瑞穗之

---

① 水稻生产调整政策是因生产过剩而限制生产即减反政策，其中减反指控制耕地面积。

国"，为什么水稻生产却如此缺乏国际竞争力？而更加严峻的问题不止于此，随着农业劳动力老龄化，以水稻耕作为中心的日本农业，目前已不是竞争而是如何存续的经济问题。

平时我们很少关注，在日常消费的米饭背后，还深藏了大量且复杂的国际商品大米问题，并且很难体会或者说很难理解更深层次的水稻生产调整政策，以及政策变化所带来的经济问题。由于这些问题都是相互作用、互相关联的，如何将它们联系起来作为一个整体进行分析，是食物经济必须思考的重要课题。

本书提出的分析方法是把以上三个层次的问题比拟为河流流动，将水稻比作上游，将大米比作中游，而将米饭比作下游，整个河流就从上游的农业生产向下游的最终消费流动，并对其流程中不断产生的变动作为一个整体进行把握。

因此，食物经济不仅是考察米饭相关的经济问题（即食物消费问题），还要考察其背后所隐藏着的大米问题（即作为商品的农产品或食品问题），以及更深层面上的水稻问题（即农水产业相关的生产问题），目的是追溯"丰盛的餐桌"的源头，从上游、中游、下游的视点加以考察，从而把握食物的全貌（即整体构成及变化）。

三、饮食与农业距离的不断扩大

饮食与农业的历史是与人类历史同步产生和发展的，是人类得以生存和发展的重要基础。最初由采摘、狩猎开始，再以耕种、饲养等手段运营农业，以此来维持自己及家庭成员生命所必需的饮食。这种自给自足的经济体系，基本上是"农业"＝"饮食"，两者存在着表里一致的对应关系。也就是说，人类曾经以通过农业生产收获食物的量来决定可供给饮食的人数。

人类从这种自给自足的经济过渡到以分工为基础的货币经济的历史并不长。尤其在农业人口占压倒性多数的状况下，日本也只是从150年前才出现，如表0-1食物供给中自给自足所占比例所示，应该是第二次世界大战后进入高速经济发展期以后正式开始，也就仅仅是60年前的事。1960年即两代人之前，日本农业人口占总人口的近40％，而在其家庭支出中，饮食费用的近60％是依靠自给自足来完成的。

表0-1食物供给中自给自足占比的计算方法是，首先把农户以外家庭的食物自给看作为零，然后把每年的农业人口比例乘以农户饮食费用的自给率，其结果是70年前的1950年为32.1％，即约1/3为自给自足；60年前经济高速增长开始的1960年为20.4％，即约1/5为自给自足。但随着经济的高速增长，其比例也急速下降，到了1990年，不仅农业人口占比大幅下降，农户饮食费用的自给率也降到极低水平，从国家整体的情况来看，家庭食物自给率达到了几乎可以忽略不计的2％。

表0-1 食物供给中自给自足占比的变化

年份	总人口（万人）	农业人口（万人）	农业人口占比（%）	农户饮食费用的自给率（%）	食物供给中自给自足占比（%）
1950	8 320.0	3 767.0	45.3	71.0	32.1
1960	9 341.9	3 411.2	36.5	55.7	20.4
1970	10 372.0	2 659.4	25.6	34.9	8.9
1980	11 706.0	2 136.1	18.3	20.9	3.8
1990	12 361.1	1 729.6	14.0	14.1	2.0

资料来源：日本总务省统计局《全国人口普查》、日本农林水产省《农业普查》《农户生活费用调查》。

注：1. 食物供给中自给自足占比＝农业人口占比×农户饮食费用的自给率；2. 由于《农户生活费用调查》已被取消，1990年之后数据无法获得。

20世纪60年代的经济高速发展，给日本社会的各个层面带来了巨大的变化，以下各章将进行详细的叙述。与食物经济相关的变化也不胜枚举，在此，着重对农业生产与饮食消费的关系加以考察，曾经的"农业"≈"饮食"，也就是说两者之间几乎是零距离，即单一连接关系，随着经济的高速发展，在两者之间介入了不同的经济主体而使其渐行渐远，现如今已到了很难直接把控的程度。

农业与饮食距离的扩大具体表现在以下三个层面。一是物理或地理意义上的距离扩大。观察一下餐桌上的菜肴，由来自非洲海域捕获的鱼、泰国产的虾、澳大利亚产的小麦作原料，用美国产的大豆油油炸，然后制成日本传统食品天妇罗，同时还有墨西哥产的南瓜等作为配菜，可见如今日本的饮食，由来自遥远国家的各类农产品组成，可谓与这些国家的农业产生了紧密联系。二是时间层面上的距离扩大。特别是随着冷链物流的发展，储存技术取得了重大进步，农副产品收获后，可以经过相当长时间的加工保存，然后才到达消费者的餐桌，这早已变得司空见惯。我们几乎可以在任何季节吃到各种各样想吃的菜肴，这一局面的形成一方面需要克服原料时间距离的问题，同时也派生出收获后为保证其储存而使用农药等问题，这也是农业与饮食距离扩大后所发生的新问题。三是农业与饮食之间介入了如食品制造业、食品流通业、外食产业等其他的经济主体，这与以往的农副产品直接进入家庭消费不同，农业生产的产品经过各类加工过程以加工食品、外食餐饮的形式提供给消费者，即在农业与饮食中间形成了多层产业化距离的扩大。这种距离扩大，同时也增加了每个阶段的信息无法精确捕捉的风险，也就是说同时派生出了对食品安全的不信任问题。

可见，如今农业与饮食的距离，在以上三层意义的扩大下，已相距甚远。消费者不知道每天吃的食物何时在哪里采摘、在何处经由谁加工和烹饪、如何储存和运输，以及现在如何出现在我们的餐桌上，这些都已变得理所当然。

除了以上三个层面农业与饮食之间的距离在扩大之外，由于生产者和消费者之间关系的疏远，以及由于断裂而产生的"心理距离"也是一个问题，这作为第四层距离扩大的内涵来补充，而消费者对食品安全的不信任问题也是源于此。

第二次世界大战前，日本有一句俗语："如果你吃的东西来自方圆 12 公里之内，你就大可安心。"也就是说与生命息息相关的饮食，或许不是自己播种，但在知道耕作人是谁的状况下才能保持安全，可以说印证了"农业"≈"饮食"。但现在已经变成"农业"≠"饮食"，日常饮食背后的很多事物都被关在了黑匣子里。

我们想要通过《食物经济》这本书学习到的是，打开黑匣子，寻找相距甚远的农业与饮食之间的变化规律，对食物系统的组成及相互关系加以确认，揭示隐藏在饮食背后的诸多问题。

四、食物系统及相关的基本数据

1. 何谓食物系统

如上所述，农业与饮食之间距离的扩大包括了四层含义，即地理距离、时间距离、多层产业化距离、心理距离。其中最复杂的是第三层"多层产业化距离"的扩大。

随着人们生活的不断富裕、女性进入社会工作的比重增加等因素，促使饮食生活形态发生了很大的改变。其结果是从农场直接将农产品运到家庭并即时烹调的比重逐步下降，而经过食品制造业或外食产业制造的加工食品的消费比重大幅增加。

这一现象从食物流通的角度亦可看出，曾经农户与消费者之间就算加入流通业者也几乎是直接相连的食物系统，现在食物需经过食品制造业、外食产业等中间经济主体，最终到饮食消费，可谓转换成极为复杂的食物系统，如图0-1所示。

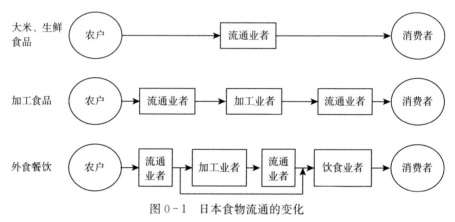

图0-1　日本食物流通的变化

简而言之，各类食品产业的参与者已经开始介入农业与饮食之间，因此要分析食物经济全貌的话，就必须掌握包括食品产业在内的整体系统的组成及变化规律。

将这样的食物、食品的整个流程称之为"食品供应链"或"食物系统"，前者为英国学术界用语，后者为美国学术界用语。由于"食品供应链"容易与生态学中食物连锁反应造成混淆，所以在本书中使用"食物系统"这一用语。

如果给"食物系统"下个定义的话，那就是农渔业所生产的农副产品及水产品，经过食品制造业的加工，其制品经超市等食品零售业或是连锁饮食店等外食产业，最终到达消费者的整个流程。

如图0-2所示，这样的食物系统也可将其比喻成河流的流动，从上游流向中游、下游，最后汇入大海或湖泊。

我们可以想象：上游是肥沃广阔的平原，许多农户在此努力耕耘，收获的农产品流通到中游，经批发市场分类，由食品制造业加工，然后流向下游，在超市、农贸市场等零售业出售，或者由外食产业烹饪，最后进入消费者的口中，由于消费者的胃口有限，并不像海洋般无限度的接纳，所以把最终消费比作湖泊显得更为恰当一些。

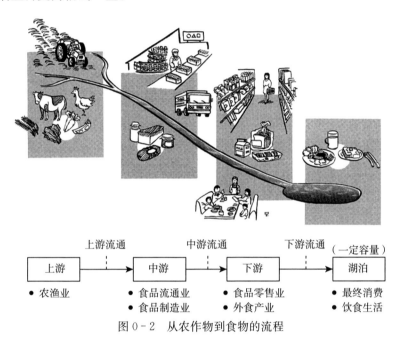

图 0 - 2　从农作物到食物的流程

2. 从食物系统的基础数据看上游、中游、下游

（1）上游产业所占比重 1/8～1/7

由农业、食品制造业、食品流通业、外食产业、最终饮食消费所构成的食物系统，在研究其主体间关系时，使用《农林渔业及关联食品产业为主的产业关联表》的数据进行各产业间的量化分析是十分有效的。图 0 - 3 是基于日本农林水产省每 5 年发表一次的《农林渔业及关联食品产业为主的产业关联表》得出的，是在分析日本的食物系统各部门的关联和变化时的基本数据，也是一份极其重要的数据。因此，在这里略微详细地分析一下。

以 2015 年为例，当年日本的食物消费所投入的农水产品总额达到 11.3 万亿日元。如果将 1980 年的数据以 100 计，则 2015 年指数为 82，1980—1990 年一度增加，但此后明显减少。2015 年的比率 13.5 指当年最终饮食消费支出的比率，包括进口在内的农水产品只占 13.5%，即表示 2015 年农水产品仅占最终消费的 1/8～1/7，其余的分别是由农水产品加工、流通、外食等部门所提供的附加值份额。

从图 0-3 中食品产业及进口加工食品的附加值可以看出，主要增加的是国内中游和下游的增值，2015 年总额为 65.4 万亿日元，占最终消费支出的 78.0%，比例远高于预期，达到了令人震惊的程度。进口加工食品的总额为 7.2 万亿日元，占最终消费支出的 8.6%，加上进口农水产品的 1.9%，进口总额为 10.5%，几乎与国内农水产业持平，且超过了国内农业的份额。

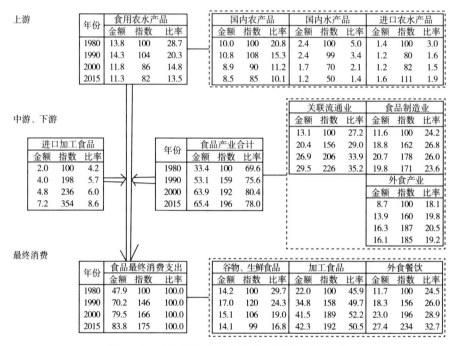

图 0-3　食物系统的基本数据（万亿日元，%）

资料来源：日本农林水产省发布的《农林渔业及关联食品产业为主的产业关联表》。

注：1. 食用农水产品包含特殊林产品（蘑菇等）；2. 生鲜食品包含精磨谷物（精米、精麦等）、畜产品（各种肉类）和冷冻鱼类海产品；3. 食品最终消费支出指家庭购买食品金额及支付给餐饮业的金额，同时旅馆、酒店、医院等消费的食品（作为配料购买）也包含在内；4. 关联流通业的增值总额包含商业利润和运费；5. 2000 年以前国内农业、水产业的数值是基于对日本农林水产省官员的采访所得。

2015 年包括进口在内食用农水产品的国内食品市场投入额为 11.3 万亿日元，再加上国内加工、流通和外食餐饮服务等 65.4 万亿日元的附加值，以及进口加工食品的 7.2 万亿日元，最终达到了 83.8 万亿日元。这是日本最终食品消费支出的总额，不仅包括家庭食品消费支出，还包括餐饮店、旅馆、酒店、医院和其他场所的食材消费等。

如果将最终食品消费支出总额与最初的农水产品投入额进行对比的话，2015 年是 7.4 倍，2000 年是 6.7 倍，1990 年是 4.9 倍，1980 年是 3.5 倍，这表明中游、下游部门的附加值正在稳步增加。在过去的 35 年间上游农水产品占最终饮食消费比例从 28.7% 下降至 13.5%，而包括进口加工食品在内的中游、下游的附加值部分则从 73.8% 增长至 86.6%。

(2) 最终消费中加工食品、外食所占比重的扩大

图 0-3 虚线框的子表格是对实线框表格内容的细分，该部分自下而上看，会更容易理解。从食物最终消费的分类来看，食物支出分为"谷物、生鲜食品""加工食品""外食餐饮"三大类，"谷物、生鲜食品"的比重逐年下降（从 1980 年的 29.7% 下降到 2015 年的 16.8%），而"加工食品"和"外食餐饮"的比重则上升。

随着国民收入的增加、女性进入社会工作，以及食品产业和外食产业的发展，日本的食品支出中加工食品和外食餐饮的比重一直在增加，意味着饮食生活的时尚化、美食化、方便化消费取向在不断形成。就 2015 年而言，50.5% 的食品支出用于"加工食品"，32.7% 用于"外食餐饮"，加起来份额已超过了 80%，这个事实不得不让我们震惊。

(3) 中游、下游的附加值等

如前所述，2015 年日本国内中游、下游的附加值合计额为 65.4 万亿日元，占最终消费的 78.0%；如果加上进口则达 72.6 万亿日元，占 86.6%。

从图 0-3 所示的中游、下游分类来看，可分成三个门类：第一大类为"关联流通业"，包含了从农业生产到批发市场、食品制造业的农产品流通，从批发市场或食品制造业到食品批发，从食品零售到消费者的食品流通；第二大类为食品加工附加值等的"食品制造业"；第三大类为餐饮附加值的"外食产业"。2015 年的支出中关联流通业所占的比例为 35.2%，即饮食消费支出的约 1/3 为食品流通份额；接下来是食品制造业占 23.6%、外食产业占 19.2%，也分别远远超出了国内农水产品的所持份额（11.5%）。

更为重要的是图 0-3 中的指数数据，它以 1980 年为基准来计算增长率。可以看出，与国产农产品下降 15%、水产品下降 50% 相比，关联流通业增长了 126%，食品制造业增长了 71%，外食产业增长了 85%，显而易见中游、下游产业得到了大幅提升。

（4）如果逐年追溯，差距会进一步扩大

图 0-3 中的日本农林水产省数据只能追溯到 1980 年，但如果选择日本食品产业中心的数据即《食品产业统计年报》的话，可再往前追溯 20 年。

图 0-4 是从 1960 年到 2005 年的 45 年间，从最终消费看饮食各部门及行业份额的变化。如图 0-4 所示，上游包括国产农产品、国产水产品和进口农水产品，这三类产品的总量从 1960 年的 43.7% 急剧下降到 1995 年的 15.7%，几乎下降了 33 个百分点。在此期间，仅国产农产品的份额就从 35.4% 下降到 11.8%。同时图 0-4 也清楚地表明，中游和下游所涉及的食品制造业、食品流通业、外食产业比例同比增加。

1995 年以后，下游的占比似乎渐渐趋于稳定，但尽管如此，到 1995 年为止的日本食物系统可谓发生了巨大的变革。虽然自 1995 年以来，上游产品的比例趋于稳定，但仔细观察可以发现，国产农产品的下降趋势仍在继续，而进口加工产品的比例，包括列入中游类别的中间加工产品，近年来也在迅速增加。

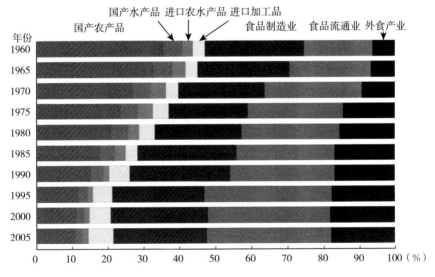

图 0-4　按最终消费计算的饮食各部门及行业的占比变化

资料来源：1975 年以前数据依据日本食品产业中心发布的《食品产业统计年报（1984 年版）》；1980 年以后数据来源与图 0-3 相同。

（5）每户家庭年均 100 万日元饮食消费支出的流向

根据日本总务省《家庭调查年报》数据显示，2019 年日本平均每户家庭

一年食物消费支出为 965 536 日元。在此基础上再加上政府和事业所的支出，假设其支出费用为 100 万日元，它在食物系统各组成主体中的分布情况如何，可以通过在农水产业，以及中下游的食品制造业、食品流通业、外食产业等的支出额来进行分析。

根据图 0-3 中 2015 年的比例，将 100 万日元按供应部门划分，国内农业为 10 万日元，渔业为 1.4 万日元，国内食品制造业为 24 万日元，关联流通业为 35 万日元，外食产业为 19 万日元，以及进口加工食品为 10 万日元[①]。这样的分布表明，中下游的支出比人们想象的要多得多。因此这一数据更进一步地告诉我们，在研究食物经济时，有必要花大力气对中下游产业加以更为详细的分析。本书也本着这个宗旨，尽量增加对食品产业领域的分析，同时也注重食物系统关联政策及产品技术的演变分析。

---

① 日本食品产业中心的数据是按照商品或生产活动单位（基于活动）进行分类，因此农民自制农产品的加工和农民餐馆的活动分别包括在食品制造业和外食产业的统计中。另外，对日本农林水产省秘书部统计处的工作人员表示感谢，他们对本节行业相关表格中的数字和描述提出了有益的建议。作者谨在此表达对他们的感激之情。

第一章
饮食生活的变迁与特征

一、日本的饮食生活简史

第二次世界大战结束后，日本人的饮食生活发生了很大的变化，现如今的饮食生活可以用"饱食时代""美食时代"来比喻，并持续已久。不过我们要知道，日本人全面摆脱饥饿的历史并不长。从战败后的粮食严重紧缺开始，一直延续到 1950 年左右，人人都为填饱肚子而挣扎，这段时期在日本也被称为"粮食贫穷期"。从 1955 年到 1957 年，日本经历了战后的第一次经济发展高潮，同时也是高速经济成长期的开始，这段时期被形象地称为"神武景气"，同时还出现了"战后阴影已全面摆脱"等说法，饮食生活也相应的得到了大幅改善，并渐趋稳定。

进入 20 世纪 60 年代，开始积极提倡厨房、营养的"改善运动"，并且乘着经济持续高速增长的浪潮，饮食内容和烹调方法不断变化，从营养供给角度来看饮食生活可谓发展到了前所未有的高度。以日本人的平均寿命变化为例，从 1947 年的男性 50.06 岁、女性 53.96 岁，变为 1965 年的男性 67.74 岁、女性 72.92 岁，此后依然增长显著，到了 1983 年已成为世界上最长寿的国家。此后，平均寿命的记录不断被刷新，2019 年男性 81.41 岁、女性 87.45 岁，达到了历史最高水平。

从战后不久到 20 世纪 60 年代，饮食生活的变化，主要是以畜产品为中心的动物性食品摄入量逐渐提高，也就是说饮食生活不断向着欧美化方向发展。进入 70 年代后也依然如此，结果导致了营养过剩，造成了肥胖和成人病人群增多，迎来了大家所谓的"饱食时代"。

进入 80 年代，为预防成人病而开始关注营养平衡，原本的"日式饮食生活"才受到人们的重视。同时，人们也逐渐开始从健康角度重新审视饮食生活。

到了 90 年代，受国内外压力的影响，被日本称为"神圣领域"① 的大米，其制度改革成为备受瞩目的焦点，持续了半世纪以上的《粮食管理法》在 1994 年变更为《粮食法》，并迫于国际压力不得不接受最低限度的进口，也就是说大米市场正式地向国际开放。另外，人们的饮食生活向简便化趋势发展，不仅是外食而且连中食的利用也逐渐增多。

到了 21 世纪初，以疯牛病问题为开端，连续发生的食品安全事件，使消费者对食品的不信任感越来越强烈，引发了食品信誉危机。于是食品的可追溯制度，食品安全、安心体系的构建等食品安全对策，便成为社会强烈关注的焦点。此外，在 2008 年雷曼兄弟公司破产导致经济下滑的背景下，从日本家庭更加注重节约，食品行业"自有品牌"产品的研发和销售，以及外食产业低价竞争加剧等现象也可以看出，人们的饮食生活正在向低价格方向倾斜。

21 世纪初，特别是 2011 年东日本大地震后，东京电力公司福岛第一核电站事故导致的食物放射性污染问题、烤肉店生肉中毒导致的死亡等事件，都使消费者对食品安全的焦虑变得更加严重。2013 年日本的传统饮食文化"和食"被注册为联合国教科文组织非物质文化遗产，包括以一汤三菜为基础的膳食方式，利用扎根于当地各种食材的膳食等，使日本的饮食备受世界瞩目。另外，在全球范围内的环境保护与可持续发展推进过程中，2015 年联合国峰会上提出了可持续发展目标，主旨是到 2030 年建立一个可持续的、更美好的世界。可持续发展目标在日本也得到了广泛推广，"脱贫""零饥饿""创造的责任、使用的责任"等各种举措陆续登场。

如上所述，在第二次世界大战结束后的 70 多年里，日本饮食生活的历史从"摆脱饥饿"，到"饱食""饮食生活的再认识""国际化和简便化""饮食的安全与保障"，再到"可持续发展的饮食"，可谓随着时代变迁经历了不同的变革。在人类的基本生活要素衣、食、住里，应该说饮食一般具有最保守的特性，但是通过看战后日本饮食生活的变迁历程，与其他两大要素相比，可谓达到了异常剧烈的变化，也可称之为"极端的革新"。也就是说，事实上今日的饮食生活，不仅远远超越了战败后的粮食缺乏时代，甚至说与战前相比内容都丰富得多。

现在饮食生活的问题如此之多，人们对其评价时甚至认为，现实的饮食生活

---

① "神圣领域"运用了夸张的比喻修辞，其内涵是对于日本农业而言，大米是唯一能自给自足的粮食作物。

与其说是丰富充裕，不如说是正处于危机状况之下。例如，随着农产品贸易自由化及国际贸易壁垒的废除，从海外进口的粮食及加工食品逐渐增多，其结果是造成了日本食物自给率低下，进而使长期的食品供给机制变得更加不稳定。此外，从食物味道传承的角度来说，现在通过食品制造业等制造的加工食品，以及连锁餐饮的普及与扩张，使食物味道变得规格化、统一化，丧失了各地域及家庭的传统味道，家庭主妇的烹调技术水平也随之有所下降。此外，孤食、厌食等饮食失调问题也变得愈演愈烈。因此，如今看似丰富的饮食其实存在很多问题且日益严峻。

二、第二次世界大战后的饮食生活变化

1. 恩格尔系数的变化：从家庭消费支出看饮食生活

在我们日常生活中最基本的是饮食，也就是说食物属于人们生存所必须的最基本需求，因此在家庭消费支出中最优先的也应是食物消费支出。然而由于人类摄取食物的量有一定限度，因此无论收入如何增加，食物消费支出的增长速度在达到一定限度后就会放缓。也就是说，饮食消费的费用比率总会控制在一定范围内，并不与收入的增加成正比。

德国统计学家恩格尔（Ernst Engel，1821—1896）在分析家庭消费支出的调查结果中发现，家庭的收入越少，家庭总支出中食物消费支出所占的比例就越大，随着家庭收入的增加，家庭总支出中食物消费支出的份额则会下降。此规律后被称为恩格尔定律，一直沿用于生活问题分析，是评估生活水准或经济财富的重要方法之一。

图1-1是从日本总务省《家庭调查》中摘录的恩格尔系数长期趋势。政府从1965年开始统计此数据，到2005年的短短40年间，日本的恩格尔系数从38.7%下降到22.9%，下降了15.8个百分点。特别是从20世纪60年代后期开始到80年代，随着经济高速增长，国民收入大幅增加，其系数下降趋势非常显著，同时也证实了恩格尔定律的真实准确性。

在随后的10年里，恩格尔系数从1995年的23.7%到2005年的22.9%，几乎没有变化。但从2005年开始，恩格尔系数不降反升，2014年以后的增幅尤为明显（图1-2）。这种变化是否正如恩格尔定律中所说的那样，表明日本人民的生活水平在下降，下面进一步探讨导致这一变化的原因。

一是人口老龄化的比例增加。从各年龄段恩格尔系数的变化可以看出，

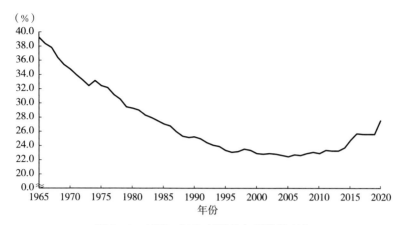

图 1 - 1　1965—2020 年恩格尔系数的变化

资料来源：根据日本总务省《家庭调查》（2 人及以上的家庭）做成。图 1 - 2、图 1 - 3 同。

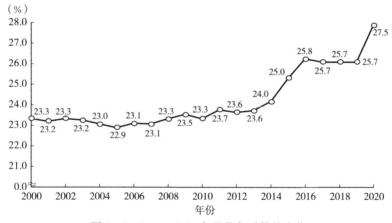

图 1 - 2　2000—2020 年恩格尔系数的变化

2019 年，户主年龄在 70 岁及以上的家庭恩格尔系数为 28.9％，60 多岁的家庭恩格尔系数为 26.8％，说明老年家庭的恩格尔系数高于年轻家庭（图 1 - 3）。从 2010 年到 2019 年，也可以看到类似的趋势。在日本，1950 年 65 岁以上人口占总人口的比例（老龄化率）不到 5％，但在 1994 年超过了 14％，并持续上升，到 2020 年达到了 28.8％。

　　二是还需考虑家庭组成和生活方式变化所带来的影响。这些变化导致了家庭购买量（消费量）和食品购买量（消费量）的浮动，因此，从长期统计来看，这些变化也是影响恩格尔系数的一个因素。

　　另外，根据日本总务省统计局的估算，在 2015 年和 2016 年两年的 1.8 个百分点的增幅中，有 0.9 个百分点（即增幅的一半）被确认为是由于价格波动所影响。

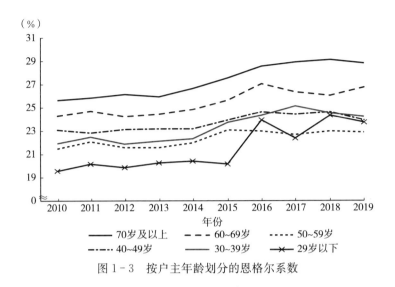

图 1-3　按户主年龄划分的恩格尔系数

综上所述，可以说近年来恩格尔系数的上升并不一定说明日本的生活水平在下降。

2. 由大米主食型饮食生活到食材多样型饮食生活：从饮食内容的构成变化来考察饮食生活

人均每天从主要食物中摄取的热量变化是根据日本农林水产省《食物供求表》计算而来，如图 1-4 所示。由图 1-4 可知，从作为主食的大米中摄取的热量在第二次世界大战前（1934—1938 年）为 1 246kcal，占总摄取热量（2 020kcal）的 61.7%，该占比到 20 世纪五六十年代下降为 40%，70 年代为 30%，80 年代跌至 20% 以下，2019 年仅占 21.4%。从小麦中摄取热量的占比情况是战前为 3.8%，战后的 1951 年增加了 3 倍，达到 12.4%，直到 2005 年一直保持在 11%～12% 的水准，2019 年达到 13.4%。

从其他谷物、薯类及淀粉中摄取的热量占比情况是，战前为 12.5%，但战后的 1946 年立即增长到 19.5%，以及 1951 年和 1955 年占比分别为 18.3%、15.4%。可以说，在战后不久的复原重建期，除大米外的其他谷物及薯类作为日本人的热量供给源发挥了重要作用。

热量供给中战前仅占 1.4% 的畜产品，除在战后重建时期有所下降外，1955 年增长到 2.4%，1975 年大幅增长到 10.2%，2019 年高达 17.8%。此外，以往动物性热量源的摄取是以水产品为主，其占有率虽然有所增加，但 1960 年被畜产品赶超，从 1980 年起一直停留在 5% 左右，到 2019 年下降到 3.9%，这点也引起了食鱼文化淡出舞台的担忧。

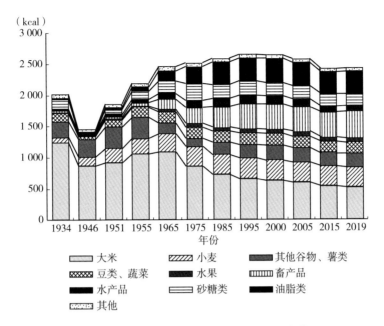

图 1-4　人均每天从主要食物摄取的热量变化

资料来源：1934—1938 年平均值来自日本农林水产省《食物需求基本统计》，1951 年以来来自日本农林水产省《食物供求表》。

注：1934—1938 年平均值来自《日本食品成分表（修订版）》，1946 年平均值来自《日本食品成分表》。

相反的，油脂类的增长最为显著，从战前仅有的 1.1%，战后重建期的 0.2%，1955 年微增到 3.0%，1975 年增长到 10.9%，2000 年达到 14.5%，2019 年为 15.0%，表明来自油脂的能量摄入大幅增加。

通过以上的分析可以看出，一直以来以大米为主的谷物（包括薯类、淀粉在内）提供了接近约 80% 的热量，后由于大米和其他谷物、薯类消费大幅减少，其比重也下降到了 45%。取而代之的是畜产品和油脂类，从 2.5% 大幅提升到 30%，除此之外蔬菜、水果、水产品、砂糖类都是持平或微增。也就是说，饮食内容由传统的以主食为中心的热量摄取方式，到 1950 年开始渐渐向以肉类、奶类等畜产品及油脂类摄取为主，附带各类副食品的方式改变，也可称为食物摄取多样化的变化。

综上所述，从主要食物中摄取热量的变化，可以归纳为以下五点。第一，大米为主食的摄取量大幅减少，以小麦为原料的面包、各类面条等面食的摄取比例提高，其他副食品的摄取量随之增加。第二，副食品的增加中动物性食品的摄取增加最为显著，特别是肉类、奶类等畜产品大幅增加，可以说副食品的构成正在向畜产品方向倾斜。第三，相比之下，植物性副食品的摄取增加比较缓慢，特别是豆类、蔬菜的增加尤为少①。第四，随着副食品材料的变化，带来了加工用食用油的油脂类及各类调味料大幅度增加。第五，为餐桌增色的水果及饮料等嗜好性食品有所增加。

3. 使餐桌更加丰盛的加工食品：激增的外食

图 1-5 的数据主要是引用日本总务省的《家庭调查》，其主要分析家庭饮食支出内容的比率变化（不含单身家庭）。由图 1-5 可知，主食谷类的比例 1951 年为 36.9％，此后大幅下降，到 2020 年降至 8.5％，约为 1951 年的 1/4。生鲜食品的份额从 1951 年到 1970 年虽有所增加，但自 1990 年后一直呈下降趋势。相对的，加工食品与外食的比例则持续提升，外食的比例 1951 年仅为 2.6％，1980 年增至 13.8％，2010 年达到 18.1％，之后虽有减少，但 2020 年仍维持在13.5％。从战后饮食消费支付内容的比率变化可以看出，主食的比例下降明显，加工食品及外食已与人们的饮食生活密不可分。第六章将更详细地讨论外食产业。

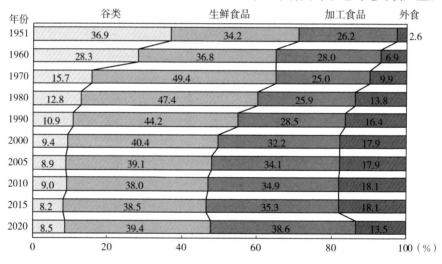

图 1-5 食品消费支出构成的变化

资料来源：根据日本总务省统计局《家庭调查》做成（不包含农林渔业，统计的是全国 2 人及以上的家庭）。

注：谷类包含米饭、面包、面类及其他谷物。生鲜食品包含生鲜海鲜、肉、鸡蛋、新鲜蔬菜和新鲜水果。加工食品是食物消费减去谷类、新鲜食品、外食。外食包含学校午餐。

———————

① 注：其他资料显示其构成是传统型蔬菜减少、西洋式蔬菜增加。

现今的加工食品其品类极为多样化，而且加工深度不断提高。看看最近的加工食品就会发现，它们已经变得极其多样化，深度加工产品的数量也迅速增加。较具代表性的如方便（即食）食品、预制冷冻食品、高温杀菌的袋装食品等深加工食品，以及预制菜、外带食品等，这些产品的诞生对一般家庭来说使烹饪变得简便化。

在此以深加工食品中的冷冻食品为例，分析其生产量的变化情况。1965年日本科学技术厅开始主导研究冷冻食品加工技术，从此引发了冷冻食品研发的热潮，冷冻食品品种及产量也得到了飞跃性增加。如图1-6所示，冷冻食品产量由1965年仅有的26 468t，到1970年达到了141 305t，随后在1990年突破百万吨大关，2005年增至1 539 009t。但是，2007—2008年发生的进口冷冻水饺中检出杀虫剂事件，导致了消费者对冷冻食品需求减弱，2010年的产量也减至1 399 703t。随着时间的推移，产量才逐渐恢复，到2020年达到1 551 213t。

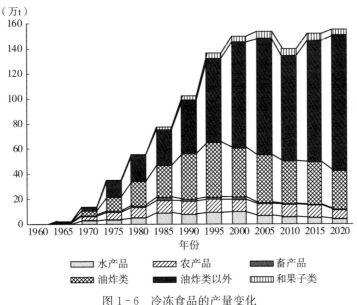

图1-6 冷冻食品的产量变化
资料来源：根据日本冷冻食品协会《冷冻食品统计》做成。

纵观冷冻食品产量快速增长的细分市场，其特点是初期以水产品加工为主的原料型产品居多，但此后，冷冻加工食品的产量逐渐增加，其比例也迅速上升。从1970年到2020年的50年间，从增加的分类来看，原料型冷冻食品的畜产品是 0.7 倍、水产品是 1.5 倍、农产品是 1.9 倍。与此相比，冷冻加工食品的油炸类食品是 11 倍，非油炸类食品的增加达到了惊人的 40.5 倍。

现在冷冻食品的种类已经非常丰富，其中稍做加工即可食用的家庭食品也是品种齐全、琳琅满目。加工食品可谓附带多种功能，但现在的大多数深加工食品都重视对烹调工作、烹调技术的代替功能和促销功能，本应具备的保存及储藏功能似乎已被置于次要地位。这样一来，本该在家庭内进行的烹调过程，被家庭外的食品企业所承担，换个角度而言，节省在家做饭的时间和精力，也是一种新的价值创造。在这里阐述的加工食品快速增长，与后面章节叙述的外食饮食比率的增加，可以称为"饮食生活外部化""烹调外部化"。

4. 对动物性食品需求的急速增加：从营养方面考察饮食生活

上述的饮食生活变化，从热量供应状况分析（图 1-4），战败后的 1946 年，国民人均每天摄取的热量仅为 1 448kcal，许多国民处于营养失调、全力维持生命的阶段。脱离此状态花了约 10 年的时间，到 1955 年战后首次突破 2 000kcal，达到 2 193kcal。

随后热量供给持续快速增长，1965 年为 2 459kcal，1970 年达到 2 530kcal。进入 20 世纪七八十年代，虽然增加率减少但仍有小幅增加。1986 年突破 2 600kcal，1996 年达到了峰值 2 670kcal。之后向减少方向转换，到 2019 年减少至 2 426kcal，但从战后的 1951 年至 2019 年，热量供给增长了 30.6%（绝对增加值为 569kcal）。除去战后的重建期，与战前相比增加了 406kcal，可以说是十分惊人的变化。

（1）动植物蛋白质供给的增加

日本国民人均每天的蛋白质供给状况如图 1-7 所示，与战前平均 59.7g、战后（1946 年）35.8g 相比，2019 年的 79.6g 呈现了大幅增加。其中动物蛋白质的比重，从 1950 年仅有 10%，到 20 世纪 50 年代中期的 20%，1960 年的 30%，1970 年的 40%，再到 1985 年超过了 50%，2019 年达到 56.3%，可谓是逐年提高。也就是说在蛋白质总量增加的同时，发生了从植物性蛋白质向动物性蛋白质的显著转变。

另外，从动物性蛋白质的供给构成来看，过去主要依赖于水产品，但到了 2019 年，69.7% 的动物性蛋白质主要由畜产品（肉类、鸡蛋、牛奶和乳制品）

提供，也就意味着，现如今的动物性蛋白质主要依赖于畜产品。

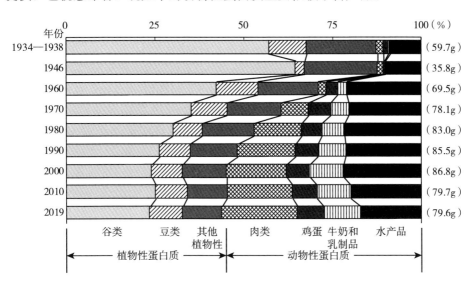

图 1-7　各类食物的蛋白质组成

　　资料来源：1934—1938 年平均值、1946 年的数据来自 1976 年日本农林水产省大臣官房调查科《食物需求基本统计》；1960 年以后的数据来自日本农林水产省的《食物供求表》。

　　注：基本数字为日本国民人均每天蛋白质供应量。右侧括号内的数字为人均每天供应蛋白质的总量。

（2）与其他国家相比的营养源 PFC 摄取比例

　　表 1-1 是根据日本农林水产省的《2020 财政年度食物供求表》统计摘录的日本与其他国家的 PFC（P 为蛋白质、F 为脂肪、C 为碳水化合物）热量摄取比例及动物性蛋白质在蛋白质供应中所占比例。

　　从总热量来看，2018 年其他国家为 3 176.0～3 614.0kcal，而日本 2019 年只有 2 340.0kcal。就 PFC 摄取的热量比例而言，其他国家的碳水化合物为 40% 左右，日本则高达 54.5%；其他国家的脂肪摄取量比例为 39.0%～42.5%，日本则为 31.9%。也就是说，日本人均每天的食物摄取总热值低于其他国家，而且脂肪在食物摄取热值中的比例也较低。

　　1975—1985 年的日本饮食形态被称为"日式饮食生活"。这种均衡的饮食，以大米为主食，除了主菜和副菜外，还添加适量的牛奶、乳制品及水果，其合理的饮食形态得到了世界各国的关注，并把它认定为良好饮食生活范本。然而，如果进一步分析 PFC 热量摄取比例的变化，可以发现 1965 年该比例为

16.2%，但在 2019 年大幅增长到 31.9%，表明饮食生活正在向高脂肪化转变。

表 1-1　人均每天热量与 PFC 热量比率的比较

国家	年份	热量			蛋白质		PFC 热量比率		
		合计（kcal）	动物性比率（%）	植物性比率（%）	合计（g）	其中动物性比率（%）	蛋白质（P）	脂肪（F）	碳水化合物（C）
日本	1965	2 458.7	—	—	75.0	35	12.2	16.2	71.6
	1985	2 596.5	—	—	82.1	50	12.7	26.1	61.2
	2005	2 572.8	—	—	84.0	55	13.1	28.9	58.0
	2019	2 340.0	22	78	79.6	56	13.6	31.9	54.5
美国	2018	3 614.0	28	72	111.8	66	12.4	42.4	45.3
加拿大		3 452.0	26	74	102.1	55	11.8	42.5	45.6
德国		3 295.0	33	67	101.9	62	12.4	40.6	47.0
法国		3 339.0	33	67	104.0	59	12.5	40.3	47.2
意大利		3 381.0	25	75	103.8	54	12.3	39.6	48.1
英国		3 176.0	30	70	101.0	57	12.7	39.0	48.2

资料来源：根据日本农林水产省《2020 财政年度食物供求表》做成。海外数据由日本农林水产省根据联合国粮食及农业组织的《食物平衡表》计算得出。

注：1. 不包含酒精类；2. 日本的热量数据来自《日本食品成分标准表 2020 年版（第 8 次修订）》，自 2019 年以来，单位热值的计算方法已大幅修订，因此在与早期版本进行比较时请注意；3. 在《日本食品成分标准表 2020 年版（第 8 次修订）》中，碳水化合物的成分值是基于成分值的累加，但此处的比率是简单地从热值中减去蛋白质（g）×4（kcal/g）和脂肪（g）×9（kcal/g），作为碳水化合物的成分值来计算。

　　另外，从动物性蛋白质占总蛋白质的比例来看，1965 年日本占比为 35%，但到 2019 年，这一比例已上升至 56%，几乎与西方国家的比例相同。如果基于这种趋势发展的话，人们担心日本将更加依赖动物性蛋白质，未来也必会出现欧美型高脂肪饮食生活。

　　高脂肪饮食生活，会引起肥胖症、成人病等各种健康问题。除此之外，还会引起家畜饲养的环境问题、动物福利问题等。另外，随着各国对社会可持续发展问题的关注，素食及肉类替代品正在变得备受瞩目。例如，2013 年联合国粮食及农业组织发布的《食用昆虫：粮食和饲料安全的未来前景》报告中指出，与哺乳类、鸟类和鱼类等动物性食品相比，以昆虫为材料的食物更具有环境及经济优势。再比如，食品制造企业如今已经开发了大量的替代肉制品，大型的餐饮连锁企业也推出了诸如用大豆代

替牛肉的系列菜品。因此不难看出，对替代蛋白质的需求在未来会进一步
扩大。

三、饮食生活变化的背景、现代饮食生活的特征及所面临的课题

如上所述，战后日本的饮食生活发生了很大的转变，渐渐形成的现代饮食
生活也存在着各种各样的问题，本节主要探讨引起这种变化的背景及所面临的
课题。

1. 日式饮食形态破坏的开端——饮食生活错乱与饮食均衡指导

（1）以青年层为主的脂肪摄取过剩及老年层的摄取不足

表1-2是依据日本厚生劳动省的《国民健康营养调查》数据分析的不同
年龄层脂肪摄取比率的变化。在《日本人膳食营养摄入标准（2020年版）》中
指出，1岁及以上男性和女性脂肪能量比率（脂肪摄入能量占总能量的百分
比）的目标量是20％～30％。此目标值范围内所占的比率，20～<30岁的男
性为48.0％、女性为42.9％。超过目标值即过度摄取的比例，20～<30岁的
男性为44.8％、女性为48.4％，30～<40岁男性为41.3％～42.4％，女性为
51.2％～52.1％。未达目标值即摄取不足的比率，30岁及以上的男性为
13.1％～21.9％，50岁及以上的女性为12.0％～17.6％。

表1-2　各年龄组的脂肪能量比率（％）

性别	脂肪能量比率	20～<30岁	30～<40岁	40～<50岁	50～<60岁	60～<70岁	70岁及以上
男性	未满15％	1.1	2.4	4.0	3.4	4.0	7.6
	15％～<20％	6.0	11.9	10.3	9.7	12.4	14.3
	20％～<25％	15.8	19.5	17.9	19.7	24.7	25.0
	25％～<30％	32.2	23.8	26.5	30.0	26.1	25.7
	30％～<35％	26.2	21.4	21.9	20.3	18.7	17.4
	35％及以上	18.6	21.0	19.4	16.9	14.1	10.1
	目标值范围内	48.0	43.3	44.4	49.7	50.8	50.7
	超过目标值	44.8	42.4	41.3	37.2	32.8	27.5
	未达目标值	7.1	14.3	14.3	13.1	16.4	21.9

（续）

性别	脂肪能量比率	20～<30岁	30～<40岁	40～<50岁	50～<60岁	60～<70岁	70岁及以上
女性	未满15%	2.2	0.4	2.3	2.6	4.0	5.0
	15%～<20%	6.6	5.6	4.1	9.4	11.6	12.6
	20%～<25%	14.3	16.0	17.1	14.8	14.9	21.1
	25%～<30%	28.6	26.8	24.3	24.9	25.6	24.9
	30%～<35%	15.4	26.4	28.1	20.7	21.3	19.6
	35%及以上	33.0	24.8	24.0	27.5	22.6	16.7
	目标值范围内	42.9	42.8	41.4	39.7	40.5	46.0
	超过目标值	48.4	51.2	52.1	48.2	43.9	36.3
	未达目标值	8.8	6.0	6.4	12.0	15.6	17.6

资料来源：根据日本厚生劳动省《国民健康营养调查》做成。

表1-2数据说明曾因良好的饮食平衡而引起欧美各国关注的"日式饮食生活"，也在渐渐地被打破，变成了摄取不平衡的饮食生活，其中所包含的主体不仅是青年层，还包括中年及高龄层。

（2）20多岁男性和女性有近二成不吃早点

近年来，由原来正常的一日三餐到一日两餐或一餐的"缺食"、不规则时间独自饮食的"孤食"、家庭成员聚餐却选择不同食物的"个食"、总吃固定几样食物的"固食"、只吃面包和面条等面类食品的"粉食"、只喜欢吃味道重食物的"浓食"、吃得少且以零食为主的"小食"等饮食乱象的增加及渐渐地变成习惯化，可以说现在的饮食生活已变得杂乱无章。

日本厚生劳动省的《国民健康营养调查》，对早餐、中餐、晚餐的缺食状况进行了调查。图1-8是抽取2013年及2019年的数据，按男女性别、年龄层分类对早餐缺食率所做的统计。虽然2019年与2013年相比，青年层的情况略有改善，但四五十岁的男性和三四十岁的女性，不吃早餐的比率也都有所上升，这表明劳动年龄层的早餐缺食率在进一步提高。

此外，虽然图1-8没有显示，但是从十多岁孩子的数据来看，其早餐缺食率初中男生为8.2%、高中男生为11.1%、初中女生为3.9%、高中女生为5.1%。一二十岁是身体和骨骼形成的重要阶段，而30多岁是社会活动最频繁的阶段，如果不正常饮食的话，不仅会打乱一天的生活规律及营养平衡，而且会产生各种影响身心健康的疾病。

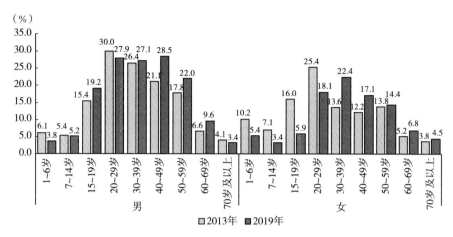

图 1-8　2013 年和 2019 年日本早餐缺食率对比

资料来源：日本厚生劳动省《国民健康营养调查（2019 年版）》。

注："缺食"指"只吃甜食/水果""只吃营养胶囊""不吃"的总和。

（3）指导健康饮食生活的《膳食平衡指南》

基于上述情况，2000 年 3 月，由日本文部省、厚生省和农林水产省联合制定了目标为"纠正国民的日常饮食行为，促进国民健康，提高人民生活质量，以及确保食品供应稳定"的饮食生活方针。为了有效地推动此方针，2005 年 6 月，由日本厚生劳动省和农林水产省共同制定了《膳食平衡指南》，如图 1-9 所示，用插图浅显易懂地揭示了每日理想的饮食组合及其大致的数量，并号召国民进行膳食实践。

在人体所需的营养素中，作为能量（依据卡路里计算）来源的蛋白质、脂肪和碳水化合物（包含酒精）被称为能量营养素，这些能量营养素及其成分在总能量摄取中的比例指标（依据能量计算的百分比）可以参考"能量营养平衡"[①]。

（4）《食育基本法》的施行

日本政府于 2005 年 6 月颁布了《食育基本法》，目的是"终身培养健康的

---

① 过去曾使用"全脂营养素平衡""三大营养素"等表达方式，但从 2015 年修订的《日本人膳食营养素参考摄取量》来看，一是酒精包含在碳水化合物中；二是正如关于脂质目标量的章节所述，应考虑脂质（尤其是饱和脂肪酸）的质量，因此摄取量所包含的营养素不仅是 3 个种类，而应该是包含蛋白质、脂质、饱和脂肪酸、碳水化合物和酒精 5 个种类；三是为了和国际术语统一，改用"能量营养平衡"一词。

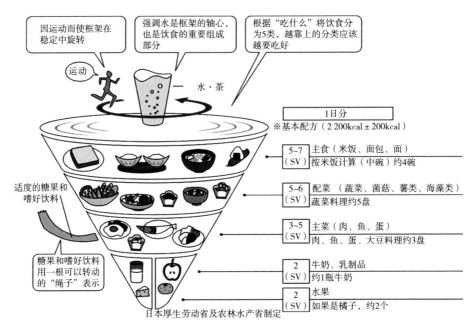

图 1-9　膳食平衡指南

资料来源：来自日本农林水产省官网。

注：SV 代表供餐量，即供餐数量单位。

身心，培养丰富的人性品格"，并将其作为一项国家政策加以推行。该政策背景下反映出的是消费者对食物的不尊重、不平衡和不规律饮食的增加，由行为生活方式所产生的肥胖及慢性病（高血压、癌症、糖尿病等）的增加，过度瘦身倾向，频发的食品安全问题，对海外食物原料的依赖和传统饮食文化的丧失等现代饮食生活的各种乱象，这些也被认为是当今社会急需解决的问题。

《食育基本法》指出，饮食是培养儿童丰富的人性品格、生存能力和获取生活热情最重要的元素。同时还指出，饮食教育教的不仅仅是基本的生存方式，还是知育、德育、体育等教育的基础，通过各种体验，使人们获取有关食物的知识和甄别食物的能力，培育人们能够践行健康饮食的能力等。在《食育基本法》颁布后，根据该法还制定了《推进食育的基本计划》，不仅要求各都道府县、市町村、关联机构及组织执行，还要求食品关联企业也同步推进。

除此之外，为了在生产者和消费者之间建立"面对面关系"，推出了本地生产、本地消费的"地产地消"活动。还有诸如"慢食"运动，其目的是改变偏重简便快餐的饮食习惯，重新认识本地的食材、饮食文化、饮食习惯、乡土料理等。随着人们对饮食教育兴趣的增长，这些活动正在全国各地被进一步的推广。

2. 食物自给率的低下和多国籍饮食生活的一般化

本书第三章、第九章、第十一章将会论述日本食物自给率持续处于低水平的原因。从卡路里计算的食物总自给率来看，1965 年为 73%，但 20 世纪 80 年代末下降到 50% 以下，到 2010 年为 39%，2020 年仅为 37%。虽然《食物、农业、农村基本计划》设定了到 2030 年达到 45% 的目标，但在过去的 10 年里，其状况没有得到改善，比率也几乎没有变化。此外，从主食谷物的自给率来看，1965 年为 80%，随后逐年递减，1975 年为 69%，2004 年为 59%，之后维持在这一水准，2019 年为 61%。如果加上饲料，谷物总自给率 1965 年是62%，但现在已经下降至 28%。从这组数据可以看出，支撑日本国民生活的食物中，有六成以上的热量（依卡路里计算）是从海外进口，也就是说，现在丰富的日本饮食只有依靠海外进口才能实现。

随着上述的变化，饮食的构成及生活方式也随之发生了重大变化。例如，本来占日本饮食比重较小的小麦，截至 2019 年，以美国为主的海外进口量却达到了年均约 470 万 t，最早进口小麦是源于 1954 年日本和美国签订的防卫互助协议，当时从美国进口了 61 万 t，并根据同时期制定的《学校供餐法》，利用支援进口的小麦做成面包供应给学校。这给以米饭为主食不习惯面食的日本饮食生活，带来了巨大的冲击和深远的影响。

考虑到 20 世纪 60 年代后半期开始变得显著的大米过剩问题，从 1976 年开始，在学校推动了引进以大米为主的午餐项目。1976 年日本全国学校午餐以米饭为主的供给比例仅 36.2%，但到 1980 年上升为 83.2%，1985 年达到97.2%。此后，引入比例也一直在增加，到 2014 年已达到 100%。因此，可以看出以米饭为主的学校午餐的推广速度非常迅速。然而，从 2019 年的数据看，面包类午餐供给平均每周依然达到 3.5 次，特别是在人口众多的大城市，午餐供给以面包类为主，米饭的次数较少。体验过这样以面包类为主的学校供餐，约占国民总人口的 70%。因此，现在面包在家庭料理中也变得普遍化。

另外，这种对外国食物的依赖和面包类的普及也带来副食的变化，导致了以"和食"为主的日本传统饮食文化的衰退。现今，日本料理、西方料理、中国料理及混合料理已成为日常饮食的一部分。受此影响，如筷子使用方法的错乱、站着吃饭的普遍化等也造成了饮食礼仪问题，综上所述，只能说现如今饮食生活的多国籍化已成为常态。

3. 家族共餐的减少

饮食生活一般以家庭为单位，但是现在像过去那样三代同堂同桌共餐的家庭数量正在减少，仅已婚夫妇家庭或单身家庭的数量正在显著增加。此外，过去在家里承担大部分家务和烹饪的女性也渐渐进入社会，双职工家庭的数量呈上升趋势。

根据日本厚生劳动省《国民生活情况调查》的数据显示，仅已婚夫妇家庭的比例从 1980 年的 13.1% 增长到 2019 年的 24.4%，同时期单身家庭的比例从 18.1% 增长到 28.8%。相对应的，仅已婚夫妇及未婚子女组成的家庭比例从 1980 年的 43.1% 下降到 2019 年的 28.4%，而三代同堂家庭的比例从 1980 年的 16.2% 下降到 2019 年的 5.1%，表明家庭规模越来越小，如图 1-10 所示。

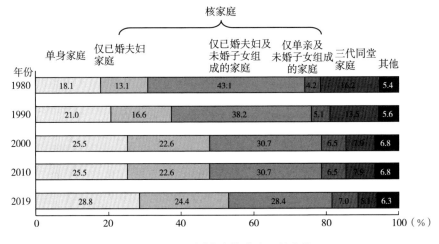

图 1-10　不同家庭构成占比的变化

资料来源：根据日本厚生劳动省《从图表数据看家庭组成的变化》《国民生活情况调查》做成。

注：核家庭是仅已婚夫妇家庭、仅已婚夫妇及未婚子女组成的家庭、仅单亲及未婚子女组成的家庭的总和。

另外，根据日本总务省《劳动力调查》的数据显示，自 1980 年以来，双职工家庭数量逐年增加；1997 年以后，双职工家庭数量已经超过了由男性就业和女性非就业组成的家庭数量。此后，双职工家庭数量的增长趋势仍在继续，到 2018 年，双职工家庭数量达到了 1 245 万户，而男性就业和女性非就业组成的家庭数量降到了 582 万户，如图 1-11 所示。

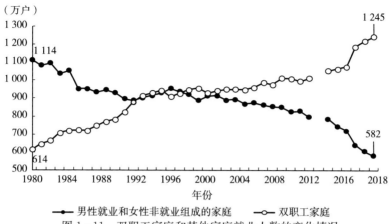

图 1-11 双职工家庭和其他家庭就业人数的变化情况

资料来源：1980—2001 年数据来源于日本总务省统计局《劳动力调查（特别调查）》，2002 年以后数据来源于日本总务省统计局《劳动力调查（详细汇总）》。

注：1."男性就业和女性非就业组成的家庭"指 2017 年之前丈夫为非农林业就业者，妻子为非就业者（非劳动人口和完全失业）的家庭；从 2018 年起，随着就业状况分类类别的改变，丈夫为非农林业就业者，妻子为非就业者（非劳动人口和失业）的家庭。2."双职工家庭"指夫妻双方均为非农林业雇员的家庭。3. 由于东日本大地震，无法获取 2010 年和 2011 年的全国数据。4. 由于《劳动力调查（特别调查）》和《劳动力调查（详细汇总）》的调查方法和月份不同，在进行时间序列比较时需注意不同。

从女性劳动力人口比率（非农林业）的变化趋势来看，从 1965 年的 851 万人到 2015 年的 2 482 万人，增加了约 3 倍，女性就业人数占总就业人数的比例也从 31.4％增长到 42.8％，如图 1-12 所示。特别是非全日制雇员的变化较为显著，从 1965 年的 82 万人增加到 2020 年的 1 125 万人，增加了约 14 倍，其中女性非全日制雇员的占比也从 9.6％迅速增长到 41.6％。

正如上述我们所看到的，单身家庭数量的增加、女性就业人数的增加和非全日制就业人数占比的增加等社会条件的变化，使人们在做饭和吃饭方面越来越依赖于外部即饮食的外部化，同时人们也越来越希望饮食简便化，这些都是改变家庭饮食习惯的主要因素。

另外，如今的工作模式中，劳动者工作时间过长正成为一个备受关注的社会问题。例如，时间不规则工作的增加、早出晚归甚至不分昼夜的工作等已变得司空见惯。再加上不受打工时间约束的大学生和参加补习班、培训班的小孩

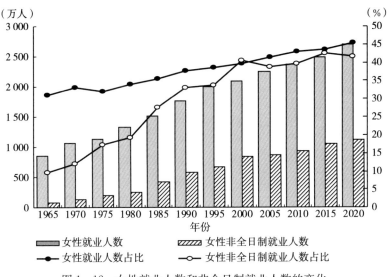

图 1-12　女性就业人数和非全日制就业人数的变化
资料来源：根据日本总务省《劳动力调查》做成。

们的增多，家族成员的行动变得零零碎碎，整个家族已失去了原有的生活规律。

因此，在缺乏工作与生活平衡和家庭生活时间不同的情况下，家族很难作为一个家庭聚集在一起共饮餐食和共度时光。这种在家庭内共饮餐食的减少和"孤食""个食"的增加，也成为对加工食品和外食更加依赖的重要原因。

四、饮食的外部化及简便化

1. 烹饪方法的变化及烹饪外部化

从供给角度来看，食品产业提供了从高度加工食品到预制菜等多种多样的简便化食品。在超市可以购买到品种齐全、包罗万象的食品，而 24 小时营业的便利店可不分昼夜地购买到想要的食品。同时还有食品网购、食品快递业、餐饮业等产业的支持，这些都促成了繁忙、不规律消费者的日常饮食生活。这些食品产业正在迅猛发展，而且达到了随时随地向任何人提供食品的程度。

顺应这种食品供给形势，在家庭厨房的烹饪手段也随之发生了很大的变化。烹饪能源从柴及木炭变成了石油、煤气和电，米饭也可以用电饭锅自动烧好，这些虽然现在都已司空见惯，但在当时却是重大的"饮食生活革命"。

图 1-13 是从日本内阁府的《消费趋势调查》摘出的，与烹饪关联的耐用

消费品的普及情况数据。燃气热水器从 1957 年初次登场以来，到 20 世纪 70 年代迅速普及，并且普及率在 1981 年迎来了 77.3％ 的高峰。此后虽出现了下降的趋势，但取而代之的是恒温热水器的普及，如今这些已成为普通家庭清洗餐具时不可缺少的设备。

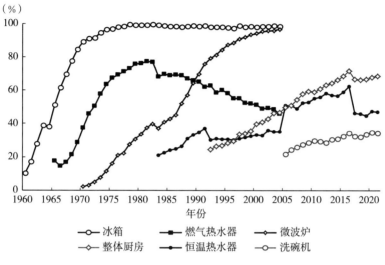

图 1-13　厨房耐用消费品的普及率（2 人及以上家庭）
资料来源：根据日本内阁府《消费趋势调查》做成。
注：关于燃气热水器、冰箱和微波炉的调查于 2004 年终止。

冰箱作为"三大神器"之一，在 20 世纪 60 年代迅速普及，并且成为家庭电气化进程的代表。随着时代的发展，现在以具备冷冻冰鲜功能的智能冰箱为主流，其普及率在 2004 年达到了 98.4％。除去单身家庭，在超过 2 人的家庭构成中，拥有 2 台冰箱的情况也逐渐变得普及。在 1964 年登场的微波炉到了 20 世纪 70 年代后半期也迅速普及，到 2004 年普及率高达 96.5％。之后随着炊具、炉灶、储藏和水槽一体化厨房系统的出现，进一步改善了厨房的功能和储藏能力。1992 年首次统计时，厨房系统拥有率仅占 24.4％，但到了 2021 年，该比例迅速增长到 68.5％。此外，洗碗机开始在家庭中逐渐增多，从 2005 年的 21.6％，到 2021 年上升至 34.4％。

如上所述，微波炉、冰箱的出现使人们大量购买易腐食品变得可能，并同时刺激了预制食品、熟食、冷藏冷冻食品的生产和消费。如图 1-6 所示，随着冷冻熟食生产的迅速扩大，这些食品在家庭消费中也变得普遍化。同时，这些加工食品使人们可以获得多样的原料、菜单和菜肴，可以根据时间、地点和目的，以及自己的喜好自由选择各种各样的食品。

2. 外食及饮食外部化支出比例

图1-14是食品总支出中外食及加工食品支出及所占比率的变化，外食及加工食品被称为饮食外部化，其在食品总支出中所占的份额被称为饮食外部化比率，而外食在食品总支出中的份额被称为外食比率。图1-14还可以看出饮食外部化比率和外食比率每年都在增加，其中饮食外部化比率从1970年仅有的13.4％到2015年上升至30.1％。外食比率从9.9％增长到18.1％。另外，在2020年的统计中，饮食外部化比率和外食比率均有所下降，其主要是受新冠疫情的影响。

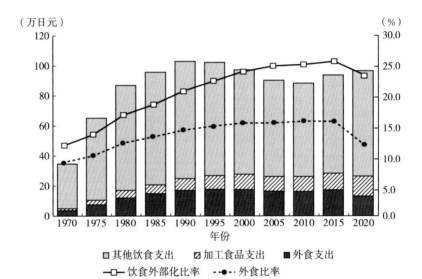

图1-14　饮食外部化支出及比率的变化

资料来源：根据日本总务省《家庭支出调查》做成。

注：饮食外部化比率指外食和加工食品的总额与食品总支出的比率。饮食费按2人及以上家庭年均每户每项支出金额计算。

3. 单身家庭的饮食外部化

再次引用《家庭支出调查》数据，观察单身家庭的饮食习惯特点，如图1-15所示。2019年单身家庭外食占食品支出的比例（即外食比率），男性和女性分别为42.2％、32.0％，远高于2人及以上家庭的20.8％。从各年龄段的外食比率来看，年龄在34岁及以下的单身男性为54.8％、女性为46.6％，说明年轻一代的单身家庭有超过一半或接近一半的就餐是在外进行的。

再来看看外食及加工食品的饮食外部化比率，与 2 人及以上家庭的34.5％相比，单身男性户主家庭为 60.6％，单身女性户主家庭为 47.9％。饮食外部化在单身家庭中已达到了极高的比例，尤其是 34 岁及以下的年轻家庭。

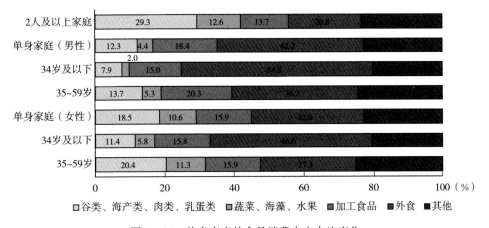

图 1-15　单身家庭的食品消费支出占比变化

资料来源：根据日本总务省《家庭支出调查》做成。

注：此处数据主要是统计有工作的 2 人及以上家庭及单身家庭。

4. 饮食外部化的背景

关于外食及中食的定义在本书的第六章会做详细的介绍，此处主要先对饮食外部化的背景做一个简单的概括。

（1）人均国民收入的增长

随着经济的发展和人均可支配收入的增加，消费支出的性质自然会发生变化。有些消费会随着收入的增加而增加，有些则会减少。因此，以《家庭支出调查》为基础，研究家庭年收入与外食和中食支出之间的关系。

图 1-16 是 2 人及以上的工作家庭，按收入十分位划分外食、加工食品的人均月支出。2019 年，加工食品支出差异第 I 分位（年收入低于 376 万日元的家庭）为 8 836 日元，第 X 分位（年收入 1 149 万日元以上的家庭）为 13 014 日元，差距约 1.5 倍。

外食支出差异为第 I 分位 8 525 日元到第 X 分位 27 514 日元，差距为 3 倍以上。可以看出，收入与外食支出之间存在密切联系。也就是说，无论收入多少，用于烹饪食品的支出是不变的，但收入越高外食的支出往往也越高。

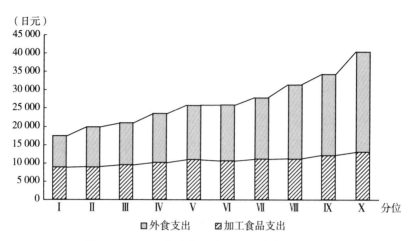

图 1 - 16　2019 年按收入分级的饮食外部化状况

资料来源：根据日本总务省《家庭支出调查》做成（2 人及以上工作家庭每月的收支）。

注：按收入十分位划分，将家庭（或家庭成员）的收入从低到高排列。

（2）女性进入社会后烹饪时间减少

图 1 - 17 显示了各年龄组劳动参与率的变化情况。一般说来，女性的劳动

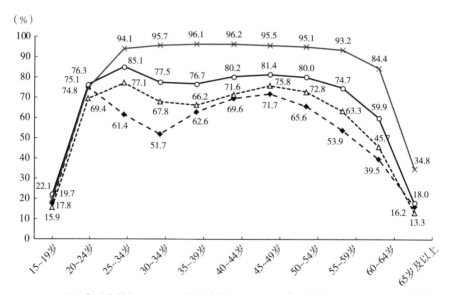

图 1 - 17　按年龄组划分的劳动参与率

资料来源：日本厚生劳动省《职业女性的实际调查》。原始资料为日本总务省《劳动力调查》。

注：劳动参与率＝劳动力（就业＋完全失业）/15 岁及以上人口×100%。

参与率呈 M 形曲线，即在学校毕业后的几年里有所上升，随后在结婚和生育期间有所下降，然后在生育稳定后再次上升。

1990 年，30～34 岁女性年龄组中 51.7％的人处于底部，绘制的是一条 M 形曲线，但到了 2019 年，30～34 岁女性年龄组增长到了 77.5％，M 形曲线底部的数值在过去 30 年中增加了 25.8 个百分点。2019 年，所有年龄组的劳动参与率都有所上升，由于女性进入社会，该图的整体形状从 M 形向男性劳动率的梯形转化。如图 1-11 所示，现代社会工时缩短和简化的趋势不会改变，近 70％的家庭都是双职工，所以预计对饮食外部化的需求将会进一步扩大。

对于双职工家庭的妻子来说，在过去 20 年中，工作和其他活动保持不变，家务劳动有所减少，但每周育儿时间增加了 37min。在丈夫就业、妻子非就业的家庭中，妻子的家务劳动时间减少了 27min，育儿时间增加了 54min。

虽然双职工家庭中丈夫花在家务劳动上的时间从 1996 年的 7min 增加到 2016 年的 15min，但可以看出家务劳动依然以妻子为主。结果表明，尽管女性进入社会是引起饮食外部化的一个因素，但实际上，无论女性是否工作，整个社会的家务劳动时间都有缩短的趋势。

五、饮食的国际比较：日本饮食文化特征

1. 存在较大差异的各国饮食

本书第二章和第八章将论述，食品消费是随着国民收入的增减而变化的。如果收入增加，卡路里摄取量也会随之增加，蛋白质食品的比例也会上升，以取代相对廉价的淀粉类食品，而蛋白质食品的构成也会逐渐从植物性食品转移到动物性食品。

图 1-18 是基于联合国粮食及农业组织、世界银行的数据，对各国家和地区情况进行对比的同时，揭示其相关性。图 1-18 的横坐标是人均 GDP，图 1-18（a）的纵坐标是碳水化合物在热量供应中的比例，图 1-18（b）的纵坐标是动物性蛋白质在总蛋白质供应中的比例。趋势线从左至右显示的是从收入较低的国家和地区到收入较高的国家和地区，可以看出，碳水化合物比例呈逐渐下降的曲线，动物性蛋白质比例呈逐渐上升的曲线。因此总结出这样一个规律，即人均 GDP 越上升，碳水化合物比例越低，动物性蛋白质比例却越高。

此外，从图 1-18 还可以看出，日本是唯一与全球趋势有一定差异的国家。其中虚线表示的是日本的变化，从 1970 年到 2014 年（注：2010 年之前

为 5 年间隔），碳水化合物的比例高且远高于全球趋势，而动物性蛋白质的比例却较低。这意味着，即使日本的人均 GDP 与其他发达国家和地区持平，但它已经形成了与这些国家和地区不同的消费结构。

在同样以大米为主食的东亚地区，日本的碳水化合物比例高、动物性蛋白质比例低的倾向与 2015 年的韩国相似，但与中国大陆、中国台湾和中国香港都不同，所以很难说与东亚特有的饮食模式相同。相反的，这本身可以认为是日本饮食的独特点。

2. 与未来携手的"和食"文化

（1）联合国教科文组织非物质文化遗产的认定

尽管如上所述，日本饮食的国际化程度越来越高，但仍存在明显的国际区域间差异。日本有着得天独厚的自然环境，南北纵横的地理环境，清澈润泽的水源，被多种洋流包围的岛国，以及四季分明的气候，还有自古以来形成的食材、烹饪方法、保存技术和制作方法，这些汇成了独特的饮食文化。

此外，日常生活与饮食也密切相连，长期以来在季节性节日及各阶段人生里程碑的仪式上，为了表达对丰收的感恩和对健康、长寿的祝愿，"神人共食"（神灵和人类分享食物）环节往往贯穿始终，这也是日本独特饮食文化形成的原因之一。

然而，近年来核家庭化（即年轻夫妻结婚以后与父母分开单住）的发展、生活方式的改变，以及人、商品和信息的全球化，导致了饮食价值观及食物消费行为的变化。例如，在正月与家人和亲戚聚集在一起庆祝，以及伴随这些活动的团乐（即聚餐）饮食文化正在逐渐消失，还有在一些特殊的日子里，餐桌上供应的是蛋糕而不是红米饭，而像万圣节、圣诞节这些西方节日已经在如今的日本生活和文化中根深蒂固。

鉴于如传统饮食文化丧失等现代饮食生活所面临的问题，日本政府申请将日本的传统饮食"和食"注册为联合国教科文组织认定的非物质文化遗产，并且不是作为一个美食类别，而是作为一种基于日本人"尊重自然"精神的文化，该申请在 2013 年 12 月已经成功取得认定。

（2）"和食"的四个特征

"和食"饮食文化是一种生活方式的文化，它没有明确的定义，不同的人对"和食"的理解也不同。在申请联合国教科文组织非物质文化遗产的过程中，日本政府将"和食"整理为以下四个特征。

一是尊重多样化新鲜食材的原初滋味。日本四季分明及多样性的地质地理

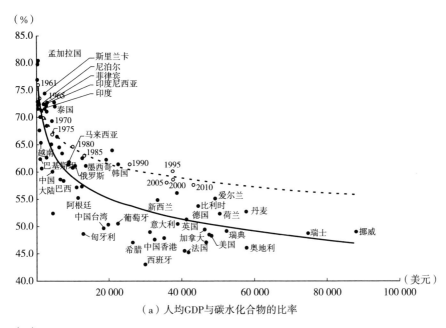

（a）人均GDP与碳水化合物的比率

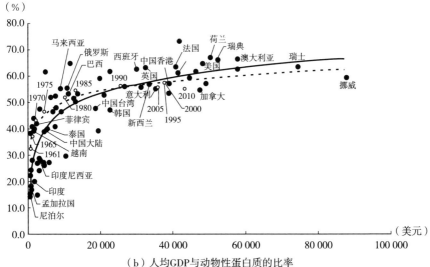

（b）人均GDP与动物性蛋白质的比率

图 1-18 各国家和地区人均 GDP 与营养供给比率的比较

资料来源：营养比率来自联合国粮食及农业组织《食物平衡表（2010）》，人均 GDP 来自日本总务省统计局《世界统计》。

注：○表示日本（5 年递增）。

环境，使得日本国民能够利用来自山区和海洋丰富的新鲜食材。针对这些食材，其相应的烹饪技术和工具也已日渐成熟，使其能达到利用这些食材的最佳效果。

二是支持健康饮食的营养平衡。由米饭、味噌汤和鱼、蔬菜和山野菜等配菜组成的膳食方式被称为"一汤三菜"，这种方式被认为具有良好的营养平衡。另外，因为不使用大量的动物脂肪和油，调味方面多利用鱼汤的鲜甜和发酵食品，这样使得其食物更有助于长寿和预防肥胖。

三是对自然之美和季节变化的表达。在日本已经形成了一种表达方法，即用树叶和鲜花来对食物进行精美的装饰。还有一种是享受季节感的文化，通过使用季节性餐具及应景的房间装饰来烘托饮食氛围。

四是应时应季的饮食文化。日本的饮食文化顺应四时、因季而食，每个节气提供不同的食物与家族成员、当地居民分享大自然的恩惠，同时也通过共同进餐加强家庭及地域居民间的联系。

饮食文化是基于长远历史，代代相传的。从传承日本饮食文化的角度来看，今天的日本面临着太多的挑战，比如面包的普及、不吃正月料理人数的激增，以及随着食物的多样化，传统烹调技术、地方料理和饮食习俗的丧失等。随着"和食"被认定为世界非物质文化遗产，无论国内还是国外，日本传统饮食都受到了极大的关注。根植于日本精神和气候的"和食"饮食文化，是日本人民自古以来的传承，必须保存，并携手走向未来。

3. 要尊重扎根于地域的饮食

在审视现代经济社会时，不能无视国际化、全国平均化的趋势。就饮食生活而言，在流通革命和信息技术国际化的背景下，食品供应体系正以令人眼花缭乱的速度变化，饮食习惯在国内和国际上都趋于标准化。

在亚洲季风气候下，在悠久的历史中育成的农业生产方式、生活方式、饮食习惯、饮食文化、社会经济条件等，是决定日本食物消费和饮食生活的极其基本的条件。此外，日本各地域特有的条件与该地域食物之间的密切关系，不仅在狭窄的日本列岛内如此，在日本西部和东部，在太平洋一侧和日本海一侧，甚至在更局部的地区之间也是适用的。

如果我们无视这些日本特有的地域条件，那么在与自然和谐相处的过程中，通过食物传承下来丰富的饮食文化、地方文化会渐渐丧失，适应气候和地域地理条件的食物供给也会减弱，将导致国民的饮食生活在未来变得不稳定。因此，需牢记饮食的基础是扎根于国家和地区的。

第二章
进入成熟期的食物供求

一、食物供求系统

1. 影响食物供求的因素

我们经常在超市看到牛奶、鸡蛋、方便面等食物作为促销商品以折扣价格进行销售，日本家庭主妇喜欢的 100 日元店的商品、特定季节里低廉的海外旅行等，尽管品质和服务相同，因为市场不同（不同销售渠道），所以价格也不同。这种价格差异，在不同商品交易的市场上是由怎样的机制决定的呢？通常，商品价格是由需求方的消费者和供给方的生产者在发挥供求功能的市场上决定的。

我们每天购买的食物价格，特别是蔬菜、冰鲜活鱼等生鲜食物的价格，在批发市场上，直接通过竞标拍卖，把食物卖给出价最高的买方，从而决定批发价格。在零售市场上，一般是卖方事先决定价格，把生鲜食物和加工食物陈列在店面，通过买卖双方一对一地进行交易。但是，就算是在零售市场上，市场机制也在发挥作用，如果不符合需求方的价格，也卖不掉想要销售的数量。尽管卖方独自制定价格，但是也反映了该商品的供求关系，也就是价格变动引起的供求调整。

我们去超市购物的时候，看着钱包，计划购买的食物如果在预期价格以内则购买；如果高于预期价格，要么减少购买，要么购买和预算一致的其他食物。像这样从每天的生活中，可以从经验上理解价格是影响食物供求系统的重要因素。

影响食物需求的因素，除了价格以外还有哪些呢？经济学列举了价格、收入、人口、偏好四个影响食物需求的因素。食物价格上升需求量减少，人口增加食物需求增加。收入增加、偏好变化，会引起部分食物需求增加，部分食物需求减少，这也应该能够理解。

2. 食物需求的价格弹性和收入弹性

影响食物需求的四个因素中，除偏好外的三个因素都能够进行量化。价格、收入、人口这三个因素的上升将会多大程度影响食物需求，应该可以量化测算。如果测算结果在统计上显著呈现正比例或者反比例关系，就可以说，价格、收入、人口的增减和食物需求量之间存在一定的规律性。

价格、收入、人口三个因素中，人口和食物需求量之间的关系，如果不考虑年龄结构变化，仅仅是一个单纯的比例关系，不需要特别说明。价格和收入与食物需求量之间的关系要复杂一些。经济学通过需求价格弹性和需求收入弹性来测算二者之间的关系，从而进行相关预测。

（1）需求价格弹性

影响食物需求的因素中，包含食物价格。需求价格弹性就是测算价格变化和需求量变化之间关系的方法，计算公式如下：

$$需求价格弹性 = \frac{\Delta Q/Q}{\Delta P/P} = 需求量的变化率/价格的变化率$$

其中，Q＝需求量，P＝价格，ΔQ＝需求量的变化量，ΔP＝价格的变化量。

某种食物价格上升10%，如果该食物的需求量下降10%，那么该食物的需求价格弹性为−1；如果食物的需求量下降20%，那么该食物的需求价格弹性为−2。相反，如果价格下降10%，该食物的需求量仅仅增长3%，那么该食物的需求价格弹性为−0.3。

如果需求价格弹性的绝对值大于1，该食物富有弹性；如果小于1，则缺乏弹性。相对于价格变化，需求量变化程度大的商品，也就是奢侈品，富有弹性。相反，相对于价格变化，需求量变化程度小的食物，不管价格上升还是下降，都需要一定量的是必需品，缺乏弹性。

（2）需求收入弹性

和需求价格弹性类似，需求收入弹性是分析收入和需求量之间关系的指标，计算公式如下：

$$需求收入弹性 = \frac{\Delta Q/Q}{\Delta I/I} = 需求量的变化率/收入的变化率$$

其中，Q＝需求量，I＝收入，ΔQ＝需求量的变化量，ΔI＝收入的变化量。

收入上升10%，如果某种食物的需求量增长10%，那么该食物的需求收入弹性为1。如果另一种食物的需求量下降5%，那么该食物的需求收入弹性为—0.5。

需求收入弹性为正,那么随着收入的增加,食物的需求量也会增加,该食物被称为正常品(包括奢侈品和必需品)。相反,如果需求收入弹性为负,那么随着收入的增加,食物的需求量会减少,该食物被称为低档品。对于奢侈品,随着收入增长,其需求增长程度更大,故需求收入弹性大于1。对于必需品,尽管收入增长,其需求增长程度并不大,故需求收入弹性小于1。

3. 需求价格弹性和需求收入弹性的测算

表2-1呈现了2000—2019年食物的需求价格弹性和需求收入弹性的测算结果。该测算运用多重线性回归模型,自变量和因变量都取对数,最后得出的系数即为需求价格弹性和需求收入弹性。一般来讲,随着收入增长需求量相应增加,需求收入弹性为正;随着收入增长需求量相应减少,需求价格弹性为负。

表 2 - 1   2000—2019 年食物的需求价格弹性和需求收入弹性

种类	需求价格弹性	需求收入弹性	决定系数
大米	−0.331(−2.11)	0.551(0.81)	0.931
面包	−0.948(−9.28)**	0.015(0.03)	0.933
面类	−0.593(−4.35)**	−0.685(−4.80)**	0.645
鱼鲜类	−0.722(−5.89)**	0.233(1.31)	0.985
肉类	−0.105(−0.44)	0.000(0.00)	0.936
牛奶	0.888(2.64)*	0.671(5.26)**	0.957
乳制品	−0.196(−0.51)	0.327(0.61)	0.931
鸡蛋	−0.353(2.07)	0.191(1.06)	0.185
生鲜蔬菜	−0.390(−3.05)**	−0.433(−1.09)	0.300
裙带菜	−1.147(−3.08)**	1.522(3.68)**	0.894
豆腐	−0.515(−3.97)**	0.053(0.56)	0.957
乌梅干	−0.446(−3.23)**	1.086(3.46)**	0.730
水果类	−0.442(−3.14)**	0.066(0.12)	0.923
油脂类	−0.080(−0.39)	0.840(3.23)**	0.540
酱油	−0.695(−3.52)**	−0.681(−1.21)	0.979

（续）

种类	需求价格弹性	需求收入弹性	决定系数
味噌	−0.841（−4.71）**	−0.187（−0.38）	0.970
绿茶	−0.637（−2.98）**	0.446（3.02）**	0.957
咖啡	−0.366（−5.74）**	0.284（2.16）*	0.984
啤酒	−1.954（−1.58）	1.008（0.86）	0.956

资料来源：日本农林水产省《食物需求表》，日本总务省统计局《家庭调查年报》，日本内阁府《国民经济计算》。

注：括号内是 t 值，* 表示在 5% 水平下显著，** 表示在 1% 水平下显著，决定系数是自由度调整后的决定系数。计量模型为 $\lg Q_t = a + b\lg P_t + c\lg I_t + dT$，$Q_t$ 表示 t 时期人均该种类食物的购买量，P_t 是该种类食物的实际价格，I_t 是人均可支配收入，T 是时间变量，a、b、c、d 是各系数。

表 2-1 中的需求价格弹性，除啤酒和裙带菜外，其他食物种类的绝对值都小于 1，表明这些食物的需求受价格变化影响较小，属于缺乏弹性的商品。该模型使用了合并数据测算弹性，即使每天食物需求量跟随价格变化而变化，但年度数据可能会抵消这个变化。在这些食物中，可以发现需求价格弹性存在较大差异。大米、肉类、乳制品、鸡蛋、油脂类、啤酒的决定系数在统计上不显著，因此这些食物的需求完全不受价格变化的影响。生鲜蔬菜（−0.390）、咖啡（−0.366）这些食物的需求受价格变化影响很小。面包（−0.948）、味噌（−0.841）、鱼鲜类（−0.722）、酱油（−0.695）、绿茶（−0.637）这些食物的需求受价格变化影响较大，弹性相对较大。

从需求收入弹性可以发现，除裙带菜（1.522）、乌梅干（腌制的梅子）（1.086）和啤酒（1.008）外，其他食物种类的需求收入弹性都小于 1。昭和后期（1956—1989 年），肉类和乳制品等食物的需求收入弹性大于 1，属于奢侈品类别。如今，几乎所有食物的需求都不受收入变化的影响，属于缺乏弹性的商品。特别是主要食物中的大米、面包、鱼鲜类、肉类、鸡蛋、生鲜蔬菜、豆腐、水果类、酱油、味噌等统计上不显著，其需求不受收入变化的影响。即便是统计上显著的牛奶（0.671）、绿茶（0.446）、咖啡（0.284）等饮料，其需求受收入变化的影响也很小。此外，面类的需求随着收入的上升反而下降，从需求和收入变化的关系来看，属于低等品。加上近年减少的大米消费，可以发现谷物类消费的减少趋势。

如图 2-1 所示的向右下倾斜的需求曲线，反映了需求量随着价格变化而变化的规律：价格上升，需求量减少；价格下降，需求量增加。作为经济学分析方法，如图 2-1 所示的模型经常被利用，下面做简单的说明。

图 2-1 试图说明两种不同商品（农产品和工业品）需求价格弹性的差异。当价格从 P_1 下降到 P_2 的时候，缺乏弹性的农产品的需求量仅仅从 Q_1 少量增加到 $Q_{2\cdot1}$，但是富有弹性的工业品的需求量从 Q_1 大幅增加到 $Q_{2\cdot2}$。需求价格弹性越大，其需求曲线越平坦；反之，需求价格弹性越小（缺乏弹性），其需求曲线越陡峭。

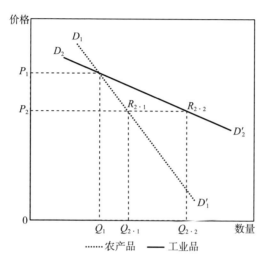

图 2-1　需求价格弹性及需求量的变化

资料来源：1985 年高桥伊一郎《农产品市场论》。图 2-3 同。

4. 食物价格形成和农产品价格变动

价格是在其供求交叉时决定的，之后在市场上供求双方采取完全相反的行动。作为需求方的消费者，食物价格上升的时候减少购买量，价格下降的时候则增加购买量。作为供给方的食物厂商，食物价格便宜的时候减少生产，价格高的时候则增加生产，采取利润最大化的企业行动。

现在假定某个加工食品市场，如图 2-2 所示，横轴表示数量，纵轴表示价格，如果食品价格在较高的 P_1 处，其需求量为较少的 Q_1；如果食品价格下降到 P_2 处，其需求量增加到 Q_2。像这样，需求量沿着需求曲线 DD' 移动。对于食品厂商而言，当食品价格在较高的 P_1 时，其食物供给量为较大的 Q_2；相反，当食品价格下降到 P_2 时，其食物供给量减少为 Q_1。像这样，供给量沿着供给曲线 SS' 移动。市场决定的价格处在需求曲线和供给曲线的交点，也就是均衡价格。在图 2-2 中，P_0 为均衡价格点，相应地需求量和供给量（均衡量）为 Q_0。

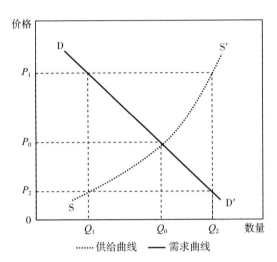

图 2-2　食品的价格形成和供给曲线

资料来源：1988 年今村幸生《现代食物经济论》。

　　如果某种商品的供给量小于需求量，则其价格上升。相反，如果某种商品的供给量大于需求量，则其价格下降。和一般农产品不同，加工食品的供给量很少受自然条件左右，并且易于储存，其供给可以根据需求量的变化相应调整，供求系统自动发挥作用，价格比较稳定。

　　和加工食品相比，农产品供给容易受到自然条件左右，并且不易于储存，收获的农产品必须在较短时间内销售，因此，一般来讲农产品价格的变动幅度比较大。由于农产品具有的经济特性，价格的变动幅度较大且具有周期性的特征。

　　关于农产品价格变动幅度大的情况，可以通过农产品需求价格弹性小的理由来解释说明。图 2-3 是从另外的角度观察的图 2-1，假定农产品和工业品同时处于供给量 Q_0、价格 P_0 的位置。假定由于某种情况，供给量同时增加到 Q_1，弹性小的农产品价格大幅下降到 P_1，弹性大的工业品价格则小幅下降为 P_2。相反，供给量减少到 Q_2 时，农产品价格大幅上升到 P_3，工业品价格则仅仅上升到 P_4。

　　一般来说，农产品需求价格弹性小，其价格容易发生较大变动。这个价格

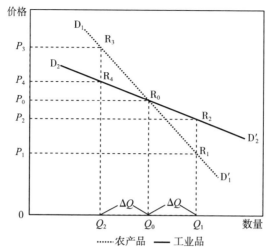

图 2-3 需求价格弹性及价格变动

变动，不仅对于生产者的农户是一个问题，对消费者来讲，由于是必需品，也是一个巨大的问题。更不要说，后面第八章第五节讲到的 2007—2008 年所发生的，在投机的叠加影响下农产品价格急剧上升，对国民生活造成了巨大影响。

某年价格高，第二年或者几年后价格变低，农产品价格经常出现这种周期性变动。这种现象有其经济理由，已经从理论上得到解释。蛛网理论就是说明农产品价格周期性变动的理论，本书不做深入讲解，仅做如下简要介绍：农产品从生产开始到收获需要经历很长的时间，一般来讲，农户决定种植（饲养）多少，主要参考生产开始时的价格。如果农户面临的是高价格则会大量种植（饲养），一定时间过后进入收获期，供给量大幅增加，导致价格急剧下跌。受此影响，农户会减少种植（饲养）量，到收获季节，供给量减少，导致价格上升。把这个不断发生的循环状况在供求曲线上描绘出来，就会呈现蛛网一样的收缩或者扩散的形状，这个理论就叫作蛛网理论。为此，国家实施的农产品价格政策，有防止周期性价格变动的意图。

5. 影响食物供求的其他因素

如同在需求收入弹性部分指出的一样，今后即使是收入增加，日本的食物需求相应增加的可能性也很小。因为日本的饮食生活已经进入"饱食时代"，食物需求达到成熟阶段。但是，需要注意的是，这个成熟阶段是针对食物的量而言，而不是针对食物的质量。作为影响食物需求的因素，价格、收入、人口之外的第四个因素，偏好的变化在这里非常重要。

进入"饱食时代"，食物需求成熟，仅仅依靠价格高低（价格竞争）已经不能说明食物需求系统。也就是说，仅仅是价格便宜并不能使消费者感到满足；相反，即使价格高，如果是符合其偏好的食物，也能被消费者所接受。食物需求已经发生了质的变化。

购买食物的时候，和国外相比，日本的一个显著特征是消费者格外重视品质，消费者特别对食品安全有很大的不安感。经济学上影响食物需求的第三个因素是人口的增减，日本面临人口老龄化和低出生率问题，食品市场上消费群体的年龄结构发生变化，老龄人口的增加会很大程度地影响到今后的食物需求。

进一步不难想象，食品企业提前获取越来越个性化、多样化的消费者偏好信息而用于商品开发，通过电视广告影响消费者的偏好，这些企业行为都是影响食物供求系统的重要因素。下面将要讲述近年来影响食物供求系统的重要因素。

二、食物供给的市场结构

1. 市场种类

古典经济学里的完全竞争市场，存在大量的买方和卖方。如图 2-2 所示，需求曲线、供给曲线的交点决定均衡价格和均衡数量。各生产者和消费者采取追求自己利益最大化的行动，在看不见的手的指引下，市场机制发挥作用，形成合理价格（P_0）和合理数量（Q_0）。特别是对于消费者来说，可以获得最大的消费者剩余。

但是在实际的食品市场上，存在仅有几家买方企业的情况。产业组织理论属于微观经济学的应用领域，针对这类以大型企业为核心的支配市场的产业领域需要，分析其市场结构、市场行为和市场成果，并提出问题所在。根据买方和卖方的数量，表 2-2 对市场进行了分类讨论。

如果卖方仅有 1 家企业，而存在很多买方的情况称为卖方垄断市场。比如，尽管实现了民营化，在香烟市场"日本香烟产业（JT）"就垄断了销售权。同样，有很多卖方，但仅有 1 家买方企业的情况称为买方垄断市场。即便是现在，日本众多生产烟叶的农户也只能把产品卖给"日本香烟产业（JT）"。

另外，卖方很少但买方很多的市场称为卖方寡头市场；相反，卖方很多但买方很少的市场称为买方寡头市场。

蔬菜等生鲜食品市场，作为卖方的农户数量众多，而买方的一般消费者则更是数量巨大，是典型的完全竞争市场。部分加工食品部门有数量众多的中小企业生产者，买卖双方都大量存在，也属于完全竞争市场。但是，在生产集中度很高的食品部门，加工食品销售形成卖方寡头市场，农产品原材料购买则形成买方寡头市场。

通过以上市场分类，需要关注的问题是在供求双方决定价格的过程中，竞争原理是否能发挥作用，从而形成合理价格。在不完全竞争作用下，价格是否被抬高（或者原材料价格被压低），牺牲消费者及生产者的利益，使少数企业攫取垄断利润。

表 2 - 2　根据买方和卖方数量区分的市场类型

种类		卖方		
		1家	少数	多数
买方	1家	双方垄断	—	买方垄断
	少数	—	双方寡头	买方寡头
	多数	卖方垄断	卖方寡头	完全竞争

2. 非完全竞争市场下垄断利润的形成

卖方垄断市场仅有 1 家卖方企业，可以自由决定供给量。图 2 - 2 中如果该垄断企业把供给量定在 Q_1，价格就会被抬高到 P_1，企业可以获得巨大的垄断利润。消费者原本以 P_0 的价格购买食品，但是现在却不得不以 P_1 的价格购买。垄断利润是在牺牲消费者的基础上形成的。

现实的经济社会中，买方垄断和卖方垄断并不多见，更多的是买方寡头和卖方寡头。第四章将阐述，日本的食品市场有很多生产（销售）集中度高的行业，食品制造业中不少行业属于卖方寡头。这些卖方寡头市场，少数几家企业可能商议抬高价格，牺牲消费者利益，从而攫取垄断利润。如果是买方寡头，则不正当地压低原材料价格，强迫农户、渔民等原材料供给方遭受损失。在食物系统里的沙漏构造（详解见第四章图 4 - 5）中处于缩颈部位的少数企业，有可能支配两端数量庞大的原材料生产者和消费者。

少数企业之间是激烈竞争，还是倾向于形成卡特尔？寡头市场及寡头企业并不都是坏的一面，大型食品企业每天为我们提供饮食生活必不可少的加工食品，如果这些少数几家企业相互激烈竞争，可以形成与完全竞争相近的合理价格，实现规模经济，那么我们应该欢迎这些实现各种创新的大企业。但是，如果这些少数几家企业通过协商，限制供给（数量卡特尔）或者设定价格（价格卡特尔），尽管有几家企业，实际上和垄断一样，能够限制供给抬高价格，以牺牲消费者利益为代价攫取垄断利润。

3. 为了确保公平竞争

日本制定有《反垄断法》（又称《独占禁止法》），严格取缔卡特尔商业行为，禁止其获取垄断利润。一旦发现卡特尔商业行为，日本公平交易委员会马上发出解散命令，同时处以高额罚金。但是并不限于食品制造业，读者经常会在经济新闻中看到，在桌面下结成的地下卡特尔行为被揭露。作为消费者，有义务监督寡头食品企业不发生类似行为，促使其保持公平竞争的关系。

寡头企业的公平竞争并不仅局限于同业者之间的竞争，还包含食物系统相关的制造企业和流通企业之间的竞争。《反垄断法》里有一条是禁止"维持再次销售价格行为"，具体来讲，就是禁止制造企业决定批发价格和零售价格，并强加给批发企业和零售企业的行为。制造企业当然能够决定销售给批发企业的价格，但是批发企业销售给零售企业（二次销售）的价格，以及零售企业销售给消费者（三次销售）的价格，应该由批发企业和零售企业在各自竞争条件下决定，制造企业不能干涉。其意图也是通过批发企业和零售企业在各自行业的彻底竞争，充分发挥市场机制的功能。近年来，食品领域引人关注的折扣店、超市和专卖店的便宜销售，都是在彻底禁止"维持再次销售价格行为"之后才出现的。

三、进入成熟期的日本食物需求

1. 达到峰值的食物消费支出

如前所述，进入成熟社会的日本，今后人均可支配收入不可能快速增长，即使人均可支配收入增长，食物需求的大量增加也不大可能。根据日本厚生劳动省实施的《国民健康营养调查》，图 2 - 4 显示了日本人均每天卡路里摄取量的变化情况。卡路里摄取量指通过饮食等进入人体的能量。1950 年是第二次世界大战后的复兴期，当年的卡路里摄取量是 2 098kcal。到高速经济增长期的 1965—1974 年，随着收入增加，国民饮食生活欧美化等习惯发生变化，卡路里摄取量在 1975 年增加到 2 226kcal，饮食生活达到了被称为"饱食"的丰富程度。其后，由于对日本传统饮食生活的反思及对健康重视程度的提升，卡路里摄取量开始减少，到 2010 年下降到 1 849kcal。近年来虽然有所增加，但是 2019 年仍然保持在 1 903kcal 的低水平。近年来食物消费支出也达到峰值，反映了卡路里摄取量的变化情况。

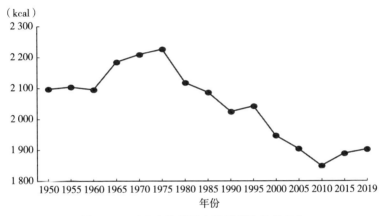

图 2-4 日本人均每天卡路里摄取量的变化

资料来源：日本厚生劳动省《国民健康营养调查》。

通过食物消费支出的变化，图 2-5 表明食物需求进入了成熟阶段。图 2-5 列出了家庭支出中的居住、水电气、交通和通信、教育、食物等方面的支出变化情况，设定 1985 年所有支出项目的指数为 100。到 1997 年，居住支出和教育支出一直增加，其后有所减少，但是到 2019 年仍然分别维持在 146 和 112 的位置。水电气支出、交通和通信支出基本是一直增加，在 2019 年分别达到 131 和 188。以上四项支出都超过 100，与此相对应的是，食物消费支出在 1991 年达到 111 的峰值后，2001 年减少为 97，2011 年进一步降低到 95，其后有所增加，2019 年恢复到 1997 年的水平，增加到 106。

食物消费支出增长整体处于停滞阶段，但是并非所有种类都如此。《2000 年度食物、农业、农村白皮书》指出，和前一年相比主食、副食和在外食物消费有所减少，只有嗜好食物（不为摄取营养，而是为了满足个人嗜好的食物，比

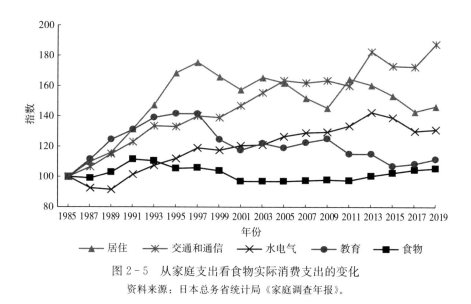

图2-5 从家庭支出看食物实际消费支出的变化

资料来源：日本总务省统计局《家庭调查年报》。

如酒、茶、咖啡、香烟等）消费在增加。从整体上来看，尽管日本食物消费已经进入成熟阶段，但是细分到具体种类，并非所有种类食物都处于成熟阶段，部分种类食物还处于后面将要讲到的产品生命周期的成长期。这对于思考日本食物供需系统具有极为重要的意义。

2. 产品生命周期和饮食生活的变化

产品（食品）生命周期是衡量新产品进入市场后的市场规模，也就是销量的变化，分为导入期、成长期、成熟期和衰退期四个阶段。导入期销量增长缓慢，随着时间推移，需求增加，市场规模扩大，进入成长期。但是该产品的销量增长终究会停滞，从而进入成熟期。随着销量的进一步减少，进入衰退期，最终退出市场。关于食品生命周期将在第五章详细讲解，给食品生命周期带来巨大影响的是饮食生活的变化。

20世纪70年代初出现的快餐和家庭餐馆（以家庭为目标消费群体的餐馆），改变了之前以内食（家庭内饮食）为中心的消费模式，引入了外食（家庭外饮食）的消费模式。近年来，随着中食（在家里吃超市及便利店销售的盒饭、饭团、熟食等）的兴起，家庭大米及生鲜食品购买量减少，超市及便利店的盒饭、饭团、熟食等食品的销售额快速增加，带动了饮食外部化。2011年的东日本大地震后，人们重新审视内食，一般认为内食有所增加。但是受低出生率、老龄化和单身家庭增加的影响，内食进一步减少，中食持续增加。关于内食、中食和外食，第六章将会详细阐述。

四、日本人食品购买行为的特征

1. 日本人的饮食意识及其变化

食品加工业的生产技术革新、物流系统的进步、信息处理技术的革新，加上高速经济增长期间居民收入水平的提高，促进了日本国民饮食生活的多样化和个性化，达到了极为丰富的程度。但是，从长期的视角出发，消费者对这种丰富程度开始产生不安和疑问。消费者每天消费的绝大多数食品，其生产、加工、流通和消费的数量均较大且地域广泛。因此，生产（农业）和消费（食品）之间的距离被拉大到了极致，消费者在这样的食物系统中过着焦虑不安的日常饮食生活，他们不知道食品是谁生产的，谁参与了加工、流通，也不知道具体的细节及流程。

日本政策金融公库株式会社实施的《消费者动向调查》，清楚地显示了日常生活中消费者的这个倾向，如图 2-6 和图 2-7 所示。大多数消费者原本更加重视食物的健康、便利和价格，近年来对安全、国产和手工制作的重视程度越来越高。追求健康的比例一度有所下降，但是 2021 年重新开始上升。消费者在日常生活中重视饮食健康，挑选加工食品的时候，非常关注原材料品质、营养均衡、调味清淡等品质和健康方面的因素。此外，小包装、健康功能强化、易咀嚼三个方面，20 世纪六七十年代出生的人的回答占比是其他年龄段的 2 倍以上，越是高龄的消费者，在日常饮食生活中的健康意识越强烈。追求当季食物的味道、食材本身的味道、营养均衡的饮食的日本消费者，对饮食的意识发生了很大变化，再加上对食品安全和健康的重视，极大地影响了食品需求结构。此外，我们还注意到，越是年轻人，对方便加工的食品的意识和关注越强烈。

2. 消费者重视鲜度和品质

日本饮食生活的一个特征就是，高鲜度的生鲜食品比加工食品使用得更多。特别体现在，大量使用鲜度、品质下降很快的柔软蔬菜、鱼虾蟹贝类、鸡肉及切片的猪肉和牛肉作为料理原材料，还大量食用熟食、寿司等消费期限短的食品。美国、英国居民更多消费卷心菜、洋葱、马铃薯等保质期长的蔬菜，

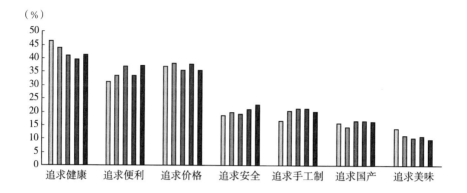

图 2-6　关于食物喜好的变化

资料来源：日本政策金融公库株式会社《消费者动向调查（2021 年 1 月）》。

注：柱状图从左到右依次为 2019 年 1 月、2019 年 7 月、2020 年 1 月、2020 年 7 月、2021 年 1 月。

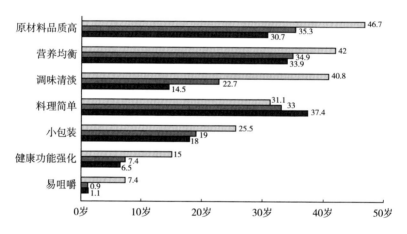

图 2-7　购买食物时消费者的意识和关注点

资料来源：日本政策金融公库株式会社《消费者动向调查（2012 年度上半期）》。

注：柱状图从上到下分别代表 60～80 岁、40～59 岁、20～39 岁。

肉类则大量购买利于储藏的整块牛肉。这个饮食生活的差异，自然会带来食品购买行为的差异。

图 2-8 显示了不同国家消费者购买食品时对价格和品质重视程度的比较。和欧美国家相比，尽管日本消费者重视价格的比例略低，但是各国基本都在 50％左右，可以说消费者对价格的关注程度基本相同。但是重视品质的消费者比例，最高的是日本达 64％，欧美各国仅为 18％～37％，二者有 27～46

个百分点的差距。不仅如此，比较价格和品质，欧美各国都是重视价格的比例超过重视品质的比例，英国甚至有 36 个百分点的差距。唯有日本重视品质的比例超过重视价格的比例，相差 15 个百分点。日本国民这种重视品质的特征，在食品购买行为上自然会产生和欧美不同的习惯，并进一步影响到食品流通结构。

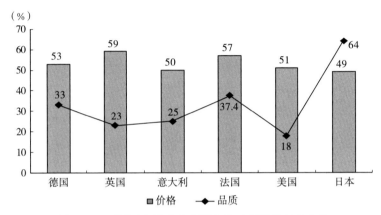

图 2-8　不同国家消费者购买食品时重视程度的比较

资料来源：日本农林水产省《1996 年度农业白皮书》。

3. 高频率购买行为和日本食品零售业的特征

1993 年和 2000 年日本农林水产省分别在东京、纽约开展了消费者调查，表 2-3 显示了食物购买行为的比较结果。日本每周平均购物次数为 5.30 次，几乎每天购物；美国则为 1.76 次，属于一次大量购买的行为。根据这个调查结果，我们可以清晰地理解高频率购买行为是日本的食品购买行为特征。进一步比较蔬菜、水果、鲜鱼和肉类的购物次数可以发现，日本都比美国高，特别是重视新鲜度的日本消费者，鲜鱼购买次数约为美国的 2.6 倍，印证了日本特有的高度重视新鲜度的需求特征。

表 2-3 还比较了到食品零售店的平均距离，美国约为日本的 3 倍，达到 3.5km。表 2-3 中没有列出到食品零售店的交通工具，日本仅有 8.1％使用汽车，美国则达到 73.9％，这证实了美国的购买行为主要是周末开车批量购买。

表 2 - 3　日美食品购买频率比较（次）

国家	每周平均购买次数	到食品零售店的平均距离（km）	蔬菜	水果	鲜鱼	肉类
日本	5.30	1.10	3.31	2.10	2.95	2.75
美国	1.76	3.50	1.92	1.98	1.14	1.66

资料来源：日本农林水产省 1999、2001 年度《食物、农业、农村白皮书》。

注：每周平均购买次数、到食品零售店的平均距离来自日本农林水产省 1993 年 1—2 月针对日美消费者（东京 150 人、纽约 200 人）的调查数据，其他来自日本农林水产省 2000 年 9—11 月针对日美消费者（关东等地区 220 人、纽约 200 人）的调查数据。

　　与此相关联，表 2 - 4 进行了各国食品零售店数量的比较。尽管有减少的倾向，日本的食品零售店达到 29.9 万家，跟人口更多、国土面积更大的美国的 4.0 万家相比，绝对数上也是远远领先的。再用平均每 1 万人的食品零售店数量来比较，日本约是美国的 19.6 倍、英国的 2.8 倍、法国的 1.4 倍。为何日本的食品零售店密度如此之高呢？主要原因有：日本流通现代化的滞后；家庭劳动力为主力的小规模零售店即所谓的爸爸妈妈商店的残存；专业家庭主妇比例高，缺乏家务成本概念；过度追求低价格导致购买每天替换的促销商品的行为。但是以上这些并不是全部的原因。日本零售店密度高的原因还涉及日本饮食生活的差异，以及由此导致的食品购买行为的差异，还必须从这些差异角度来解释。和美国每周平均 1.76 次的批量购买相比，由饮食生活需求特性决定的高频率购买，导致了日本食品零售店的高密度。和德国、法国相比，日本食品零售店的高密度，主要是因为饮食生活中相对更多使用生鲜食品所导致的。因此，考虑食品流通结构的时候，不能进行单纯国家之间的比较，还必须结合各国的饮食文化、饮食生活才能准确理解。

表 2 - 4　食品零售店数量比较

项目	日本	美国	英国	法国	德国
食品零售店数量（万家）	29.9	4.0	5.6	10.9	18.3
每 1 万人的食品零售店数量（个）	23.5	1.2	8.3	16.3	22.1

资料来源：日本经济产业省《2016 年度经济普查（活动调查）》，英国国家统计局、欧盟统计局、德国联邦统计局《2019 年零售业年度调查》。

注：数据年份分别是日本 2016 年、美国和英国 2019 年、法国 2017 年、德国 2018 年。

4. 食品购买渠道的变化和购买行为

　　根据日本经济产业省发布的《商业统计表》，零售店数量从 1988 年的 162

万家到 2014 年的 78 万家，26 年间减少了 84 万余家，下降率达到 52％。同时，食品零售店数量也从 65 万家减少到 24 万家，减少了 41 万家。但是，在食品零售店大幅减少的情况下，综合超市从 1 478 家到 1 387 家几乎没有变化。而便利店从 34 550 家增加到 433 505 家，食品超市从 4 877 家增加到 14 043 家，呈现大幅上升态势。这些便利店、食品超市通过丰富商品种类陈列等展销活动，不同店铺之间相互竞争，从而扩大各自业态的占比。

根据日本总务省实施的《全国消费状态调查》，图 2-9 显示了不同零售业态下消费者在不同渠道购买食品金额比例的变化情况。1974—2019 年的 45 年间，在一般零售店购买食品所花金额的比例从 64.3％下降到 9.1％，减少了 55.2 个百分点。与此相对应，超市的比例从 26.6％增长到 49.1％，上升了 22.5 个百分点。此外，包含折扣店、邮购、电商在内的其他的比例从 4.5％增长到 29.6％，上升了 25.1 个百分点。折扣店的增长是追求低价的结果。邮购增长和电商的扩大也确立了无店铺零售食品购买渠道的新地位。关于这一点，今后也有必要继续关注。尽管整体占比不大，便利店从 0％增长到 5.1％，生活协同组合从 2.9％增长到 4.6％，是利用消费者追求便利和个性，发挥各自店铺优点长处的结果。

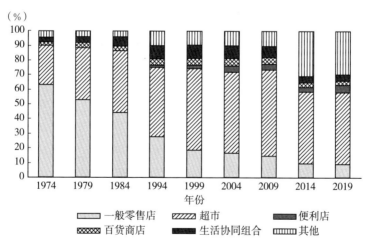

图 2-9　不同购买场所的食品购买金额比例变化情况

资料来源：日本总务省《全国消费状态调查》。

超市、便利店等的商品展销方式和一般零售店不同，这些新业态的登场导致一般零售店在竞争中处于劣势，这是一般零售店店铺数量和购买金额减少的

背景。此外，在食品零售业界，现在还存在不同行业之间的竞争。比如，生鲜
食品店的竞争对手，不仅仅是目前为止的食品超市和综合超市。以前属于外食
产业主要销售干货加工食品的便利店及折扣店，通过进一步补充丰富熟食和盒
饭等商品，成为生鲜食品店新的竞争对手。消费者饮食外部化需求的发展，促
使生鲜食品的原材料市场和中食市场融入竞争关系，快餐和外食企业也成为相
同市场的竞争对手。

　　表 2-5 显示了主要国家食品电商交易的比例。电商交易是通过网络或者
计算机的电子手段，进行商品或者服务的买卖交易。近年来，由于网络普及及
传染病的扩大，主要在服装、装饰品、书、游戏等非食品领域，电商交易在世
界各国得到快速发展。表 2-5 表明，英国（5.5%）和法国（3.8%）等欧洲
国家的食品电商交易比例相对较高，日本（1.9%）和美国（1.1%）很难说食
品电商交易得到普及。但是日本农林水产省的报告显示，日本、美国、法国、
德国、英国这五个国家在 2014—2018 年期间食品电商市场大约扩大了 1.5 倍。
今后如果零售业巨头正式进入该领域，便利性提高，食品电商交易进一步扩大
将存在十足的空间。

表 2-5　主要国家食品电商交易的比例

国家	食品市场规模（100 万美元）	食品电商市场规模（100 万美元）	食品电商化率（%）
日本	426 000	7 915	1.9
中国	1 200 000	27 291	2.3
美国	789 000	8 387	1.1
法国	191 000	7 211	3.8
德国	234 000	1 259	0.5
英国	186 000	10 274	5.5

　　资料来源：日本农林水产省《世界各国食品电商交易调查报告书》。原始资料为埃森哲有限公司根
据欧睿信息咨询公司、欧洲食品饮料协会、欧盟统计局、联合国贸易数据库、经济合作与发展组织、
瓦格纳经济研究、联合国工业发展组织及日本农林水产省的数据推算。
　　注：食品市场规模使用食品（生鲜和加工品）、饮料（清凉饮料和酒精饮料）的制造销售额数据，
英国、法国、德国、日本是 2016 年的数据，美国、中国是 2012 年的数据。食品电商市场规模指食品
（生鲜和加工品）、饮料（清凉饮料和酒精饮料）的电商零售额，所有国家使用的都是 2016 年的数据
（欧睿信息咨询公司）。食品电商化率指电商占食品市场整体的比例。

　　目前为止的阐述，运用价格、收入和偏好等影响需求的经济学基本理论，
考虑全社会的时候，完全能够解释食品的需求动向。但是具体到每一个消费

者，未必能够像经济学假设的经济人一样理性判断事物，很多时候容易受到流行、口碑、作为销售策略的"限定销售""特价销售"等外部因素的影响，发生感性的购买行为。

图 2-10 显示了日本消费者厅实施的日常购物意识调查结果。关于"到了购物场所才考虑要购买的物品"题项，"非常符合""比较符合"二者相加为43.1％；关于"比计划购买更多的促销品"题项，"非常符合""比较符合"二者相加为 41.9％，两个题项的回答都超过 40％。"不符合""不太符合"二者相加，"到了购买场所才考虑要购买的物品"题项的比例为 29.6％，"比计划购买更多的促销品"题项为 27.7％，说明制定好购物计划再去购物的人不到30％。一定程度上这是因为信息不对称导致，即购买方不去店铺就不能获取价格及品质等商品信息。作为销售方的厂家及零售商可以得到的启示是，在如何提高商品价值并传达给消费者上下功夫，提高消费者的购买欲望，从而扩大销售额、增加销售利润。进入成熟期后，在销量不增加的情况下，这个销售策略比成长期更加激烈。这个策略多数情况下对于消费者来说是件好事，但是如果随意购买，容易发生无法消费从而导致食品浪费的情况。行为经济学是一门解释这类消费行为的学问，其增加心理行为变量，试图提出资源最优分配的解决方案。

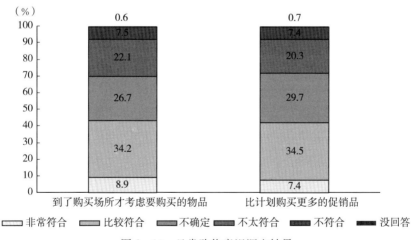

图 2-10　日常购物意识调查结果

资料来源：日本消费者厅《2020 年度消费者白皮书》。

第三章
农产品、畜产品和水产品生产

一、食物系统的上游：农业

食物系统由很多产业构成，农业生产的农产品，经过制造业、流通业、零售业和外食产业，最终进入消费者口中。如同本书前言所示，如果把食物系统比作河流，农业就处于上游的位置。一旦上游的农业发生异常，就会影响到食物系统这条河流整体。健全的农业生产是食物系统稳定的必要条件。

利用温暖的气候和丰富的降水量，日本从古至今一直生产水稻。春天水映蓝天，秋天金黄色的稻穗在水田摇曳，如同字面意思一样，这是代表瑞穗国家的风景。得益于四季分明的气候条件，日本也大量生产蔬菜、水果、畜产品等。但是通过媒体我们看到很多关于农业的负面新闻，比如国际竞争力弱、食物自给率低、耕地面积不断减少、农民老龄化严重、抛荒耕地不断增加等。

1. 日本农业在国民经济中的地位

图 3-1 显示了日本农业在国民经济中的地位。农业生产总值在 1990 年达到顶峰后开始下降，2015 年为峰值的 54%。农业生产总值占 GDP 的比例，从 1970 年的 4.4% 下降到 2020 年的 0.8%，主要农业从业者占全体就业者的比例，从 1970 年的 13.8% 下降到 2020 年的 2.0%。日本农业在经济中的存在，就是 GDP 的 1%，就业人数的 2%，这是讨论的起点。

这个倾向并不仅限于日本。配第-克拉克定律指出，随着经济的发展，劳动力和资本会从第一产业流向第二、第三产业。如表 3-1 所示，人均GDP 和第一产业占 GDP 的比例存在负相关关系，表明配第-克拉克定律的确成立。

恩格尔指出，随着收入的上升，食物支出占家庭支出的比例会下降。大多

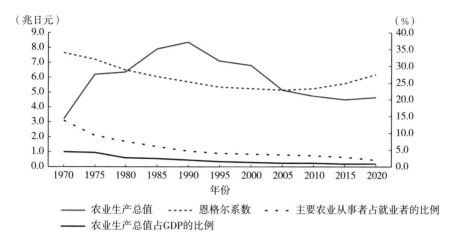

图 3－1　农业在日本的地位

资料来源：日本总务省《劳动力调查》《家庭调查》，日本内阁府《国民经济计算》，
日本农林水产省《农林业普查》。

数食物都是必需品，其需求收入弹性小于 1，恩格尔定律就是由此推导得到的。配第-克拉克从供给视角、恩格尔从需求视角阐明国民经济中包含农业在内的第一产业地位的下降。如图 3－1 所示，日本的恩格尔系数从 1970 年的 34.1％下降到 2005 年的 22.9％。考虑到 1960 年时日本 45.0％的恩格尔系数，很明显恩格尔定律是适用的。2005 年以后，恩格尔系数转为上升趋势，这是老龄化演进、食物价格上升等因素导致的，具体请参照第一章。

2. 从各国比较看日本农业

表 3－1 比较了各国的农业生产条件。日本的大部分国土性质都是森林，农用地（不同国家定义不同，但是一般指耕地和草地的合计）占总面积的比例仅为 11.6％，明显低于加拿大之外的其他国家。

表 3－1　日本农业和其他国家农业生产条件的比较

国家（年份）	农用地面积占总面积的比例（%）	人均农用地面积（hm²）	平均经营面积（hm²）	农林水产业占GDP的比例（%）	人均GDP（美元）
法国（2016）	52.2	0.44	60.9	1.6	42 759
德国（2016）	46.3	0.20	60.5	0.8	47 516
英国（2016）	72.3	0.25	90.1	0.6	42 528

（续）

国家（年份）	农用地面积占总面积的比例（%）	人均农用地面积（hm²）	平均经营面积（hm²）	农林水产业占GDP的比例（%）	人均GDP（美元）
加拿大（2016）	6.3	1.71	332.0	1.8	46 199
美国（2017）	41.3	1.25	178.5	0.8	62 917
澳大利亚（2017—2018）	48.1	14.94	4 421.9	2.6	58 390
中国（2017）	55.1	0.36	0.7	7.5	9 325
韩国（2019）	17.0	0.03	1.6	1.8	33 623
日本（2019）	11.6	0.03	3.0	1.1	39 083

资料来源：日本农林水产省《农林水产口袋统计（2020年版）》。
注：农林水产业占GDP的比例、人均GDP都是2018年数据。

日本的人均农用地面积仅有0.03hm²，日本的平均经营面积的是法国和德国的1/20、美国的1/60、澳大利亚的1/1 500。日本在这样的农地资源禀赋下，形成了以高产的大米为核心，投入大量劳动和肥料从而提高土地生产率的亚洲型水田农业。

3. 农业生产的演变：农产品和畜产品的不同

农产品和畜产品生产的发展模式很不均衡，图3-2显示了日本主要食物在过去半个世纪的国内生产发展演变情况。

作为主食的大米产量，过去50年里下降了33.3%，主要原因是第一章所讲的饮食生活变化带来的消费减少。2020年，日本238万hm²的水田面积中用于种植水稻的耕种面积不过137万hm²，不种植水稻的水田面积达到100万hm²。

到1980年左右，蔬菜产量一直增加，其后开始减少，现在的产量为峰值时期的七成左右。其背景是，随着冷链技术的进步，商业用和加工用途的蔬菜海外生产比重增加，日本老龄化导致白菜、萝卜等比较重的蔬菜生产减少。巅峰值产量为100的话，2020年白菜产量为38、萝卜产量为43。

畜产品（肉类、鸡蛋、牛奶和乳制品）和农产品呈现了完全不同的趋势。经济学一般把畜产品归类为奢侈品，随着经济增长，居民收入水平上升，其需求大幅增加。被指出存在不少问题的饮食欧美化，到目前为止其也为日本畜牧业发展做出了巨大贡献。

　　牛奶和乳制品产量在 21 世纪初以后开始减少，21 世纪 10 年代停滞不前。都府县的牛奶和乳制品产量有所减少，但是北海道的产量一直在增加，其奶牛平均饲养头数和欧盟各国相比也不逊色。此外，和大米一样，原奶也存在供过于求的潜在倾向，1979 年、1986 年、1993 年、2006 年 4 次通过废弃剩余原奶进行生产调整。

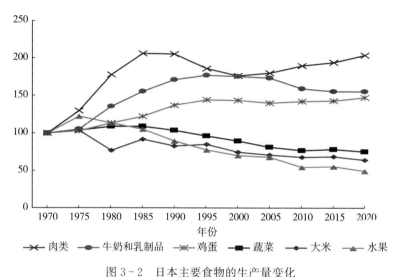

图 3-2　日本主要食物的生产量变化

资料来源：日本农林水产省《食物供求表》。图 3-3 同。

注：主要食物的生产量按 1970 年＝100 计。2020 年数据为估算值。

4. 食物自给

　　食物自给率指消费食物中国产食物所占的比例，有按照产值、卡路里、重量三种不同标准测算的指标。图 3-3 是按照重量标准测算的不同类别食物自给率的变化。比如，2020 年的小麦自给率为 15％，计算方法是国内产量 94.9 万 t 除以国内消费量 641.2 万 t 得到的。

　　随着日本的经济增长，饮食生活质量不断得到提升，并呈现多样化，数量和品质同步发生变化。适应冷凉干燥气候的小麦和大豆的需求不断增加，然而适应日本高温多湿气候条件的大米需求却不断减少。

　　自给率高的种类包含大米、鸡蛋和蔬菜，自给率低的种类包含小麦和大豆。小麦和大豆的自给率，在高速经济增长开始的 1960 年分别为 39％和 28％。水田轮作减少、在进口小麦竞争下利润下降导致耕种面积减少是小麦自

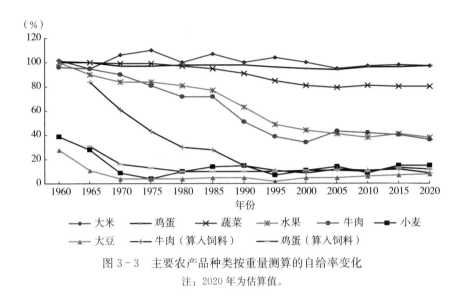

图 3－3　主要农产品种类按重量测算的自给率变化

注：2020 年为估算值。

给率下降的主要原因。大豆的自给率在 1966 年以后就是个位数，这主要是受食用油需求增加和关税削减（1972 年撤销关税）的影响。

尽管大米、小麦、大豆都是大田作物，但是自给率的变化对比鲜明。大米的完全自给基本上得到延续，大豆关税取消后进口快速增加，小麦生产国内产量一路下滑，不能适应饲料作物、面包和面条的需求。此外，水果和牛肉的自给率在 1980 年前维持在 80％前后，到 2020 年分别下降到 38％和 36％。

外汇汇率也对农畜产品进口产生了影响。从 20 世纪 80 年代中期到 2012 年，日元兑美元汇率基本是日元坚挺的局面。日元坚挺促进了蔬菜、水果和畜产品进口，同时使依赖进口饲料的畜牧业顺利发展。2013 年以后日元疲软，农畜产品进口不再像以前那样增长，依赖进口饲料的畜牧业主深受饲料价格高涨之苦。近年来进口额维持在 6 万亿日元左右，2020 年为 6.2 万亿日元。

《食物供求表》还测算了考虑饲料自给率后的食物自给率。比如，按照重量测算，2020 年牛肉国内产量占比为 36％，考虑 25％的饲料自给率后，牛肉真正的自给率下降为 9％（即 36％×25％×100％＝9％）。鸡蛋、牛奶和乳制品、猪肉、鸡肉等所有的畜产品都存在相同的趋势。图 3－3 中牛肉、鸡蛋计算自给率时包含了饲料自给率，就是指考虑饲料自给率之后的食物自给率。

食物自给力指仅仅依靠国内生产，最大限度能生产多少食物（按照能量标准测算），2015 年第四次《食物、农业、农村基本计划》提出该指标。2020 年的测算结果，成人每天平均需摄取的最低能量为 2 168kcal，对于以薯类为主的饮食生活，食物自给力每天为 2 500kcal，存在超过最低水平的潜在可能；对于以大米和小麦为主的饮食生活，食物自给力每天仅为 1 759kcal，最低限的卡路里都得不到保障。

平时使用的食物自给率不能作为非常事态下的指标，因此需要新的指标，这是食物自给力指标出台的背景。但是农地确保、劳动力、单产等前提条件众多且复杂，尽管考虑了非常事态，食物自给力测算做出了以下假设：多达 9.1 万 hm² 的抛荒农地重建、作物转换能随时实施、肥料农药种子农机等生产要素有充分保障。考虑到日本原油自给率仅为 0.1％，非常事态下尽管全部投入生产，仍然是杯水车薪。

二、农业生产环境的变化

维持国内农业生产对国土保持、地方振兴和保持农村活力都具有重要意义。特别是具有蓄水功能的水田，有防治洪水、减缓夏季高温和创造景观等多方面的功能，有测算表明，每年水田能带来数万亿日元的经济效益。但是提高食物自给率和农业保护方面，并不能得到纳税人的支持。如同前面指出的，2020 年农业家庭人口占全国人口的比例不超过 2％。讨论提高食物自给率，必须和日本农业结构改革、体制强化一起进行系统化考虑。

1. 农业特征

（1）小规模

从农业统计完善的 1875 年到经济高速增长开始的 1960 年左右，农业人口（1 400 万人）、耕地面积（600 万 hm²）、农业家庭数量（550 万户）几乎保持了稳定，很长一段时间被称为日本农业不变的三大数字。

经济高速增长过程中农村发挥了为城市和工业提供人力及土地的功能，这促进了农村收入增加和生活水平上升，但同时也弱化了农业生产基础，长期不变的三大数字发生了巨变，如图 3-4 所示。农业人口在 1960 年达到峰值的 1 454 万人，2015 年却为 210 万人，下降了 86％。农业家庭数量从 1960 年的 606 万户减少到 2020 年的 175 万户，下降了 71％。此外，175 万户中有四成为自给农户。

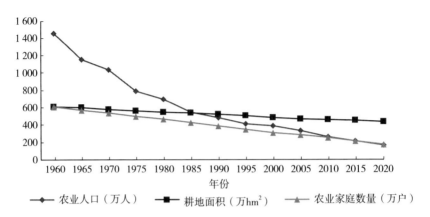

图 3-4 日本农业人口、耕地面积及农业家庭数量
资料来源：日本农林水产省《农林业普查》《耕地面积统计》。
注：2020 年的 168 万农业就业人口是根据 2010—2015 年的减少速度测算的 2015—2020 年的估计值，结果应该有偏差。学生及养老金领取人员 1 年中即使仅从事 1 天农业生产活动，也包含在农业就业人口中，这个数据不能说明农业劳动力的状况。在这个反对意见下，2020 年普查的时候废除了农业就业人口统计指标。

农地减少率不如农业人口和农业家庭显著，从 1960 年的 607 万 hm² 到 2020 年的 437 万 hm² 减少了 170 万 hm²，下降了 28%。170 万 hm² 相当于日本四国地区面积的 90%。减少的原因主要有住宅用地和工业用地的需求增加导致农地转用、抛荒等。

日本的农业经营被零散细碎的小规模耕地条件所限制。经营耕地面积小，被分散到不同地方，并且和其他农户的耕地相互交错，无法连成一片。面积小导致无法发挥规模经济效应，耕地分散交错会增加移动时间，降低作业效率。特别是对于水稻、小麦和大豆这类大田作物来说，零散细碎交错的耕地是导致国际竞争力低下的重要因素。如表 3-1 所示，欧美农业不仅经营规模大且连片成片。与此相对应，日本都府县的经营规模仅为 2hm²，并且较为分散，基本都未连片成地。

（2）适应商务需求的农产品原材料供给

消费者的农产品需求从生食转变为加工食品，其背景和原因在第一章有详细论述，比如净菜（包括沙拉及蔬菜套餐）的人均购买量，2009 年之后的 10 年间增加了 2.4 倍（日本农畜产业振兴机构，2019）。

日本面向生食的农产品要求严格，在世界上都拥有最高的品质。但是其对加工需求的应对迟缓，促进了海外进口，结果导致食物自给率低下。1990 年商务用蔬菜的进口量为 66 万 t，占商务用蔬菜整体的 12％（蔬菜需求整体的 6％）；2015 年商务用蔬菜[①]的进口量为 160 万 t，占商务用蔬菜整体的 29％（蔬菜需求整体的 17％），进口占比显著提升（日本农林水产政策研究所，2015）。

国外生产在商务用需求中占一定比重的原因主要是：果蔬批发市场原本就是面向生食用产品确立的一套体系；由于订单种植是基本模式，生产者无法享受市场价格高涨带来的益处，因此不愿意从事商务用农产品生产。尽管食品制造业和外食产业的食材需求强劲，但是生产者面向生食销售农产品的意向根深蒂固。

2. 生产结构

（1）北海道和都府县的区别

图 3-5 显示了农业结构不同的北海道和都府县 1990—2020 年主业农户和副业农户的演变[②]。北海道以主业农户为主，而都府县以副业农户为主。2020 年，主业农户的占比北海道为 72％、都府县为 21％；副业农户的占比北海道为 26％、都府县为 65％。由此可以看出，北海道的大多数农户依靠农业为生，而都府县则相反。但是这 30 年间农户的减少比例，都府县和北海道都高达 65％，北海道离开农业的情况和都府县呈现出了同样的进展。

如图 3-5 所示，北海道和都府县的主业农户都大幅减少。但有一个数据其中没有呈现，主业农户中两个区域的法人经营体都有所增加，2015—2020 年的 5 年期间，全国增加了 3 600 个经营体（增长 13％），达到 3.1 万个经营体。作为离开农业后的农地经营方，不仅是规模农户（非法人的个人经营体），法人经营体也发挥着重要的作用。

通过以上分析可以看出，在农户的框架下捕捉农业的全貌，迟早会变得更

---

① 商务用蔬菜主要指价格低且较为固定，供应稳定的加工蔬菜，其主要依赖于从蔬菜价格低的国家进口，且多用于外食产业。

② 主业农户，指以农业收入为主（家庭收入的 50％以上来自农业收入），拥有 1 年内超过 60d 从事自营农业的 65 岁以下的家庭成员的销售农户。准主业农户，指以非农业收入为主（家庭收入的 50％以下来自农业收入），拥有 1 年内超过 60d 从事自营农业的 65 岁以下的家庭成员的销售农户。副业农户，指没有 1 年内超过 60d 从事自营农业的 65 岁以下的家庭成员的销售农户。1990 年，统一了西日本和东日本不同的农户定义。销售农户，指经营耕地面积在 0.3hm² 以上或者农产品销售金额在 50 万日元以上的农户。

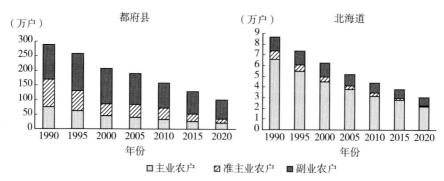

图 3-5　不同类别农户数量的变化

资料来源：日本农林水产省《农林业普查》。

加困难。此外，2015 年普查用到的组织经营体和家庭经营体概念，在 2020 年普查中，非法人的组织经营体替换为个人经营体，组织经营体和法人形态的家庭经营体替换为团体经营体。

（2）农业劳动力高龄化

表 3-2 从劳动力人数和年龄比例两方面体现了农业劳动力脆弱化的现状，主要农业从业者，从 1970 年到 1980 年下降了近一半，到 2020 年下降了80%。主要农业从业者中 65 岁以上的占比逐年提高，2020 年达到了 69.8%。

表 3-2　主要农业从业者人数及比例的演变

类别	1970 年	1980 年	1990 年	2000 年	2005 年	2010 年	2015 年	2020 年
主要农业从业者（万人）	705	413	293	240	224	205	176	136
其中：65 岁以上的比例（%）	11.8	16.7	28.8	51.2	57.4	61.1	64.9	69.8
65 岁以上占总人口的比例（%）	7.1	9.1	12.0	17.3	20.2	23.1	26.7	28.7

资料来源：日本农林水产省《农林业普查》，日本总务省《国家发展趋势调查》。

2020 年日本 65 岁以上占总人口的比例为 28.7%，和 1990 年主要农业从业者中 65 岁以上的比例 28.8% 处于同一水平，农业从业者的高龄化比社会整体提前了 30 年。1926—1934 年出生的人口长期处于农业劳动人口的中坚力量，2022年这些人中最年轻的也到 88 岁了，基本上会退出农业劳动力市场。

农业继承者的情况如何呢？包括退休后回归农业的在内，1970 年新从事农业工作的人数为 11.7 万人，1990 年减少为 1.6 万人。随着 1926—1934 年出生的人们退休后回归农业，2004 年恢复到 8.1 万人，其后再次减少，21 世纪 10 年代为五六万人（其中 49 岁以下约占三成）。以前，新从事农业工作的人基本上都是自家农业的继承者，2020 年有 19％新从事农业工作的人在农业法人经营体等团体工作。

为了确保和培养农业继承者，提高农业的魅力和收入水平，国家实施了多项政策。比如，农业下一代人才投资资金（以前称为青年从事农业补助金）支持年轻人务农或者到农业法人经营体工作，2021 年开始实施经营继承和发展支持政策，这些政策在 2022 年后会进一步扩大。

（3）农业经营者的国际比较

有观点指出，在关税削减等国际环境变化导致农业弱化之前，人手不足等内部因素已经导致农业瓦解。于是，日本聚焦农业经营者群体的主力军，并和 4 个欧洲国家比较其年龄结构。图 3－6 的 4 个欧洲国家和日本在经营规模和经营形态上有差异，但是相似点在于都以家庭农业为核心，同为 G7 成员国。39 岁及以下的年轻群体占比，日本仅为 2.2％，非常低。德国和法国达到了 14％左右。40～64 岁的青壮年群体占比，4 个欧洲国家超过 50％。5 个国家中唯有日本 65 岁及以上的高龄群体占比超过半数，达到 61％，和德国的 8.4％相比，差距悬殊。在德国和法国，优厚的农民年金制度促进世代交换，以及到一定年龄就退休的习惯，这是高龄群体占比低的重要背景。

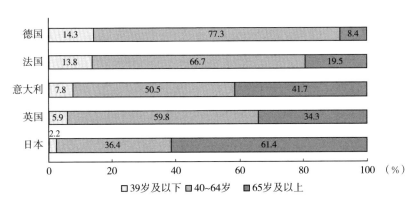

图 3－6 农业经营者不同年龄段结构的国家比较

资料来源：日本农林水产省《农林业普查》，欧盟统计局《农场结构调查》。

注：日本数据为 2015 年，其他国家数据为 2016 年。

（4）农地流转政策的展开

为了消除农地市场的不完备，培育有效率的稳定的农业经营，国家出台了各种制度。其中，主要是 1980 年发布的《农用地利用增进法》，以及 1993 年发布的《农业经营基础强化促进法》和《认定农业者制度》的出台。依据这些法律及条例，农用地利用增进事业、农地利用集约通畅化事业、农业保有合理化事业等得以实施，农地流转向大规模经营体集中。平均经营规模的年增长率，与 20 世纪 70 年代的约 1％相比，2005—2009 年为 3.3％，2010—2014 年为 5.4％，2015—2019 年为 8.3％，且近年来依然呈现增长趋势。

以可持续发展的有机农业为目标，在农业从业者之间对话的基础上，明确地区农业的中心经营体及地区农业今后的蓝图，2012 年开始了"人和农地计划"。2014 年设立了农地中间管理机构，整理地区内分散交错的农地，向农业经营主力军集中。

为了实现平地 20～30hm² 规模、丘陵山地 10～20hm² 规模的经营体占大部分的结构调整，运用"人和农地计划"和农地中间管理机构，政府提出目标，到 2023 年农业经营主力军集中的农地面积占全部耕地面积的比例要达到八成。

2020 年的农地集中比例目标为 70.6％，但是实际上只有 58.0％，并且最近 3 年的增长率都停留在不到 1％。集中速度下降，加上不少地区的"人和农地计划"变成形式，2019 年开始推进"人和农地计划"的实质化（地区内过半的农地必须明确出让方和接收方）。

（5）荒废农地和农地利用

2020 年日本耕地面积为 437 万 hm²，比 1961 年峰值的 608 万 hm² 减少了 171 万 hm²，1970 年之后的半个世纪里减少了 142 万 hm²。对于优质稳定的粮食供给和多方面功能的全面发挥，良好的农地不可或缺。特别是，平地农业区域的荒废农地会给周围优良农地带来杂草和病虫害，妨碍农业生产效率，因此强烈要求消除这些荒废农地。

农地维护可以在突发事件的时候削减农地恢复费用，从国民经济的角度来看也希望如此。实际上，农地恢复需要很长的时间和高额的费用。具体来说，灌木拔根、蕨类和艾草等危害严重的杂草去除，以及为恢复农地的肥力而大量施用的堆肥等，都是必要的作业。很多丘陵和山地，看上去是可以恢复的农地，但是由于没有道路供农地整理的重型机器进入，不少农地实际上很难恢复。

2020 年共有 28.2 万 hm² 荒废农地，其中难以再利用的农地达到

19.2 万 hm²。2009 年后，在放弃耕种农地再利用补助金等政策的支持下，推进了荒废农地的再利用。但是，根据 2021 年的调查，过去 3 年再利用的 2.9 万 hm² 耕地中，进行维护管理的占 39%，由所有者耕种的占 25%，再利用农地存在很多问题。

此外，主要是在农地非农化价格高的地区，一些被持有农地处于闲置状态，且不租借，等待非农化转用机会。作为资产的农地与日本《农地法》的理念背离，2017 年度后废止了针对这些农地的固定资产税减轻措施，2019 年有 70hm² 农地的减轻措施被劝告废止。

3. 生产状况

（1）水稻

水稻适宜日本的高温多湿气候，比小麦、大豆的产量高，可以用较少的耕地养活众多的人口。日本农业以水稻为中心的演变绝非偶然。大米长期处于农业产值比例的首位，1990 年被畜牧业取代，2004 年再次被蔬菜超越后退到第三位，2019 年的占比为 20%，依然处于主要位置。

图 3-7 展示了每 0.1hm² 水稻的劳动时间和产量变化情况。第二次世界大战以后劳动时间一直在减少。与 1960 年人工插秧和收割的种植体系比较，60 年期间单位面积的劳动时间下降了 60%。与插秧机和联合收割机的机械化种植体系基本确立的 1970 年相比，50 年期间下降了 50%。20 世纪 80 年代以后的减少，主要是机械的大型化和高性能化导致的，近年的减少则主要由缓释肥料及除草剂等节省劳力的农资开发所贡献。

大米在 1967 年实现完全自给。其后，在继续开发新农田、农户米价等价格支持政策下，尽管消费减少，但是生产规模一直扩大。1970 年库存达到 720 万 t，其后大米生产调整正式开始。

生产调整开始后水稻单产仍然持续保持上升，其背景在于，根据《粮食管理法》，原则上政府必须收购全部的大米，但是品质差异在价格上没有得到反映，高产直接导致农户收入增加。大米过剩下单产仍然上升的另一个原因在于育种的时间差，水稻种植基本上是一年一季，其系统确立最少需要 7 年，得到的系统至少需要经过 3 年的适应性试验后才能成为品种。从着手研究到新品种在市场流通，最短也需要 10 年。近年来，采用基因编辑的育种技术有望缩短育种年限。

1975 年以后大米的需求每年减少 8 万 t，最近每年减少 10 万 t，少数例外

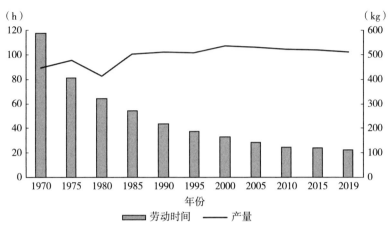

图 3 - 7　每 0.1hm² 水稻的劳动时间和产量变化

资料来源：日本农林水产省《农产品生产成本》。图 3 - 8、图 3 - 9 同。

年份以外。半个世纪以来主食用的水稻耕种面积持续减少。半世纪前开始水稻生产调整，2017 年政府停止直接参与水稻生产调整，其后的实施主体转移到由农协及农业委员会等构成的农业再生协议会。尽管如此，2020 年日本农林水产省大臣发表讲话，寻求生产调整配合协助，基本格局和以前并没有大的改变。现在水稻生产调整进入实质运行阶段①，2020 年非主食用水稻的生产调整面积为 17.1 万 hm²，占水稻整体的 11%。

（2）日本和美国的大米生产成本对比

讨论跨太平洋伙伴关系协定加盟利弊的 2010 年，在《取消关税对农产品生产的影响测算》中，日本农林水产省公布了以下数据：如果马上取消关税，大米产量将会下降 90%，小麦下降 99%，甜菜及甘蔗下降 100%。

为了考察日本大米的竞争力，对日本 50hm² 以上规模经营体和美国（加利福尼亚）每公顷水稻的生产成本进行比较②，如表 3 - 3 所示。两国之间存在巨大差异的是劳动力成本和农机具成本，日本分别是美国的 3.7 倍和 2.9 倍，主要是因为美国农业委托作业盛行，且成片的大规模农地利于节省劳动力。美

---

①　对象扩大到加工用大米（煎饼、味噌、烧酒）、新规需求大米（饲料、米粉）及用于发酵粗饲料的水稻。比如，2021 年饲料用大米的补助达到每公顷 105 万日元（累加了其他各种补贴）。

②　2020 年日本农业普查表明，水稻耕种面积 50hm² 以上的经营体占比为 0.78%；生产成本调查表明，水稻耕种面积 50hm² 以上的经营体占比 0.93%。需要指出的是，50hm² 以上的经营体并不代表农业经营整体。

国水田区划标准每块超过 10hm²，数十倍于日本标准（0.3hm²），可以极大地节约劳动时间。比如，根据日本联合收割机作业数据，1h 内有 20min 在地块里周转移动和不同地块之间移动，再加上等候时间，实际从事收割的时间仅略多于 30min，而美国农场基本上所有时间都可以用于收割作业。

表 3-3　2019 年日本和美国的水稻生产成本比较

成本项目	日本水稻	美国（加利福尼亚）
每公顷生产成本（万日元）	84.1	57.2
劳动力	15.7	4.3
生产资料（其中农机具）	46.7（17.8）	38.6（6.2）
地租及利息	21.7	14.3
平均每个经营体的耕地面积（hm²）	88.0	210.4
每 0.1hm² 的产量（换算为糙米）(kg)	702	556
每 60kg 的全部生产成本（万日元）	0.72	0.62

资料来源：日本农林水产省《农产品生产成本》，美国统计局《经济调查服务》。

在农协等各种团体及生产者的努力下，两国之间的农资成本差异较小。日本的大规模经营体和美国（加利福尼亚）平均经营之间的总生产成本差，按照单位面积测算为 1.5 倍，按照单位产量测算则缩小到 1.2 倍。再加上运输成本等费用，即使是零关税，日本店面的日本大米价格和美国（加利福尼亚）生产的大米价格之间，也没有大的差异。基于日元兑美元汇率（115 日元=1 美元）可以看出，日本大规模经营体的大米生产，对于美国具有一定程度的竞争力。

（3）麦子、大豆

图 3-8 和图 3-9[①] 表明，近年麦子的六成多、大豆的八成种植在大田里。尽管有轮作麦子和大豆的补贴政策、大力开展产量提升和生产成本下降相关的技术开发，但是大田生产容易受到水害和病虫害的影响，以致麦子和大豆生产处于停滞状态。

在关东以西地区，自古以来就把小麦、大麦和白麦作为水稻的轮作作物进

① 1995 年种植麦子和大豆的大田面积减少，原因在于 1993 年水稻受冻害影响收成不好，原本种植麦子和大豆轮作田的水稻耕种面积增加。

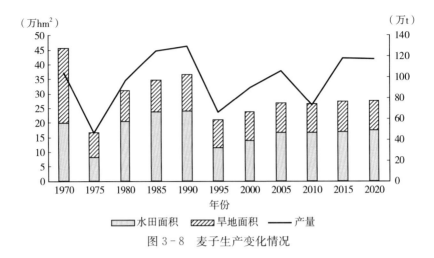

图 3-8　麦子生产变化情况

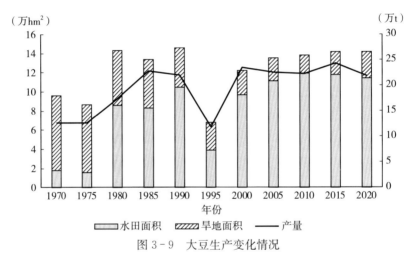

图 3-9　大豆生产变化情况

行种植。进入 20 世纪 70 年代后，插秧机的普及，水稻春天作业时间提前，和麦子种植周期相冲突，导致轮作麦子减少。但是，在水利条件困难的北关东及筑后川流域，现在也把麦子作为轮作作物进行种植，2019 年日本轮作麦子面积 7.3 万 hm²，占麦子种植总面积的 27%。

以前麦子在全国各地都有种植。1960 年麦子种植面积为 145.2 万 hm²，超过现在主食用的水稻种植面积。但是，近年来在 20 万 hm² 左右移动，2020 年为 27.6 万 hm²，其中北海道 12.4 万 hm²、北关东三县 2.8 万 hm²、三重和滋贺 1.5 万 hm²、福冈和佐贺 4.3 万 hm²，前八位地区占比约八成，地域集中情况明显。

作为麦子的代表，小麦的自给率现在保持在 15% 的低位，2021 年生产的国产小麦的预定销售数量，比希望购买数量高出 5.1 万 t，处于供给潜在过剩的局面（日本民间流通联络协议会，2021），主要原因在于与外国产品相比，品质和价格都处于劣势。

生产过剩在很大程度上是政策支持导致。2019 年度进口麦子买卖利润差（以超过国际价格把进口麦子销售给面粉厂商获取的利润为 693 亿日元）加上政府补贴共 1 367 亿日元，作为国产麦子振兴费（旱地作物直接支付补贴金）进行了补贴。再加上，轮作麦子还可以获取水田活用直接支付补贴金（35 万日元/hm²）。

大豆在 1972 年取消关税，其后面临严峻的国际竞争。2020 年自给率为 6%，近年来每年进口约 260 万 t，主要原因是占总需求七成的榨油用大豆完全依靠进口。尽管国产食用大豆（用于水煮菜肴、豆腐和纳豆）和非转基因进口大豆之间有 2 倍左右的价格差，但是在味道和加工适用性方面国产大豆处于优势，因此国产大豆需求一直很强劲。如果仅限于食用大豆，自给率上升到 20%。如上所述，麦子和大豆的需求背景存在很大不同。

（4）设施园艺

与大米、麦子和大豆等谷物不同，蔬菜和水果等季节性强，区分为产量多的旺季和不出产的淡季。现在很多种类的蔬菜和水果，在保持新鲜的同时全年都在流通。随着流通和储藏技术的进步，不仅可以延长国产农产品的流通期，还可以运送季节不同的各国农产品。

国产农产品实现全年流通，设施层面的技术革新也做出了巨大贡献。玻璃温室、塑料大棚、钢结构温室等可以保持生产环境不变。另外，植物工厂可以完全调控包括光在内的环境，2021 年有 390 个植物工厂在运作。

设施农业可以调节作物生长期，和受自然条件强烈影响的露天种植相比，更容易实现高产量和高价格。但是为了控制生产条件，制冷制暖必须要用柴油或者煤油，照明用电也要消耗大量化石燃料。一般来讲，环境负荷减轻和提高收益率存在二者取其一的关系，重视谁并不能一概而论。随着环境意识的提高，现在的趋势是优先前者。生命周期评估是聚焦这一点的研究方法，以欧洲为中心，日本也有很多研究使用该方法。

图 3-10 表明了 2018 年主要蔬菜的设施种植和露天种植面积比例，草莓和番茄的设施种植比例远远超过露天种植。2018 年种植面积与 2009 年相比，

西瓜的设施种植比例下降了4.7个百分点，生菜的设施种植比例上升了1.9个百分点，除此之外其他的比例基本没有变化。

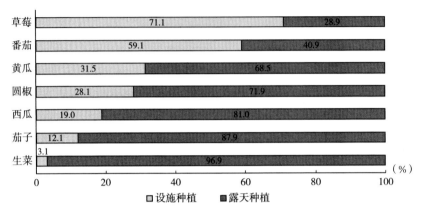

图3-10　2018年主要蔬菜的设施种植与露天种植面积比例
资料来源：日本农林水产省《园艺设施设置状况（2018年）》。

(5) 奶农

日本有一段肉食禁忌的历史，因此很长时间内农业发展过程中都没有畜牧业。饲养的家畜专门用于农耕，饲料也是野草、剩饭、蔬菜残渣等，没有形成种植饲料作物的习惯。欧洲饲养家畜是为了食用，饲料可以自给，在这一点上，日本和欧洲完全不同。

对于土地密集型农业来说，经营规模小是一个很大的问题，但是奶农不受规模问题影响。表3-4表明，不管是平均饲养头数还是每头的挤奶量，日本都和欧洲各国不相上下，特别是北海道的平均饲养头数、挤奶量超过了德国和法国，通过规模经济实现了农业收入提高。现在，牛奶销售量每年超过1 000t的超级牧场也不少见。

日本原奶价格是美国的2倍左右，是澳大利亚和新西兰的3倍左右。国际竞争力缺乏的重要因素之一在于，从国际上来看偏高的折旧费负担和劳动力成本，另一个因素是占生产成本30％～40％的饲料成本。北海道的精饲料、都府县的粗饲料和精饲料都要依靠进口，这意味着农场内部无法左右的汇率因素会影响到经营的稳健性，这也是谋求饲料自给或者国产化的理由。

日本奶业的发展历史较短，生产进入轨道是在《农业基本法》出台之后。尽管多次面临奶价低迷及饲料价格急剧上涨等危机，通过对新技术的持续投资，力图扩大规模和削减成本，从而实现结构改革。20世纪70年代的管道式挤奶机、90年代的自由式牛舍和挤奶厅成为检验牧场能否继续经营的试金石，迫使许多没有投资能力的小规模奶农被迫退出。

奶业本来是土地密集型农业，日本的饲料基础资源稀缺，不少农场甚至连家畜的运动场都没有。这些农场的牛粪堆积在野外、过度使用未发酵的堆肥等导致水质污染和恶臭，成为很长一段时间内的问题。

表3-4　各国奶业经营体经营情况比较

国家		经营体平均饲养头数（成年母牛）	奶牛平均挤奶量（kg）
德国		65	8 063
法国		65	7 054
荷兰		98	8 687
英国		147	8 216
美国		251	10 500
澳大利亚		263	5 389
新西兰		430	6 194
日本	都府县	43	8 767
	北海道	76	8 945

资料来源：日本农林水产省《畜产品生产成本》，日本乳业协会《日本乳业年鉴2020》。
注：日本数据为2019年，其他国家数据为2018年。

20世纪90年代以后环境对策成为世界性课题，日本也在1999年发布了《家畜排泄物法》等环境相关的3个法案，家畜粪尿的合理利用及防治环境污染的设施配备成为义务。在这个过程中，不能适应新的饲养卫生管理标准（环境标准）的农场退出了农业经营，在法律的强制要求下奶业的结构改革不断深化。

随着饲养头数规模的扩大，每头奶牛的平均产奶量保持增加，如图3-11所示。主要原因在于，农场内部选拔高产奶牛，经营规模越大，优良奶牛出生数量越多。

从每头奶牛所花的劳动时间来看，1970—1990年大幅减少，其后尽管速度有所放缓，但是直至今日一直处于减少趋势。近年来，随着自由式牛舍、挤奶室，以及从乳头清洗到挤奶后药浴全自动的挤奶机器人的引入，不仅节约了劳动时间，还大幅降低了劳动力负担。

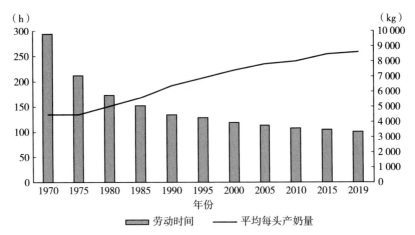

图 3-11 1970—2019 年平均每头奶牛的产奶量及所花的劳动时间
资料来源：日本农林水产省《畜产品生产成本》。

制度层面也在降低劳动力负担。一年 365 天早晚挤奶的奶农，如何保证休息日是一个问题。通过普及奶农助手制度，定期休息的奶农不断增加。但是随着经营规模的扩大，人均年平均劳动时间为整个产业的 1.7 倍，达到约 3 000h，如何削减总劳动时间依然是一个课题①。

4. 日本农业展望

第二次世界大战后，日本经济快速增长，1964 年加入经济合作与发展组织，成为发达国家。20 世纪 60 年代后期，随着外汇储备和对外净资产的增加，国际上要求日本作为经济大国应该日益开放农产品市场。日本享受了贸易自由化的成果，产业界也不允许其唯独农业设置过高的贸易壁垒，农产品国际贸易管控措施一直在放宽。

全球化盛行的现在，日本农业今后的发展方向应该如何？确立被国民信赖和支持的生产体制是关键。1970 年农业人口占总人口的 25%，到 2020 年下降到 2.1%。即使在农村，农民也已经是少数派。

在 2017 年生效的《农业竞争力强化支持法》下，政府实施了一系列改革措施，力图供给优质低廉的农资，优化农产品流通，以降低成本。通过国民对农业的广泛支持和关心，提高了农户的生产愿望，最终使向国民供给质优价廉的农产品成为可能。此外，追求健康和正品真货的农产品生产，也是农业生存

---

① 注：数据来源于 2018 年奶农全国基础调查。

的手段。但是如果国民认为结构改革努力不足，那么就难以得到农业提质强化补贴的支持，生产将会不断弱化。

关于农业的国际竞争力，日本水稻大规模经营体的生产成本和美国相比也不逊色（表3-4）。土地密集型的水稻生产，20年前无法想象的高效率大规模经营体在各地相继产生。

考虑到资源禀赋情况，日本农业整体难以具有和欧盟、北美、澳洲同等的竞争力。通过不断的结构改革，深化国民对农业的理解，增加日本农业的盟友，这样的努力不可懈怠。有一类消费者即使价格稍微高一些也愿意选择国产农产品以支持国内农业，如何增加这类消费者也是关键因素之一。

最后，谈谈提高措施有效性不可或缺的政策风险。很久以来日本农业政策就被揶揄为"猫眼农政"。水稻生产调整是代表性的政策，1971年开始水稻生产转换政策，到现在政策已经调整了10次以上。不少生产者和农业相关者担心，即使根据政策投资，数年后项目自身中止或者方向转换，会导致投资损失，有的实际经历过投资失败。

保持政策的长期稳定性，短期来看也许会影响到应对的敏捷性，但是对于建立稳定的农业经营者制度及农业生产效能具有基础性作用。在生产者和政府之间首先要有坚固的信赖关系，各种政策措施才能够有效实施。

三、可持续发展目标与渔业的关联

到目前为止，本章都从产业的视角出发，探讨农业的发展及其面临的问题。但是考虑到近年来全球变暖及资源衰竭问题的动向，这个分析视角多少有些流于表面。

产业革命以后的工业和农业发展，特别是20世纪中叶以后，经济活动增强引发了全球规模的各种问题。针对发展中国家，联合国在2000年通过了包括8项目标在内的千年发展目标，针对千年发展目标对象及发达国家，联合国在2015年通过了可持续发展目标，并把目标扩充到17个。

第十章将会详细介绍可持续发展目标。可持续发展目标认为，作为环境的生物圈是经济圈和社会圈的基础，积极的环境对策可以带来经济社会的变革和成长，要求在包括农业在内的各种领域里实现思想和价值观的转变。下面结合可持续发展目标简要看看日本的渔业。

1. 可持续发展目标第 14 项：保护丰富的海洋

为了保护和可持续利用海洋及海洋资源以促进可持续发展，列出了 10 个细分目标。其中第 14.4 条指出：为了使水产资源恢复到在最短时间实现最大可持续产量的水平，需要有效规制渔获物，终止非法、无管制、未报备等捕捞和破坏性渔业习惯，实施科学的管理计划。

国际上资源管理意识不断高涨，作为水产大国的日本受到高度关注，如何恢复资源成了紧急任务。《可持续发展报告 2021》指出，日本的达成度较低且应对不充分的目标有 3 个，可持续发展目标第 14 项就是其中之一。评价最低的是过度开发利用而导致崩溃的渔场，其比例在 2014 年达到了 70.8％。

2. 曾经的渔业大国

日本的领海和专属经济区域约为 447 万 km²，居世界第六位，暖流和寒流在日本海和太平洋相交，渔业资源丰富。作为动物性蛋白质的供给来源，自古以来鱼贝类就发挥着重要的作用，和大米及蔬菜同处餐桌的中心地位。由于肉类消费增加，近年鱼贝类的地位有所下降，人均年消费量为 23.8kg，仍然占动物性蛋白质的 29％。2019 年日本总渔获量为 420 万 t，占世界总渔获量的 2.0％。峰值的 1984 年渔获量为现在的 3 倍，达到 1 282 万 t，占世界的 31.6％，是名副其实的渔业大国。

现在，日本和俄罗斯、中国、韩国及太平洋岛国等缔结双边协议，相互在对方国家水域开展渔业生产活动。但是由于对方国家在日本海域违法作业及对方国家海域排除日本渔船作业，与中国、韩国的协议分别于 2017 年和 2019 年后没有形成共识。和太平洋岛国的协议仍在继续，但是 2015 年以后入渔费用激增。比如，日本鲣鱼远洋渔业，1 艘渔船每天的入渔费用约为 100 万日元，经营环境日趋严峻。此外，由于吨位的限制，日本鲣鱼渔船的主力军单杆单钓渔船为 500 吨未满级、围网渔船为 1 000 吨级。然而，中国、韩国主要是配备有大型鱼群探测用直升机的 1 800 吨级，使得在南太平洋的捕捞竞争中日本处于不利地位。

下面利用各种数据简单整理日本渔业，图 3-12 是消费和进口的动向。以前水产品自给率超过 100％，是重要的出口品类。如第一章所述，20 世纪 60 年代水产品供给蛋白质占总量的 1/4，现在约占 1/5，逐渐被畜产品所取代。自给率在 70 年代后半叶低于 100％，90 年代以后保持在 60％左右，2018 年为 56％。

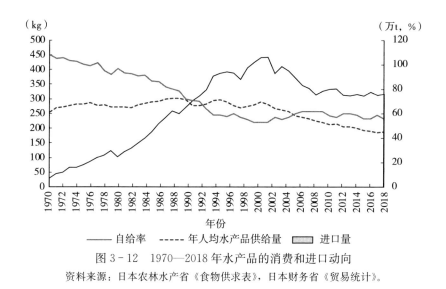

图 3 - 12　1970—2018 年水产品的消费和进口动向

资料来源：日本农林水产省《食物供求表》，日本财务省《贸易统计》。

随着收入水平的上升，20 世纪 80 年代开始虾和金枪鱼等的需求增加。由于国内供给不足，大量依靠进口，进口量在 80 年代激增。近年来，在资源管理日趋严格的情况下，金枪鱼类的进口逐渐减少，另外随着养殖技术的日渐发达，从挪威和智利进口的鲑鱼类增长迅速，占据了进口的最大份额。

图 3 - 13 呈现了 1970—2018 年主要鱼类的渔获量演变趋势。由于洄游鱼等每年的变动很大，因此取 3 年移动平均值。由图 3 - 13 可知，20 世纪 70 年代鳕鱼类有增减，沙丁鱼类在 80 年代激增和 90 年代以后剧减。特别是容易受海洋环境变动影响的远东拟沙丁鱼，渔获量从 1988 年的 449 万 t 大幅减少为 2005 年的 55.1 万 t。

3. 强化资源管理

远洋渔业曾经占日本渔获量的首位。第二次世界大战后由于冷冻和冷藏技术的进步，加上用复兴金融公库的资金建造了大型渔船，日本渔场从近海向外延伸，20 世纪 60 年代除了南极洲和南美洲，日本几乎在世界上所有海域捕鱼。进入 70 年代后，世界渔场自由利用的时代结束。高速经济增长导致工资水平上升、渔获丰收及进口增加导致鱼价低迷、第一次石油危机下成本上升导致利润恶化、与韩国和中国台湾之间的竞争激化，在以上因素影响下，日本渔获量停滞不前。

1975 年以后，基于资源衰竭的考虑，以资源管理强化为目的，各国开始设定 200 海里的渔业管辖权。同时，几个国际组织也被设立，以本国渔业振

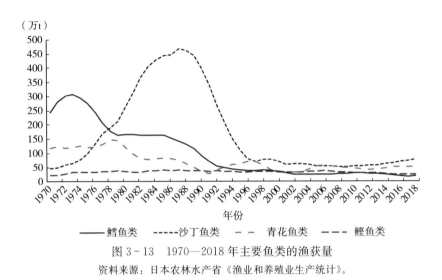

图 3 - 13   1970—2018 年主要鱼类的渔获量
资料来源：日本农林水产省《渔业和养殖业生产统计》。

兴为目的，要求外国渔船退出本国渔场或者缩小作业规模。与日本相关的组织主要有 1979 年设立的南太平洋论坛渔业局和 1982 年设立的瑙鲁协定成员国。

20 世纪 80 年代，世界各国开展了海洋水产资源利用适度水平的讨论。日本实施了远洋渔业减船措施，同时转换为养殖业等资源管理型渔业。1994 年联合国海洋法条约生效，其后，负责任的渔业生产、持续利用和管理水产资源成为渔业的关键词。为了恢复和可持续利用水产资源，日本在 1996 年开始实施限额捕捞制度，设定了秋刀鱼和竹筴鱼等 7 种鱼类的最大捕捞量。计划到 2023 年，对象鱼类增加到 17 类，其中包括鲕鱼和远东多线鱼。

2018 年，整合了旧渔业法和限额捕捞法（关于海洋生物资源保存和管理的法律）的修订渔业法开始实施，实施渔业配额制度，按照不同鱼种、渔业种类、作业海域决定每条渔船的渔业配额。南方蓝鳍金枪鱼、太平洋蓝鳍金枪鱼、日本海红帝王蟹率先实施配额制度，到 2023 年，大规模渔业（部长许可渔业）中的限额捕捞对象鱼类原则上实施配额制度，到时将有全部渔获量的八成适用配额制度。

作为国民重要的蛋白质供给来源，半个世纪前日本渔业就在资源可持续利用理念的指导下开展生产，可以说，在农业之前渔业就致力于可持续发展目标。

第四章
食品企业的职责及食品制造业的发展

一、食品企业的使命

食品企业以"不停地追求用食物丰富社会"为使命。用社会生态学家彼得·德鲁克的话来说，企业的使命可以用创造顾客的概念来解释。在资本主义社会，常常用追求利润来解释企业的使命，但这仅仅是企业使命的一部分，应将企业使命的社会属性和经济属性区分来看。

很多食品企业的经营理念是通过其产品和服务，为社会和人民谋福利、做贡献。例如，味之素株式会社的经营理念是"站在全球视角，我们为饮食、健康和生命而努力，为明天的美好生活做出贡献"。再例如，理研维他命株式会社的承诺是"通过食品为社会提供健康和丰富的饮食生活"。还有，以"年轮管理"① 的组织管理而闻名的伊娜食品工业株式会社，通过分享和实践其经营理念"创造更好的社会"，不仅实现了业务目标同时还实现了利润增长。耐吉士食品服务株式会社的"价值假设管理"经营理念，作为企业新型经营模式的一环，获得了日本管理质量奖。

另外，日本农林水产省在食品企业合法合规的管理方面，在实施的"食品沟通计划"中明确指出，企业行为准则是"公司的法律"，而"程序和手册"等内部管理资料是为了将抽象的经营理念即"公司的宪法"具象化，经营理念不是修辞的装饰品，而是给组织提供目标和行动指南，为"我们食品企业为什么而存在"和"我们食品企业工作的目的是什么"等问题提供明确的答案。

企业经营理念如果能具象化，食品企业的社会使命也自然而然会有相应的

---

① 年轮管理指的是一种着眼于长远、稳步发展的管理方法。正如树木的年轮每年都在稳步增长一样，认为企业必须着眼长远，以可持续增长为目标。年轮管理更注重增加企业的长期价值，而不是追求短期利润。

呈现。另外，食品企业的经济使命即"追求利润"，可以被视为是实现食品企业社会使命的重要手段。利润是产品、服务等的总收入减去总成本，其用来进行分配、积累和再投资。经济学家约瑟夫·熊彼特曾提到不断创新与组合，可以引领产品创新和发展服务，改进生产方式、拓展分销渠道，还可以开发新材料等，这些也将引领工业组织随之产生变革。这些创新是由被称为企业家的人引领的，成功的企业家并不局限于管理者，商人、工程师、研究人员、厨师和工匠等任何人都可以转型成为企业家。

当人们能吃饱时，必然会产生想吃更安全、更美味食物的欲望，也会想和别人一起共享美食，想尝试奢侈的食材，他们希望更健康、更快乐。这也印证了心理学家马斯洛提出的需求五阶段理论，即生理需求→安全需求→社会需求→认可需求→自我实现需求。这点也是食品企业在开发新产品和服务时，积极应对客户、消费者需求的变化趋势所要遵循的路径，是新产品研发和创新服务的关键因素。

食品企业在充分利用市场营销的基础上，以"吃好，为健康做贡献"为原则，追求用食品来促进社会发展。因此，食品企业作为一种组织，应该实现社会和经济的共同发展，同时也是将计划、组织、协调、控制这些管理职能发挥到极致的机构。

在食物经济不断演进的过程中，食品企业不仅要关注消费者、企业客户，同时还要注意股东、以银行为代表的债权人、当地居民、政府、职工等利益相关者的相互关系。可持续发展目标是当今企业界面临的最大挑战，同时也是"食物经济社会问题"的最重要课题。上述课题也是"日本资本主义之父"涩泽荣一所构想的，平衡"私人利益"和"公共利益"逻辑的核心。管理学家菲利普·科特勒最近用"创造共享价值"的概念，描述了创造社会及其经济价值的经营战略框架。这种理念有望在未来成为全球食品行业的主流。其中主要评价指标之一，即环境、社会和公司治理（Environmental - Social - Governance，ESG）的投资指标。这三个指标对公司未来的长期发展至关重要，如果ESG举措不力，公司将被视为有风险的公司。截至2020年，ESG投资占全球管理总资产的35.9%，并已增加到35.3万亿美元（图4-1）。

从国家和地区层面的投资规模来看，日本的规模约为欧洲的1/4、美国的1/6，但比加拿大和澳大利亚要多。另外，从ESG实际掌握的指标情况来看，日本增资倾向较为明显，同时日本国内企业发表统筹报告书的数量也在逐年增

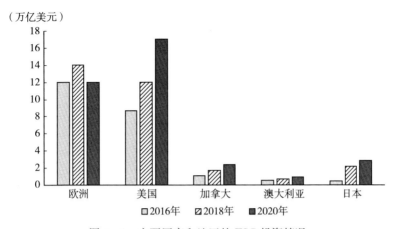

（万亿美元）

图 4-1　主要国家和地区的 ESG 投资情况

资料来源：根据全球可持续投资联盟《全球可持续发展投资审查 2020》做成。

加。统筹报告书不仅包含了经营理念和行动指南，还包括减少二氧化碳排放和食物浪费的环境治理措施，创造安全可靠产品和服务价值、地域振兴、食物教育和道德消费（伦理消费）等的社会治理措施，创建良好型工作组织和公司治理等，具体可参考各企业市场报告及发展规划。截至 2021 年，大型食品上市企业相继发布统筹报告书，这一趋势在未来预计也会持续增加。

因此，不断产生社会、经济价值的创新和营销，是推动食品企业发展的车轮，并且也会影响整个食物系统的转型。同时，食品企业如果想永续经营，必须从上述角度履行其固有的企业社会责任，并以食物系统的可持续发展为目标，规划管理企业的经营战略，这些是食品企业的必然使命。

二、食品制造业在食物系统中的地位

食品产业位于食物系统"湖泊"的位置即消费者和上游也就是农渔业之间（图 0-1），每天生产各种各样的产品及提供相应的服务，以满足消费者的需求。那么，食品产业的生产活动在食物系统中到底处于什么位置呢？

根据日本农林水产省 2021 年统计的《农业和食品相关产业经济决算》，2019 年农业和食品相关产业的生产总值，农林水产业 12.5 万亿日元（占 10.5％）、食品制造业 37.9 万亿日元（占 32％）、物资供应业 2.1 万亿日元（占 1.8％）、关联投资业 2.4 万亿日元（占 2.1％）、关联流通业 34.7 万亿日元（占 29.3％）、外食产业 28.9 万亿日元（占 24.4％），合计 118.5 万亿日元。食品产业（食品制造业＋关联流通业＋食品服务业）合计为 101.5 万亿日元，约占整个食物系统的 85.7％。与此同时，根据日本内阁府国民经济核算，国内所有经济活动的产值约为 1 049 万亿日元，其中食品产业占 10.3％。因此，食品产业通常被称为"10％的产业"，为人们的生命活动和丰富的饮食生活做出了很大贡献。

在日本经济发挥重要作用的食品产业中，食品制造业的生产能力最高。图 4-2 显示了日本 1960—2015 年食品制造业产品交易额和农业总产值的变化，为消除价格波动的影响，二者均以 1995 年国内批发价格指数为 100 进行换算。

1960 年的农业总产值是食品制造业产品交易额的 1.7 倍，其农业特色是进口较少，国内生产占主导地位，尤其是新鲜食品及大米的生产比重最为凸显。1961 年为了推进选择性扩大生产政策，颁布了《农业基本法》。到 1965 年食品制造业产品交易额已达到和农业总产值持平，到 1970 年已完全超越。

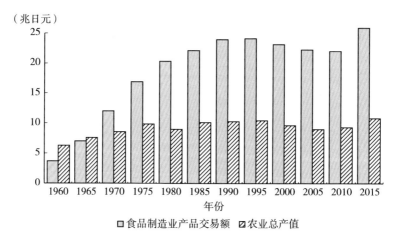

图 4-2　日本食品制造业产品交易额和农业总产值的变化

资料来源：根据日本经济产业省《产业统计表》，日本农林水产省《农业生产收入统计》做成。

注：1995 年修订后的国内批发价格指数为 100，统计的是 4 人及以上员工的企业，食品制造业不包含饮料和烟草。

上述比例变化的主要原因是，此时期是日本经济快速增长期，其消费需求变得向简便化发展，因此食品制造企业开始开发和销售各类加工食品，如方便面、蒸煮袋装食品和冷冻食品。随着这种变化，食品制造业的工厂设备自动化得到快速发展。另外，1956 年协和发酵工业株式会社开发的氨基酸发酵法，是鲜味调味料的一项技术革新，它不仅使商业和加工用食品调味料的种类更加丰富，而且大大降低了生产成本，同时极大地鼓励了食品制造业的创新。

随着国民收入的增加和饮食习惯的多样化，以大米为主食的比例下降，加工食品、副食、嗜好性食品和外出就餐的比例上升。食品制造业的地位也随之增强，并在 1990 年之前保持稳步增长态势。如果以 1960 年农业总产值为 100 来计，1990 年的农业总产值为 162.4（即约 1.6 倍），而食品制造业总产值则增加到 646.9（即约 6.5 倍）。

到 20 世纪 90 年代，食品制造业的交易额达到峰值后开始下降，这与 90 年代初泡沫经济的破灭不谋而合。虽然食品制造业与消费者生活关系密切，供应能力稳定，但股价和地价的大幅下跌对企业经营产生了重大影响。收入下降和物价停滞不前，消费者生活中的通货紧缩现象也日益严重，导致购买低价商品的人增多。农业总产值和食品制造业交易额的下降趋势一直持续到 2005 年。在此期间，随着中食需求的增加，超市和大卖场的影响力不断增强，工厂生产的预制食品和半成品的数量也随之增加。传统食品制造业的地位和附加值也随之向食品零售业转移，印证了序言中提到的，食物系统基本数据中，食品零售业的附加值在快速增长。

三、食品制造业在国民经济中的地位

1. 食品制造业的定位

根据日本总务省、经济产业省 2016 年的《经济普查》，2016 年制造业企业（拥有 4 人及以上员工的企业）总数为 217 601 家（员工为 7 497 792 人），其中食品制造业 28 239 家（员工为 1 109 819 人），饮料、烟草和饲料制造业 4 759 家（员工为 103 075 人）。承担食品制造的食品制造业企业及饮料、烟草和饲料制造业企业合计占所有制造业企业的 15%，占雇员总数的 16.2%。

根据日本经济产业省的《产业统计表》，食品制造业的交易额为 281 022 亿日元，饮料、烟草和饲料制造业的交易额为 102 404 亿日元，合在一起为 383 426 亿日元，占制造业总交易额 3 131 286 亿日元的 12.2%。图 4 - 2 指出食品产业（食品制造业＋关联流通业＋食品服务业）可以说是 "10% 的产业"，而图4-3显示的食品制造业（包括饮料、烟草和饲料制造业）在所有制造业中的地位，也可以说是"10%的制造业"。

图4-3是1960—2015年的55年间食品制造业的地位变化情况。回顾1960年，食品制造业的占比为13.1%，高于运输机械设备制造业的8.5%和电气机械设备制造业的8.3%，食品制造业在所有制造业中所占的份额最大。但这一排名在1970年发生了逆转，当时正处于经济快速增长时期，经历了从煤炭到石油的能源革命，政府的收入倍增计划，纺织材料、塑料和家用电器的技术革新，以及机械自动化。

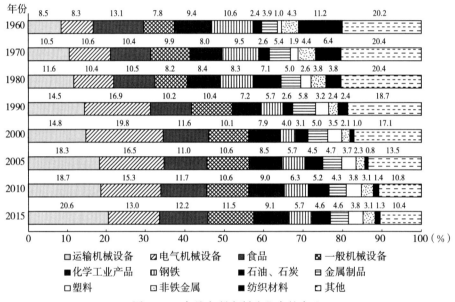

图4-3　食品在所有制造业中的占比

资料来源：根据日本经济产业省《产业统计表》，日本总务省、经济产业省《经济普查》做成。表4-1、图4-4同。

注：1. 各产业产出额的百分比；统计的是4人及以上员工的企业；食品包含饮料、烟草和饲料。自2005年起，电气机械设备包含信息通信设备、电子元件和装置。2. 2015年的数据来自《经济普查》，该报告与《产业统计调查》数据相对应。

根据日本汽车检查和登记信息协会的数据，长期以来，以丰田汽车公司为首的运输机械设备制造业一直是日本经济中最大的制造业。日本的私家车拥有量除以家庭数，从1976年的0.505（即每两户家庭拥有一辆车）增加到1996年的1.0（即每户家庭拥有一辆车）。同时根据日本内阁府消费趋势调查，自黑白电视机、电冰箱和洗衣机"三大件"普及以来，电气机械设备制造业生产的产品种类愈加繁多。2000年，电气机械设备的交易额占所有行业的份额最大，当时的家电普及率，洗衣机为99.3%、电冰箱为98%、彩电为99%、空调为86.2%。

自2000年以来，运输机械设备占比排名第1、电气机械设备排名第2、食品制造排名第3没有变化。相反，由于家用电器的市场份额似乎已经耗尽，电气机械设备的比重逐年下降，而运输机械设备、食品制造业的比重逐年上升。统计数据也反映了日本战后经济发展所走过的道路。

纺织制造业在1960年占总量的11.2%，仅次于食品制造业，但到了2015年仅占1.3%。同样，钢铁制造业在1960年占总量的10.6%，2015年已回落到5.7%。与此相反，塑料制造业的占比从1960年的1.0%上升到2015年的3.8%，但由于近些年的"去塑料化"运动，预计未来情况会有所改变。另外，由于生产基地向中国和其他国家进行海外转移，日本国内产业的空洞化正在加剧，尽管这些产业曾是日本蓬勃发展的支柱产业。近年来，电气机械设备制造业的比重同样也有所下降。

在一些行业衰落的同时，食品制造业却始终保持着稳定的地位。这是由于食品作为日常必需品的特点所决定的，尽管它在一定程度上受到经济波动的影响。此外，人们越来越追求简便、省时，导致加工食品的消费量逐年增加，取代了新鲜食品，食品制造业的比重在2010年和2015年均有所上升。

根据日本国立农林水产政策研究所在2019年8月公布的《日本未来食品消费估算》，如果把2015年人均食品支出（家庭）算作100%，新鲜食品将在2030年降至93%，2040年降至89%，而加工食品将在2030年增至117%，2040年增至132%。预计餐饮服务业将在2030年和2040年分别增长到108%和113%。也就是说，食品制造业在未来将持续增长。

表4-1显示的是包含企业数量、雇员人数及产品交易额的食品制造业与全体制造业总产值的比率。与所有制造业一样，食品企业数量同样呈下降趋势，雇员人数也随之逐步下降，但产品交易额却呈上升趋势。从食品制造业的企业数量、雇员人数和产品交易额均占整个制造业的10%，这说明了"10%产业"的由来。然而，从2000年到2010年再到2015年，雇员人数比例逐年上升，分别达到13.2%、15.6%、16.0%。自1970年左右以来，食品制造业一直被认为是雇员人数占10%的行业，但2000年以来的变化不容忽视。

表 4-1　作为"10%产业"的食品制造业

	项　目	1970 年	1980 年	1990 年	2000 年	2010 年	2015 年
企业数量（个）	整体制造业	652 931	734 623	728 853	589 713	434 672	356 752
	包含饮料等产业的食品制造业	90 941	82 612	75 594	64 771	53 217	45 992
	食品制造业	78 101	72 663	66 449	56 640	46 013	39 150
	饮料、烟草和饲料制造业	12 841	9 949	9 145	8 131	7 204	6 772
	包含饮料等产业的食品制造业/整体制造业（%）	13.9	11.2	10.4	11.0	12.2	12.9
雇员人数（1 000 人）	整体制造业	11 680	10 932	11 788	9 700	8 087	7 773
	包含饮料等产业的食品制造业	1 140	1 156	1 277	1 284	1 265	1 240
	食品制造业	961	1 012	1 138	1 166	1 158	1 133
	饮料、烟草和饲料制造业	179	144	139	118	108	107
	包含饮料等产业的食品制造业/整体制造业（%）	9.8	10.6	10.8	13.2	15.6	16.0
产品交易额（10 亿日元）	整体制造业	69 035	214 700	327 093	303 582	290 803	314 783
	包含饮料等产业的食品制造业	7 151	22 512	33 423	35 114	33 917	38 513
	食品制造业	4 909	16 531	22 985	24 080	24.24	28 233
	饮料、烟草和饲料制造业	2 242	5 981	10 438	11 034	9 677	10 281
	包含饮料等产业的食品制造业/整体制造业（%）	10.3	10.5	10.2	11.6	11.7	12.2

注：1. 此表的企业数量由于包含 3 人及以下企业数量，因此与图 4-3 的数据存在一定的差异。2. 2015 年数值依据《经济活动普查报告》做成，该报告与《产业统计表》数据相对应。

尽管有人指出日本国内工业空洞化，但食品制造业在过去 15 年里，反而强化了其劳动密集型的特性。原本食品制造过程涉及许多机器无法处理的工序，如目视分拣、加工、检验、包装、运输和质量控制等，随着加工食品出货量的增加，雇员也随之增加。然而，近年来随着劳动人口的减少，许多食品制造企业与其他制造业一样，开始将如何解决劳动力短缺问题作为一项管理课题。

2019 年 7 月，日本农林水产省食品工业战略委员会与来自食品企业和其他方面的专家共同编制了《克服食品制造业劳动力短缺的愿景》。据此，其主要举措：一是技术开发，二是提高工作积极性，三是改革工作方式和促进多元化人力资源的使用。换言之，也就是说：一是通过引进机械化、自动化和人工智能等先进技术，提高生产率和附加值；二是改善人际关系质量，确保工作场所的心理安全；三是提高工作时间的灵活性，改善工作环境，以及聘用妇女、老年人和拥有可立即使用技能的外国人，促进拥有专业技能的熟练工人再就业。随着食品制造业日益成为劳动密集型产业，这些举措将在食品制造业中得到推广。

2. 按类型划分食品制造业的变化

食品制造业涉及多个产业领域，按照日本经济产业省《产业统计表》的产业划分，第一层可分为"食物制造业"和"饮料、烟草和饲料制造业"。第二层分为 15 个大类，包括"畜牧食品制造业"和"水产品制造业"等；第三层又进一步细分为 40 个小类，包括"肉制品制造业"和"乳制品制造业"等。在"饮料、烟草和饲料制造业"中，与饮料（软饮料、酒精饮料、茶和咖啡）有关的分为 7 个领域；与烟草、饲料制造有关的分为 6 个领域。因此，从《产业统计表》中可以获取 53 个领域的基础数据。图 4 - 4 是食品制造业（不包含烟草和饲料）的交易变化情况。第一类是包括糖、面粉和植物油脂等的"配料型食品制造业"，共 16 个行业；第二类是包括清酒、茶、鱼糜制品、腌制酱菜、味噌、酱油、豆馅、米果、豆腐和油炸豆制品等的"传统型食品制造业"，共 11 个行业；第三类是包括肉制品、面包、加工食品、冷冻加工食品、软饮料和啤酒等的"其他食品制造业"，共 26 个行业。

"配料型食品制造业"的作用是进行初级加工，为加工食品提供原料，为烹饪提供配料，而"传统型食品制造业"和"其他食品制造业"的作用是提供可直接摆上餐桌的深度加工食品。为了研究这些变化，将 1975 年的交易额以 100 计，计算了名义价值指数，结果显示了如图 4 - 4 所示的趋势。

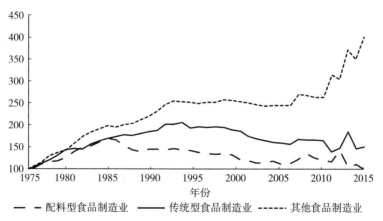

图 4 - 4　按类型划分的食品制造业交易额变化情况

注：统计的是 4 人及以上员工的企业。食品制造业交易额按 1975 年＝100 计。

首先是"配料型食品制造业"的变化，在 2015 年之前的 40 年中，该分类的增长率最低，1984 年达到 169.3 的峰值，此后持续逐步下滑，2015 年首次跌破 100，降为 93.8。相比之下，"传统型食品制造业"在 1993 年达到 205.5 的峰值，此后同样逐渐衰退，2015 年为 149.8，从以上可以看出，2015 年与两个类别的高峰值相比，"配料型食品制造业"回落了 0.55 倍、"传统型食品制造业"回落了 0.73 倍。

与这种衰退趋势相反，"其他食品制造业"39 年来持续增长。当然其中也存在从 1990 年到 2006 年一直持平的情况，这主要与泡沫经济崩溃后的低增长相吻合。由于名义经济增长率、物价的停滞，以及劳动人口的减少和需求的下降，食品制造业也经历了"失去的 20 年"。在 2007 年达到 207.4 之后，由于需求的增加，加工食品交易额迅速增加，到 2015 年达到了 401.5，创下历史新高。

引起这种变化的主要背景，一方面是由于近期原材料价格的大幅上涨，另一方面是由于单身家庭数量的增加，正如日本农林渔业政策研究所在 2014 年发布的《人口减少阶段食品消费的未来估计》中关于"按家庭类型划分的食品支出比例变化"的数据所示。2010 年与 1990 年相比，2 人及以上的家庭中，新鲜食品从 37.8％下降到 31.0％，加工食品从 45.8％上升到 52.2％，外出就餐从 16.4％上升到 16.8％。在所有家庭中，新鲜食品从 34.4％下降到 27.8％，加工食品从 43.0％上升到 50.5％，外出就餐从 22.6％下降到 21.7％。加工食品在所有家庭类别中都有所增加。再看单身家庭，新鲜食品从 16.8％上升到 17.4％，加工食品从 28.6％上升到 44.8％，外出就餐从 54.6％下降到 37.9％，其中加工食品的增长率最高，增加了 16.2 个百分点，超过了外出就餐。单身家庭越来越喜欢方便省时，对加工食品的需求也越来越大。

同时，对比"传统型食品制造业"和"其他食品制造业"的变化可以发现，产品生命周期活跃的"其他食品制造业"的名义价格指数增长速度比清酒、茶、鱼糜制品、腌制酱菜、味噌、酱油、豆馅、米果、豆腐和油炸豆制品等传统食品更快。食品制造业在过去 20 年中发生了重大的结构性变化。

3. 食物系统的沙漏结构

食品经济学家康纳（J. M. Connor）在 1986 年编写的《美国的食品制造》中，分析了美国的食物系统，指出其结构就像一个沙漏。日本食物系统的结构也是如此，图 4-5 是这一沙漏的横向展示，从左到右，从食物系统的上游到中游再到下游，最后到达"湖泊"。

食物系统上游的原料生产者包括 146.5 万家农渔业经营体。并非所有的生产都要经过中游的食品制造业（4.5 万家企业）或食品批发业（7.6 万家企业），但与上游原料生产者的规模相比，中游生产者的规模仅为上游的 1/12。下游则延伸到食品零售业（31 万家企业）和外食产业（153 万家店铺），在最终消费中有 5 340 万户家庭等待最终消费。

因此，食品制造业在食品系统中的位置就相当于河流中游一个狭窄的颈部。图 4-5 虽然显示的是食物系统的整体构造，但如果按产品分类来看，中游的颈部仅由少数食品制造企业组成，且还包含了啤酒和蛋黄酱等制造企业。位于沙漏结构中的食品制造企业的经营动态对食物系统的其他组成部分产生了各种影响。

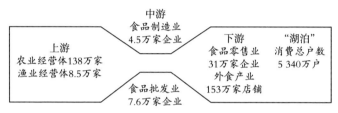

图 4-5 食物系统的沙漏结构

资料来源：农业经营体数据来自日本农林水产省《农林普查》《农业结构动态调查》，渔业经营体数据来自日本水产厅《渔业就业动态调查》，食品制造业数据来自日本经济产业省《产业统计表》和日本总务省、日本经济产业省《经济普查》，食品批发和零售业数据来自日本经济产业省《商业统计调查》，餐饮服务业数据来自日本厚生劳动省《行政报告范例》，消费总户数数据来自日本总务省《国情普查》。

注：1. 食品制造业企业包含了饮料企业及 3 人及以下员工的所有食品企业。2. 食品批发业、食品零售业使用的是 2014 年数据，其他均为 2015 年数据。

4. 食品制造业的结构特征

（1）中小企业比例高

1）食品制造业的中小企业特性

食品制造业的特点与其他行业明显不同，除了作为原料的农产品及罐头类食品外，产品的保质期一般较短。由于农作物产量的波动、季节性和地区性等特点，作为原材料的农产品供应不均衡、不稳定。原材料供应的限制对原材料的采购价格和工厂的产能利用率也相应地有很大影响。此外，作为原材料的农产品（包含国内外产品）的价格有很大的公共干预空间，很容易受到国家政策的影响，具有很高国家层面上的风险。

　　食品作为一种产品，需要特别注意保持其新鲜度，并与维护和促进消费者的生命与健康息息相关。此外，食品作为人们日常生活中不可或缺的物资，近年来也越来越受到人们嗜好性的影响，为了满足消费者的需求，需要及时供应多种多样的产品。

　　因此，食品制造由于所使用的原材料和产品的特性，使其具有行业范围广、企业数量多，且中小企业比例极高的特点。图4-6是2018年日本食品制造业与整体制造业按雇员规模划分的企业数量、员工数量和产品交易额的对比情况。在整体制造业中，35.7％的企业拥有雇员4～9人，25.9％的企业拥有雇员10～19人，这表明超过半数的制造业企业拥有雇员19人及以下。在食品制造业中，30.7％的企业拥有雇员4～9人，24.2％的企业拥有雇员10～19人，同样表明超过半数的制造业企业拥有雇员19人及以下。食品制造业与整体制造业同样规模越大，雇员总数所占的比例就越大。

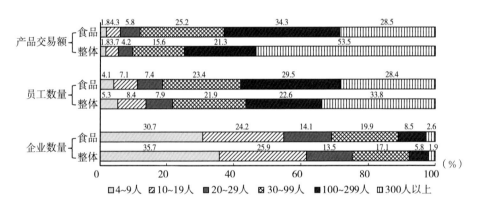

图4-6　2018年食品制造业与整体制造业按雇员规模划分的对比情况

资料来源：根据日本经济产业省《产业统计表》做成。图4-7、表4-2、表4-4、表4-5同。

注：食品制造业不包含饮料、烟草和饲料制造业。

　　当我们观察产品交易额时，会发现食品制造业与整体制造业之间存在着明显的差异。在雇员人数达到或超过300人时，整体制造业占53.5％，食品制造业只占28.5％。在100～299人组别中，整体制造业占21.3％，食品制造业占34.4％；在30～99人组别中，整体制造业占15.6％，食品制造业占25.2％；在20～29人组别中，整体制造业占4.2％，食品制造业占5.8％；在10～19人组别中，整体制造业占3.7％，食品制造业占4.3％；在4～9人组别中，整体制造业占1.1％，食品制造业占1.8％。由此可以看出，食品制造业的特点是，随着员工人数的减少，产品交易额所占的比例却在增加。

2）在食品制造领域奋斗的中小企业群体

图4-7是具有上述特征的食品制造业按雇员规模划分的交易额变化情况。由图4-7可知，雇员人数为4～19人的企业交易额的占比在逐年下降，在过去的55年中下降了12.2个百分点。在这些规模相对较小的企业份额减少的同时，雇员人数在200人以上的企业却在逐年上升，从1980年的30.1％上升到2015年的37.6％，在过去35年中增加了7.5个百分点。其中，雇员人数超过300人的企业交易额增幅也比较明显。

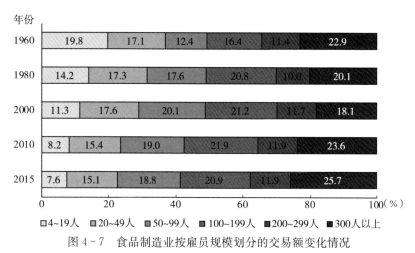

图4-7 食品制造业按雇员规模划分的交易额变化情况

微型企业食品制造业的萎缩，主要是由于20世纪90年代初泡沫经济、2008年雷曼事件与全球金融危机的冲击、长期通货紧缩衰退下的兼并购。同时还由于近年来经营者老龄化的问题，导致微型及中小企业的倒闭速度也随之加快。这已成为中小企业经营管理中不可忽视的课题。创业的形态已不局限于自己成立公司，以员工或亲属的关系为纽带，继承现有企业的做法也在实践中不断探索。此外，将企业交给完全无关的第三方也在研究之中。2020年，雇员在200人以下企业的交易额份额（62.4％）高于200人以上企业的交易额份额（37.6％），可以说中等规模企业的表现尤为突出，同时也希望微型及中小型企业的食品制造业能够恢复动力逐步复苏。

3）微型企业占主导地位的食品行业

除了对4人及以上从业人员的统计分析外，《产业统计表》还对3人及以下从业人员的食品制造微型企业数量进行了估算。表4-2按年份列出了3人及以下从业人员企业数量较高的行业。2018年，豆腐和油炸豆制品制造业占比为64.8%，即约2/3的企业规模相当于家庭作坊。

从生产兼零售的企业类型来看，从业人员在3人及以下的新鲜糕点制造业为44.0%、米粉制糕点制造业为35.8%。在味噌、酱油和食用醋等领域，虽然有一些大型企业，但传统的手工制造业依然活跃。2018年味噌和酱油生产企业的比例较2006年分别提高了10.3和6.5个百分点。可以说，近年来味噌和酱油作为当地农作物的附加加工产品其比重在不断增加。

表4-2 食品制造业中微型企业的比例（%）

行业分类	1972年	1980年	2006年	2013年	2018年
豆腐和油炸豆制品制造业	72.2	66.6	62.6	63.3	64.8
制茶业	69.2	62.7	59.7	62.2	59.8
味噌制造业	32.9	37.5	48.2	56.6	58.5
酱油制造业	37.9	42.2	46.4	50.5	52.9
新鲜糕点制造业	53.9	50.5	44.0	43.5	44.0
食用醋制造业	50.3	47.7	43.1	43.8	48.2
豆馅制造业	47.5	43.4	41.5	47.1	49.9
面条制造业	41.9	37.5	40.7	44.1	49.8
饼干和干制糕点制造业	46.6	43.4	40.1	34.0	30.5
米粉制糕点制造业	36.8	34.6	34.5	35.1	35.8
精米制造业	52.6	40.6	31.1	40.9	39.9
果酒制造业	42.0	25.5	27.0	26.5	27.1
冷冻加工食品	40.1	13.0	4.2	5.7	5.4
整体食品制造业	51.1	36.5	35.9	25.8	22.8

注：1.2006年排名前十的行业依次列出，1972年排名前三的行业也一并列出。2.自2008年起，行业分类进行了修订，尽管部分细分条目发生调整，但总体分类框架仍延续原有体系。3.微型企业指从业人员在3人及以下的企业。

(2) 大型企业与中小企业并存

1）累计生产集中度的变化

如上所述，在日本的食品制造业中，从交易额及从业人数来看中小企业的占比都较高，但其中一些行业如面粉加工业、油脂加工业、制糖业和啤酒业等却以大型企业为主导。由此可以说食品制造业也是大小企业并存，这种并存现象反映出食品制造业有两种类型：一种是规模经济得到充分体现，适合大企业的大规模生产；另一种是由于食品的地域性和对手工风味等偏好，适合小规模生产。

仔细研究食品制造业的各个类别会发现，既存在高度集中的"寡头垄断型"行业，也存在低集中度较分散的"竞争型"行业，产业内部存在明显的二元结构。表 4-3 揭示的是，以总产量来计算排名前十的食品制造业生产集中度的变化情况。

由于 2014 年之后停止了此类调查，所以此处只能引用 2013 年的数据进行分析。另外，由于统计方面的限制，不可能对所有行业进行连续调查，但就啤酒、速溶咖啡、威士忌、乳酪、咖喱制品、口香糖、蛋黄酱类、黄油、面包、烧酒、方便面和小麦粉而言，只有少数几家公司的产量占总产量的 80%～100%。而在其他一些行业中，如味噌和清酒，前十位公司占总产量份额不到 50%，其他业态也停留在 20% 左右。这些低集中度竞争行业的企业数量也较多，有些行业的小企业数量超过 1 000 家。从表 4-3 中的数据还可以看出，尽管幅度不大，许多行业的集中度仍然呈逐年上升趋势。

表 4-3　食品制造业前十名和前三名企业的累计生产集中度变化情况

分类	前十名企业的累计生产集中度（%）					2013 年前三名企业的累计生产集中度（%）	2013 年赫芬达尔指数
	1975 年	1984 年	1994 年	2004 年	2013 年		
啤酒	100.0	100.0	100.0	100.0	100.0	79.0	2 879
速溶咖啡	100.0	100.0	100.0	100.0	100.0	97.5	4 711
威士忌	99.9	98.6	99.9	100.0	100.0	93.9	4 505
乳酪	98.1	97.9	98.6	99.6	99.1	67.6	1 875
咖喱制品	0.0	98.1	99.2	98.9	99.1	91.7	4 115
口香糖	88.8	91.1	97.8	98.0	99.3	84.2	3 473
蛋黄酱类	100.0	100.0	99.8	97.8	97.6	82.4	3 426
黄油	94.7	84.6	89.7	97.0	95.5	72.1	1 954
面包	38.0	57.2	67.3	95.6	95.5	74.0	2 274
烧酒	84.6	81.3	86.7	92.7	94.6	65.0	1 756
方便面	94.4	92.1	95.8	92.2	97.5	74.7	2 397
小麦粉	73.8	73.1	80.6	88.5	90.1	72.1	2 270
火腿、香肠	69.6	67.9	66.3	—			
酱油	48.0	51.7	57.9	—			

（续）

分类	前十名企业的累计生产集中度（%）					2013 年前三名企业的累计生产集中度（%）	2013 年赫芬达尔指数
	1975 年	1984 年	1994 年	2004 年	2013 年		
牛奶	66.8	54.7	54.8	—	—	—	—
味噌	30.7	37.9	43.8	—	—	—	—
清酒	13.3	20.6	25.2	—	—	—	—

资料来源：依据日本公平贸易委员会《生产和出货集中度调查》做成。

注：1. 黄油的数据为 2008 年，口香糖、烧酒的数据为 2010 年。2. 赫芬达尔指数（HHI）指行业内所有企业的集中度指数，按以下公式计算：$HHI = \sum_{i=1}^{n} C_i^2$（$C_i$ 为第 i 个企业的累计生产集中度）。

2）生产集中度有高有低的产业

根据第二章第二节中对市场结构的描述，结合表 4-3 的数据可以进一步解释。从 2013 年的前三名企业的累计生产集中度和赫芬达尔指数可以看出，前三名企业的累计生产集中度最高的行业是速溶咖啡、威士忌、啤酒和咖喱制品，同时这些行业的前十名和前三名企业的累计生产集中度也几乎相同，当然更多的是集中在前三名，意味着这些食品的市场由少数几家企业主导，可以说是典型的"寡头垄断型"行业。

以前十名企业的累计生产集中度占 100%、前三名企业的累计生产集中度占 79.0% 的啤酒行业为例，在过去的 30 年中，行业前四名（朝日、麒麟、三得利、札幌）一直处于激烈的竞争中，朝日公司凭借新产品的推出和市场营销，超越了长期占据霸主地位的麒麟公司。虽然现在排名有所波动，但这 4 家企业在啤酒行业的影响力依然巨大。相反，除了清酒、味噌在 1994 年之前的数据中前十名企业的累计生产集中度较低外，表 4-3 中未显示的糖、牛奶和酱油也在 50% 左右，也属于"竞争型"行业领域。

3）雇员人均固定投资

生产集中度的差异也可以从其他角度来解释，表 4-4 显示了按行业分类的食品制造业人均有形固定资产投资额。对比国内整体制造业和食品制造业可以发现，2015 年，整体制造业的投资额为 174.1 万日元，而饮料、烟草和饲料行业的投资额为 351.6 万日元，后者是前者的两倍；食品制造业的投资额为 87.2 万日元，几乎占了制造业的一半，这说明食品制造业与其说是设备密集型产业，不如说是劳动密集型产业。

表 4 - 4   按行业分类的食品制造业人均有形固定资产投资额（万日元）

分类	1995 年	2005 年	2015 年
整体制造业	160.9	203.3	174.1
食品制造业	92.9	78.9	87.2
饮料、烟草和饲料	328.4	468.7	351.6
啤酒	739.2	1 014.0	478.8
动植物油	538.7	599.8	306.6
食用醋	195.7	565.5	124.6
清凉饮料	293.2	437.1	298.7
小麦粉	258.6	343.8	137.7
乳制品	230.4	207.7	298.2
酱油	185.7	202.1	118.6
味噌	232.2	143.3	108.7
清酒	201.2	134.2	195.5
冷冻加工食品	78.9	84.5	81.5
茶	162.7	82.4	117.6
面类	71.1	79.6	68.4
米粉糕点	39.7	72.1	70.0
面包	64.2	65.1	66.2
肉制品	87.3	62.0	85.2
油炸豆制品	84.1	61.8	60.4
水产加工食品	95.1	55.5	57.2
新鲜糕点	48.0	42.5	42.5
腌制酱菜	65.1	37.3	23.4
配菜	64.1	31.1	49.9

注：雇员在 30 人及以上的企业，2015 年的肉类数据包含鲜肉、冷冻及肉类加工品，乳制品是加工和生产的总和。计算公式＝有形固定资产投资总额/雇员人数。

从食品制造业的类型来看，啤酒、动植物油、清凉饮料和乳制品的人均有形固定资产投资额超过了整体制造业，被列入设备型行业类别，而传统制造业如味噌、豆腐和油炸豆制品、水产加工食品、新鲜糕点和腌制酱菜等，工人人均固定投资较低，属于劳动密集型行业。

表 4 - 4 中的数据是以雇员在 30 人及以上企业为基础的，而表 4 - 2 显示传统食品制造业中有许多雇员不足 30 人的小型企业，因此两者之间的差距可

能更大。考虑到这些因素，可以粗略地认为：员工人均投资高的设备型行业属于生产集中度高的"寡头垄断型"食品制造业，而投资低的劳动密集型食品行业属于生产集中度低的"竞争型"食品制造业。

(3) 地方经济与食品制造业

以上对食品制造业的寡头垄断大企业与中小型企业并存，以及中小企业的比例高于整个制造业的情况进行了分析，下面不得不提的另一个特点是生产地点分散，且与当地经济紧密相连。

表4-5显示了日本各都道府县食品制造业在地区经济中的地位。员工人数和产品交易额排名前十的都道府县食品制造业在各都道府县制造业中的占比。在冲绳，员工人数2010年超过了50％，产品交易额从2000年到2010年一直徘徊在35％左右，2019年则超过了50％。每两个工作岗位中就有一个是食品制造业，产品交易额的1/2也是食品制造业，这说明食品制造业在冲绳经济中占有很高的比重，近年来比例还在不断上升。

表4-5 各都道府县食品制造业在地区经济中的占比（％）

排名	员工人数				产品交易额			
	都道府县	2000年	2010年	2019年	都道府县	2000年	2010年	2019年
1	冲绳县	44.9	51.4	53.2	鹿儿岛县	42.5	52.1	54.0
2	北海道	41.1	49.5	48.1	冲绳县	35.5	36.5	52.4
3	鹿儿岛县	32.7	42.7	43.2	北海道	38.2	35.8	40.5
4	宫崎县	25.0	29.2	30.4	宫崎县	30.9	31.0	32.6
5	青森县	27.1	30.9	29.7	青森县	28.5	26.1	28.2
6	佐贺县	24.8	28.2	29.3	京都府	18.5	26.3	24.9
7	长崎县	25.3	30.7	28.6	鸟取县	21.1	15.7	23.2
8	高知县	22.1	27.3	27.3	佐贺县	25.8	20.6	22.5
9	千叶县	17.9	25.2	26.2	高知县	11.3	18.4	20.5
10	宫城县	24.8	22.5	25.8	长崎县	15.1	14.8	19.3
	全国	13.5	16.0	16.1	全国	11.6	11.7	12.2

注：1. 包含饮料、烟草和饲料制造业数据。2. 统计的是雇员在4人及以上的企业。3. 排序以2019年排名的降序排列为基准。

纵观食品制造业比重较高的其他9个都道府县，从日本列岛的两端依次是鹿儿岛、北海道、青森、佐贺和长崎，以及东北地区、九州地区和四国地区。

与东京的距离越远，迁入该地区的其他制造业就越少，食品制造业就越重要，成为各地区经济的核心。表4-6揭示了2019年农业产出额排名前十的都道府县，虽然每年的排名都有一些波动，但其中约有一半与表4-5中的地区重叠。

表4-6　2019年农业产出额排名前十地区

排名	都道府县	农业产出额（亿日元）
1	北海道	12 558
2	鹿儿岛	4 890
3	茨城	4 302
4	千叶	3 859
5	宫崎	3 396
6	熊本	3 364
7	青森	3 138
8	爱知	2 949
9	栃木	2 859
10	山形	2 557

资料来源：根据日本农林水产省《农业生产收入统计》做成。

5. 食品制造业的原材料采购和食品价值链开发

所有加工食品都可追溯到农渔业。在考虑食品制造业与食物系统定位的关系时，必须考虑与上游农渔业的关系，即与食品制造业原材料采购相关的课题。

关于食品制造业的原材料采购，首先要指出的是，食品制造业的原材料不仅来自国内，而且在很大程度上依赖于国外供给。图4-8显示的是分类别的食品制造业国产和进口的对比，虽然各行业之间存在一定的差异，但是37%~65%的原材料都来自进口。需要注意的是，这些数据是以货币为基础的调查结果，考虑到进口原材料价格较低这一事实，如果按数量计算进口比例会更高。

原材料采购依赖国外的主要原因必然是国产产品与进口产品之间的价格差异。图4-9、图4-10是根据日本食品工业中心2000年12月对1 142家食品企业进行问卷调查的结果，虽然数据略显陈旧，但它却显示了每种农产品原料进口与国产价格的指数对比。以国产价格为100来计算，进口价格指数为大豆25、玉米42、黄瓜55、牛肉66、猪肉68、小麦粉77、砂糖78

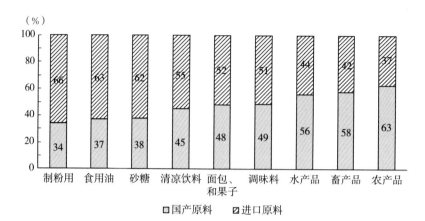

图 4 - 8　食品制造业国产原料与进口原料的采购比例

资料来源：根据日本食品供求研究中心 2008 年 3 月《食品制造业产业动向调查》做成。

注：根据对 609 家食品制造企业进行的问卷调查计算国产原料占比数值。

等。除了零关税的大豆和低关税率的蔬菜外，出乎意料的是价格差异并不大，这是由于高关税率和各种保护国产农产品价格支持政策所造成的。

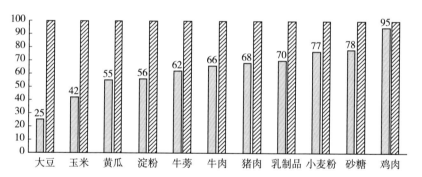

图 4 - 9　食品制造业原料采购价格指数对比

资料来源：日本食品工业中心《食品制造业原料采购调查》。图 4 - 10 同。

注：1. 每种食品柱状图的右侧为国内产品价格指数（设定值均为 100），左侧为原料进口价格指数，为了显示该食品国产与进口的价格差。2. 进口价格包含了诸如关税等保护措施的数值。

不得不提的是，国内外价格差异并不是食品企业增加对国外原材料依赖的唯一原因。图 4 - 10 是日本食品工业中心的调查结果。在该调查中，各企业被要求从 7 项中选出 3 项来说明它们增加进口的原因。排名第一的影响因素是"价格便宜"（占 32%），紧接着排名第二的是"供给稳定"（占 24%），这点有些出乎意料，但如果考虑到食品制造业的特性，对于原材料供给，无论是数量还是质量，必须保持稳定才能确保产品市场的稳定。由于日本国内能满足这一要求的产地很少，因此对于原料的采购，食品制造业很大程度上依赖于进口。

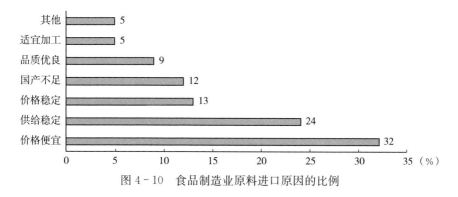

图 4 - 10　食品制造业原料进口原因的比例

在问卷中还有"品质优良""适宜加工"等理由。就进口原料而言，国外出口商积极按照采购商的需求进行严格的质量控制及预加工，这点可能也是推动依赖国外原料比例越来越高的主要原因。国内生产商需要认真对待因饮食外部化程度不断提高，而对商业用途农产品的需求不断增加这一事实，并积极应对这些实际的原料采购需求。近年来，食品制造业等食品关联企业进军农业的动态也引起了较大的关注。

近年来，活跃的另一个趋势是促进食品价值链的建设。产业价值链是管理学家迈克尔·波特（Michael E. Porter）1985 年在《竞争优势》中提出的一个概念，指从原料采购到交付给客户的价值链流程。附加值的多少取决于上游如何生产原料，中游如何加工，以及下游如何分销和销售。

食物系统中的各主体将各自的优势相结合，将产生食品的高附加值，并通过产品差异化实现品牌战略。在日趋成熟的市场中，不仅是全球化战略的食品企业，扎根于地域的中小食品企业也将越来越积极地推动食品价值链的建设，将其作为一种新的食品经营战略。作为其中的一部分，食品创新即食品技术的研发也将变得更加活跃。

今后，食品制造业在应对各种环境变化的同时，必须稳定地从国内外采购原料。在这一过程中，正如本章开头所提到的，与过去明显不同的是，企业必须以可持续发展为目标，同时考虑社会价值和经济价值的双重驱动。在食品制造业中，今后将继续推广能够了解食品流向的可追溯性，以及先进质量管理所必需的 HACCP（危害分析和关键控制点）和 ISO22000（食品安全管理系统）。同时，在尊重当地独特的饮食文化、食物教育和道德消费的基础上，使用当地产及其他国内产食材，以及获得良好农业规范认证的食材；在进口方面，对于国外生产者的人权和生计的公平贸易问题的考量，以及减少食物浪费和食物损耗等课题将变得越来越重要。此外，有机、素食、清真和个性化（量身定制）产品作为一种有别于传统健康意识的新消费类别，从可持续发展的角度为食品制造业带来了新的种子。

正如上文提到的食物系统沙漏结构，中游是从上游到下游再到"湖泊"的中继点，位于中游的以食品制造业为代表的食品企业，其经营方针会对食物系统的各个组成部分产生不同的影响。因此，在未来以可持续发展为目标的食物系统建设过程中，在实现经济价值的同时创造社会价值持续食物系统的创造过程中，食品制造业的社会责任将会起到至关重要的作用。

第五章
食品流通及市场营销

　　毋庸置疑，食物对于维持人类的生命健康及丰富人们的饮食生活都是不可或缺的元素。大多数食品同样是作为商品进行流通，农渔业及进口食材通过加工企业、经销商、外食产业最终提供给消费者。食品作为商品，根据其特性和市场的不同，通过运输、储存和交易等一系列商业活动，从供给侧的生产者提供给消费侧的消费者。

　　流通在产品从生产者到消费者的过程中，起到了桥梁连接的作用，换句话说，它是连接从生产到消费一系列的商业活动。在如今的食品流通中，针对消费者的需求，各环节能做到迅速、及时地提供食品生产方式、原料等安全信息。

　　近年来由于"中食"商品需求的增加，社区超市、食品超市开始更加专注于食品销售，并积极在零售商和顾客之间建立新的信息系统。此外，在加工食品流通环节，为了减少食品浪费，我们已经开始重新审视既有的商业惯例。

　　各种各样的食品丰富和装饰了我们的餐桌，这些食品品类众多，而且由于其商品特性的不同、消费者购买行为习惯的不同、供应企业生产结构的不同等原因，构成了如今极为复杂的流通系统。因此，食品流通起到了连接食物系统的各主体，确保食物供给的稳定性、安全性和效率，最终配送等多种作用。为了解析其复杂的构造，本章围绕以下几个课题展开讨论：批发市场流通的变化、加工食品流通及渠道掌控者的变动、食品流通行业的结构变化、产品生命周期和食品零售业的市场营销。

一、以批发市场为中心的生鲜农产品流通模式

1. 批发市场的结构及功能

（1）三类生鲜农产品的市场流通

食品可大致分为生鲜农产品和加工食品。生鲜农产品可分为瓜果蔬菜、水

产品和牲畜产品三大类，其中大多数的瓜果蔬菜、水产品都是经过批发市场流
通后到达消费者手中。1971 年，《批发市场法》对批发市场的定义是"为批发
生鲜农产品等而开设的市场，这些市场持续开放，设有批发区、停车场、其他
易腐食品交易和卸货所需的设施"。

批发市场分为以下三种类型：中央批发市场（由日本农林水产省授权的核
心批发市场）、地区批发市场（除中央批发市场外由省长或市长授权的批发市
场）、其他批发市场。中央批发市场在 2019 年建立了 64 个，地区批发市场在
2018 年建立了 1 025 个（其中公立市场 149 个）。

生鲜农产品的流通又分为通过批发市场交易和不通过批发市场交易两种类
型，通过批发市场的交易被称为市场流通，不通过批发市场的交易被称为市场
外流通。图 5-1 是 2017 年生鲜农产品通过批发市场流通的比例，蔬菜占比为
64.3％，水产品占比为 49.2％，瓜果占比 37.6％。其中瓜果比例虽然在逐渐下
降，但仍高于畜产品。畜产品的市场流通比例较低，主要以市场外流通为主。另
外，即使是三种生鲜农产品，市场流通的比重也因产品类别的不同而不同。畜产品
由于还有屠宰流程，往往直接从肉类中心通过批发商进入零售店。过去生鲜农产品
的流通主要依托于批发市场，比如 1980 年的批发市场流通比例蔬菜为 85％、瓜果
为 87％、水产品为 86％。然而，从 2000 年左右开始，生鲜农产品的产品特点及其
生产和流通环境发生了结构性变化，生鲜农产品的流通也随之发生了重大变化。

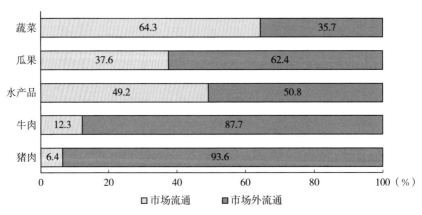

图 5-1   2017 年生鲜农产品的市场流通比例
资料来源：根据日本农林水产省《批发市场数据集（2019 年版）》做成。

（2）批发市场的交易流程

图 5-2 显示了批发市场的交易流程。首先，生产者将打算出售的瓜果蔬

菜委托发货组织（农协等）等寄售给批发商。批发商再通过公开拍卖的方式，卖给经纪中间商（指在流通市场内有场地及处理设备，从批发商手里采购商品，集中卖给大卖场和零售商的商业主体）或买卖交易商（有资格参加拍卖，在流通市场内没有店铺的从业者）。过去基于《批发市场法》的规定，批发商对寄售的农产品收取一定的手续费，如蔬菜 8.5％、水产品 5.5％。但现在，批发商可以根据自己提供的服务和职能自由决定收取比例。

图 5-2 虚线框内的部分是批发市场，这里显示了四种类型的交易，一是发货组织和批发商之间的"委托交易"，二是批发商与经纪中间商或买卖交易商之间的"拍卖或协商交易"（通过批发市场进行，事先对数量、价格等做出保留的交易），三是经纪中间商和大卖场或零售商之间的商谈交易（一般的卖方和买方通过谈判进行的交易），四是经纪中间商从批发商以外的渠道采购。其中，第二类的拍卖交易方式，虽然近年来比例在逐渐减少，但仍然存在很多暗箱操作，因此被要求向"公开、公平、公正"的拍卖交易方式转化。根据2018年《批发市场法》的修订，主要的交易方式（规则）变得多样化的同时，需要通过互联网或业务规则规定的其他方式披露相关信息。

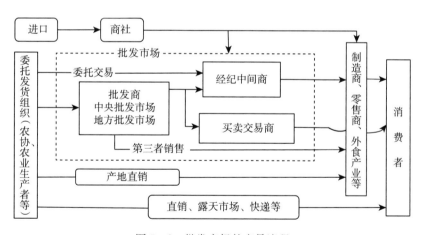

图 5-2 批发市场的交易流程

资料来源：根据日本农林水产省资料做成。表 5-2、图 5-4、表 5-3 同。

注：本处交易流程以果蔬类为例。

（3）批发市场的功能

根据日本农林水产省流通科的数据，将批发市场功能总结为表 5-1。第一类是批发市场的商品集聚功能。第二类是集散、配送功能。先看买方市场，从如今的超市、食品杂货店陈列的生鲜农产品数量可以看出，零售商必须集聚品类繁多的生鲜农产品。相对的，从卖方来看，大部分卖家生产商品较单一，所以必须把来自全国各地，乃至全世界的各种生鲜农产品收集到一个地方，以满足零售商的品类需求，在集散过程中还必须保证生鲜度。因此，具备集聚、集散、配送等功能的批发市场就显得尤为重要。

第三类是价格形成功能。通过高度透明的方式来确定公平的价格，拍卖就是一个典型的例子。以蔬菜为例，2018年的拍卖交易比例已降至10％以下。从图5-1也可以看出，牛肉和猪肉的市场流通交易本身已降至12.3％、6.4％，虽然比例在缩小，但是拍卖交易形成的价格依然是协商交易和市场外流通交易的基准，因此批发市场的价格形成功能在一定程度上得到发挥。

表5-1 批发市场的功能

序号	功能
1	商品集聚功能（品类丰富的商品集合）
2	集散、配送功能（从大批量单品到小批量多品类商品的快速集散分配）
3	价格形成功能（通过快速、公平地评估供求关系，形成高度透明的价格）
4	结算功能（迅速可靠的结算）
5	信息接收、传递功能（收集、传递供求信息）
6	灾难应对功能（在发生灾难时发挥生命线的作用）

资料来源：根据日本农林水产省《批发市场数据集》做成。表5-2、图5-4、表5-3同。

批发市场的各种功能除了表5-1所示以外，流通经济学理论认为，基于商品的一些交易特性及生产、流通条件，批发市场在生鲜农产品的流通中是不可或缺的。其主要依据是，生鲜农产品作为农畜牧渔业产品，其本身的特性必然导致与工业产品不同，产品中不可避免地出现个体差异。买方只能在现场实际确认货物的基础上，才能确定其具体的价格，并通过拍卖完成交易。因此，有必要将实物商品集中到一个地方进行交易，而批发市场就是为此目的而设立。这也是像麝香瓜和金枪鱼等高档商品，至今依然以拍卖为主的原因。

此外，流通经济学理论指出的生产、流通条件，就生鲜农产品而言，卖方是诸多的小农户，而买方也有许多小杂货商和海产店。此外，由于卖家只生产单一商品，而买家需要种类繁多的商品，所以批发市场在连接买卖双方时也发挥着重要作用。

2. 批发市场交易模式的变化和《批发市场法》的修订

(1)"买手"的大规模化：超市市场份额的扩大

接下来，我们来看看采购生鲜农产品的零售业的变化情况。图 5-3 是引用《全国消费状态调查》数据整理的全国消费者购买三类生鲜农产品的渠道及变化情况。1964 年，三类生鲜农产品中的近 80％都是从一般零售店购买，但到 2014 年，这一数字下降到 10％左右。与此遥相呼应的是，超市购买在 1964 年只有 10％的份额，而到了 2014 年则达到了 70％左右，其中蔬菜为 75％、海产为 74％、肉类为 78％。

消费者购买生鲜农产品的渠道，已从一般零售店转向超市，当然这也意味着采购生鲜农产品的业态，已从小店铺的零星购买转向大型连锁经营超市的集中采购。

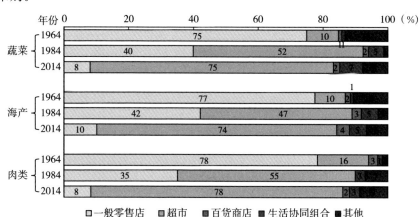

图 5-3 生鲜农产品的渠道及变化情况
资料来源：根据日本总务省《全国消费状态调查》做成。

(2)买断采购和协商交易的增加

上述变化导致的结果，以小农户、零星发货人、小型专业零售商为主体，以及生鲜农产品难以保鲜特点的前提下建立起来的批发市场体系，由于产地规模不断扩大、发货组织的大型化，以及超市等采取的总部采购模式的变化，如图 5-2 所示的体系已经发生了结构性的变化，再加上《批发市场法》修订的影响，如今的构成已变得多层面、多样化。

表 5-2 显示了中央批发市场交易模式的变化，从中可以看出，2000 年蔬

菜、瓜果和鲜鱼的委托寄售交易量占总数的 50%～80%，到了 2018 年，其相应的份额分别减少了 14.1 个、19.4 个、25.7 个百分点，遥相呼应的买断采购有所增加。此外，过去批发商与经纪中间商之间常见的拍卖交易也大幅减少，蔬菜从 2000 年的 35.3% 下降到 2018 年的 7.7%，鲜鱼也从 44.8% 下降到 23.4%，批发商和经纪人之间一对一的协商交易成为主流。其主要原因是，已成为生鲜农产品零售业主力的大型连锁店依然要从批发市场进货，但现在的采购主要集中在深夜或清晨，由于等不及拍卖，所以与经纪中间商的协商交易变成主流，最近修订的《批发市场法》允许经纪中间商不必通过一级批发商，而直接从生产者手中进货。

就冷冻水产品而言，如表 5-2 所示，委托寄售和拍卖交易的比例一直很低，这是因为冷冻水产品具有很高的储存性，长期以来一直以买断采购和协商交易为主。相比之下，肉类一直是市场流通极低的商品（图 5-1），但委托寄售和拍卖交易的比例却出奇的高，主要受个体差异较大的产品特性及相对高端的产品在市场直接交易较多所影响。

表 5-2　中央批发市场交易模式的变化（按金额计算）（%）

年份	委托寄售					拍卖交易				
	蔬菜	瓜果	鲜鱼	冷冻水产品	肉类	蔬菜	瓜果	鲜鱼	冷冻水产品	肉类
1981	89.1	74.1	76.4	13.2	94.4	78.2	75.1	74.4	18.4	99.5
1990	86.8	72.8	67.3	13.7	90.1	67.1	63.2	61.5	19.5	85.0
2000	79.0	69.0	55.2	13.5	91.6	35.3	33.7	44.8	16.0	83.0
2006	73.3	63.4	47.0	10.7	94.3	20.6	23.8	36.0	15.0	90.9
2013	66.7	54.7	35.1	7.6	94.1	9.8	15.7	29.5	12.1	86.6
2018	64.9	49.6	29.5	5.0	93.4	7.7	13.0	23.4	9.8	85.6

(3)《批发市场法》及其修正案

中央批发市场是依据 1923 年颁布的《中央批发市场法》所建立的，而颁布该法的背景主要是解决始于 1918 年日本大米暴动所导致的大米价格上涨问题，以及缓解人民对社会不安的影响。之后随着生鲜农产品生产、流通及经济环境的变化将其改为《批发市场法》。批发市场被系统地划分为以大城市为中心的中央批发市场和其他地方批发市场。

由于产地规模不断扩大，卖方（生产者）从诸多的小农户和小发货商转变为大型组织，买方（零售商）从大量小型综合零售商转变为包括超市在内的大型零售商，总部采购成为常态，在生鲜农产品流通结构调整的背景下，1999年和2004年对《批发市场法》进行了部分修订，到2018年又进行了颠覆性的修改。

1999年《批发市场法》修订的重点是在法律上承认协商交易。在此之前，协商交易（一对一销售）尽管在个别商品上允许，但原则上是被禁止的，随着协商交易的实际交易越来越多，最终被批准为与拍卖交易并列的一种交易方式。因此，如表5-2的比例所示，委托寄售、拍卖交易在逐渐减少，而买断采购和协商交易却得到了大幅度增长。这种协商交易也进一步促进了大规模产区与大型超市之间的直接交易，另外，也使较强势的批发商跳过收购企业，直接到产地收购变为可能。因此，放开对瓜果蔬菜的流通管制，使其他从业者与生产者的直接交易变为可能，同时在生产者组织与零售商之间建立了更密切的交易关系，所以也可使零售商针对消费者的需求做出更灵活的对策。

2004年《批发市场法》修订的主要内容是，以前中央批发市场的批发业者对于委托售卖可以向生产者收取政府规定的手续费，但随着2009年颁布并实施的《批发市场法》，这一规定变得更加灵活。手续费的弹性意味着，批发商现在可以自由确定自己应收的佣金比率，这使得规模较大的批发商，可以以相对优惠的价格从理想的产地获得所需的农产品。

2018年《批发市场法》修订的背景是批发市场经营的主要商品即国内生鲜农产品的产量下降，以及大型超市等批发市场外流通的增多等。因此，如表5-3所示，针对批发市场交易额下降、市场设施老化、流通行业劳动力短缺等问题进行了根本性的体系调整。修订的要点如下：第一，将国家的调控控制在最低限度，指定中央批发市场经营者和区域，废除有关市场公共性质的条款；第二，允许批发商可以向经济中间商、买卖交易商以外的其他主体直接销售；第三，允许经济中间商可以向批发商以外的其他主体直接采购。因此，随着非批发流通的增多，中央批发市场的批发商和中间批发商在交易中获得了更大的自由度。

3. 市场外流通的增加及市场内交易额的减少

（1）市场外流通及商物分离交易的增加

生鲜农产品市场结构性变化不仅仅是改变了批发市场的交易形式，批发市场在生鲜农产品流通中的比重也随之下降。图5-4从蔬菜、瓜果和水产品经由批发市场的数量比例可以看出，20年前市场流通占70%～80%，现在却急速下跌，蔬菜从1989年的85.3%下降到2017年的64.3%，瓜果从78.0%下降到37.6%，水产品从74.6%下降到49.2%，其降低程度已影响到流通渠道的地位。

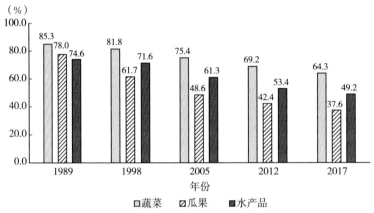

图5-4 蔬菜、瓜果和水产品经由批发市场的数量比例

就蔬菜而言，从"商流"（交易的流程）的角度看市场内流通仍占64%，但从"物流"（产品本身的流程）来看，直接从生产区发往大型连锁超市的集散中心及外食产业的中央厨房等，用户的商物分离正在增加，由于其按市场内流通计算，因此"商流"看上去比例较大。

（2）市场内交易额的减少

由于市场外流通的增加，如表5-3所示，2018年中央批发市场的交易额为37 481亿日元（平均每个市场586亿日元），与2002年的51 903亿日元（平均每个市场604亿日元）相比，过去16年间市场交易额下降了28%；在此期间，地方批发市场的交易额也下降了23%。2018年地方批发市场的数量为1 025个，比2022年下降了25%。

如上所述，随着市场内流通比例的下降，批发市场的交易额急速下降，导致了批发市场间竞争的加剧，同时也带来了经济中间商的经营危机，甚至是出现破产及停业。然而，不得不提的是，产品的市场外流通价格是参照市场内流通价格而确定的，因此批发市场形成的价格机制仍然十分重要。

表 5 - 3　中央及地方批发市场的交易额变化（蔬菜、瓜果和水产品）（亿日元）

年份	2002	2004	2006	2008	2010	2012	2018
中央批发市场交易额	51 903	48 883	46 796	44 021	41 444	38 017	37 481
每个中央批发市场平均交易额	604	568	557	557	560	528	586
地方批发市场交易额	38 476	36 362	35 457	31 953	30 445	30 241	29 529
每个地方批发市场平均交易额	28	28	28	26	26	26	29

二、加工食品的流通渠道

1. 加工食品的流通渠道和多级分销

除了通过批发市场流通的生鲜食品外，其他加工食品的主要流通途径如图 5 - 5 所示，批发商作为中间商介入在生产商和零售商之间。食品流通虽然因每种产品的特点而异，但日本加工食品的流通特点是，在生产商和零售商之间存在一级批发商、二级批发商和三级批发商等多个阶段。

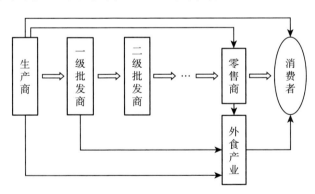

图 5 - 5　加工食品的流通路径
资料来源：笔者做成。图 5 - 6 同。

在流通经济学理论中，批发商与零售商的销售额比值即 W/R 比率，被称为批零系数，其变化反映了产品流通渠道长短的变化。如果不考虑零售部门的流通利润，零售商和批发商的销售额相同，即 W/R 比率为 1，这意味着平均每件商品仅通过一级批发后就流通到零售商。如果 W/R 比率为 0.5，批发商的销售额是零售商销售额的一半，因此一半的商品直接从制造商流通到零售商，另一半经过批发商流通。如果 W/R 比率为 2，那么意味着商品基本经过一级批发商流通及二级批发商流通后由零售商销售。

图 5-6 是根据《商业统计表》计算的日本食品流通 W/R 比率，其主要计算了 1960—2014 年每两年或三年比率的变化情况。1960 年 W/R 比率为 1.99，随着经济快速增长期的到来，到 1985 年 W/R 比率也上升至 3.08，随后急剧下降，到 2007 年仅为 1.85，这表明多级分销取得了合理的进展。随后在 2014 年又上升至 2.2，其具体的原因尚不明确。

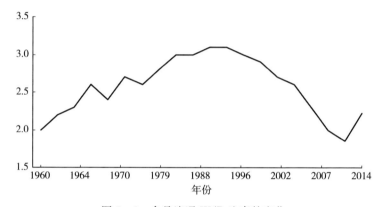

图 5-6　食品流通 W/R 比率的变化

资料来源：根据日本经济产业省《商业统计表》做成。

注：W/R 比率＝（农畜水产批发商销售额＋食物饮料批发商销售额）/饮食零售商销售额。

2. 渠道掌控者的变更和食品批发商的职能

（1）渠道掌控者的变更

流通经济理论界对流通革命的讨论由来已久。1962 年，在经济高速增长初期，林周二出版了畅销书《流通革命：产品、路径及消费者》，结合当时正如火如荼进行的消费革命及大规模化生产，提出从"细长渠道"转向"粗短渠道"，也因此提出了"批发商无用论"和"超市赞美论"，引起了人们的极度关注。然而，如图 5-7 所示，在受石油危机冲击导致经济结构发生变化的 20 世纪 70～90 年代，食品批发店铺的数量却在增加。

与此形成鲜明对比的是，佐藤肇在《日本的流通体系》一书中论述了日本流通体系的时代变革是由于渠道掌控者的变更而引起的。换言之，日本的传统流通体系是一种"批发商主导型"，这种体系从幕府时代一直延续到第二次世界大战后的经济高速增长时期，批发商作为渠道掌控者长期主导着整个食品体

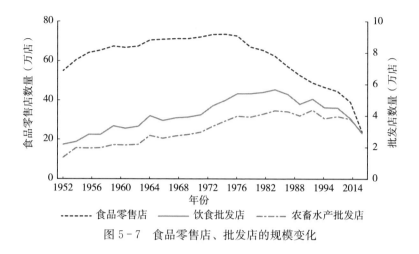

图 5 - 7 食品零售店、批发店的规模变化

系。如图 5 - 8 所示，在经济高速增长时期，主动权转移到了大规模生产和大规模销售产品的制造商手中，整个系统转变为"制造商主导型"。主要消费品制造商通过组织附属批发商和零售商，建立自己的流通渠道，构建了连接大规模生产和大规模消费的大规模流通体系，这就是所谓的"第一次流通革命"，即渠道掌控者从批发商转向了制造商。

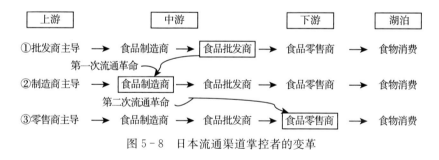

图 5 - 8 日本流通渠道掌控者的变革

随着经济成熟期的到来，消费者的需求变得多样化，与消费者朝夕相处的零售商开始代表制造商开发新产品（自有品牌＝自主研发产品），零售商也开始自行制定折扣价格，与之前由制造商主导制定的零售价格（转售价格维持制度）相对立。渐渐地渠道掌控者从制造商转向了大型零售商，形成了"零售商主导型"，这正是从经济增长期发展到经济低增长期的"第二次流通革命"。

从图 5 - 8 食品零售店铺数变化再次确认上述的食品零售业结构变化的结果。食品零售店铺数在 1979 年达到顶峰，此后迅速下降。其中微型零售商数量减少，相应的大型零售商份额扩大，可以说，日本的流通革命在 20 世纪 80

年代后半期取得了一定进展。下文所述"批发商无用论"依据是，W/R 比率从经济增长时期 1985 年的 3.08 降至 2007 年的 1.85，20 年间下降了 1.23 个百分点。与此相呼应，图 5-7 所示的批发店铺的数量在 20 世纪 90 年代开始下降，可以说流通革命对批发业的影响在一定程度上是滞后的。

（2）交易次数最小化原则

在此就"批发商无用论"谈几点看法，批发商正如流通经济理论所解释的，有其重要的功能和存在的理由。当零售商只与一家制造商进行交易时，如果不通过批发商，就没有中间成本。然而，为了满足消费者多样化的需求，零售商不得不从多家制造商采购不同种类的产品，在这种情况下，零售商不可能单独与诸多的制造商直接交易，如果试图直接交易，就会产生大量的中间成本。

如图 5-9 所示，如果 3 家制造商的产品直接与 5 家零售商交易，则交易次数为 3×5＝15。如果中间有批发商介入，同时与制造商和零售商进行交易，则交易次数为 3＋5＝8。在这种情况下，批发商的介入减少了交易次数和中间成本，从而有可能降低消费价格，这就是很早被提出的交易次数最小化原则。

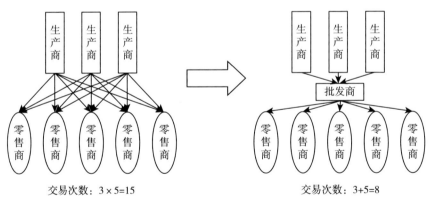

图 5-9 交易次数最小化原则

我们固然要纠正象征日本食品流通结构效率低下的多级分销问题，但在拥有众多中小企业的日本食品制造业和为了满足消费者个性化、多样化需求，并以丰富的产品实现差异化的食品零售业之间，需要一定数量的食品批发商作为介质存在。从这个意义上说，流通革命的方向不是"批发商无用论"，而应是"批发商合理配置论"。

三、食品流通业结构变革后的各种组织形态

1. 超市在食品零售业中的占比不断扩大

图 5-10 是加工食品在零售行业类别中的占比情况。加工食品与前述的生鲜农产品类似，作为干制食品代表的调味料，1964 年一般零售店占 72%，但到了 2014 年下降到 7%，而超市则从 17% 上升到 71%。豆腐这种典型的日常加工食品，如调味料一样也发生了逆转，一般零售店的份额从 86% 下降到 7%，而超市则从 6% 上升到 77%；加工食品则是一般零售店从 78% 下降到 12%，而超市则从 13% 上升到 53%。

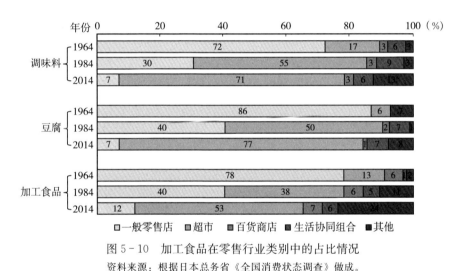

图 5-10　加工食品在零售行业类别中的占比情况
资料来源：根据日本总务省《全国消费状态调查》做成。

2. 传统商店的减少及连锁店的增加

如上所述，消费者的食品购买行为从一般零售商转向超市，导致食品零售业发生重大转型，类型和业态也随之发生变化。类型指依据商品品类分类，如杂货店、鱼市场和米商等；业态指采购和销售方式的分类，如专业零售商、超市和便利店等。食品零售业的结构性变化意味着，主导已从过去作为主流的杂货店和鱼市场等及以家庭经营为主的特产零售商（即所谓的"爸妈商店"）转向了超市和便利店。

表 5-4 显示了按员工规模划分的食品及饮料零售店铺的数量变化情况。

员工人数在 2 人及以下的"爸妈商店"所占比例从 1962 年的 73.6% 下降到 2016 年的 39.3%，下降了 34.3 个百分点，如果将员工人数 3~4 人的企业合计计算，所占比例则从 93.1% 下降到 56.5%，店铺数量减少到不足总数的 2/3。与此形成鲜明对比的是，在过去的 54 年中，员工总数为 10~19 人、20 人及以上的企业占比从仅有的 1.2% 增长到 28.9%，增幅接近 30%。

表 5-4　按员工规模划分的食品及饮料零售店铺的数量变化

规模	店铺数（个）			构成比（%）			前后对比（%）	
	1962 年	1994 年	2016 年	1962 年	1994 年	2016 年	1994/1962	2016/1994
2 人及以下	490 334	303 150	97 754	73.6	53.2	39.3	61.8	32.2
3~4 人	130 201	135 481	42 891	19.5	23.8	17.2	104.1	31.7
5~9 人	37 565	71 016	36 121	5.6	12.5	14.5	189.0	50.9
10~19 人	6 238	36 466	41 646	0.9	6.4	16.7	584.6	114.2
20 人及以上	1 965	23 290	30 458	0.3	4.1	12.2	1 185.2	130.8
合计	666 303	569 403	248 870	100.0	100.0	100.0	85.5	43.7

资料来源：根据日本经济产业省《商业统计表》做成。表 5-5 同。

　　表 5-5 是按员工规模划分的食品及饮料零售店铺的年销售额变化情况。1962 年，员工人数 2 人及以下、3~4 人的销售额占总销售额的 61.8%，但到 2016 年，这一数字下降至惊人的 6.9%，而员工人数超过 20 人的企业从 1962 年仅占 7.8% 增至 65%。由此可以看出，在日本食品零售业中，小规模零售商的衰落和大规模零售商的活跃变得越来越显著。另外，结构性变化也非常明显，2016 年员工人数超过 20 人的店铺数量仅占 10%，但销售额却占了将近 2/3。

表 5-5　按员工规模划分的食品及饮料零售店铺的年销售额变化

规模	年销售额（亿日元）			构成比（%）			前后对比（%）	
	1962 年	1994 年	2016 年	1962 年	1994 年	2016 年	1994/1962	2016/1994
2 人及以下	7 743	51 036	12 420	31.2	11.9	3.1	659.1	24.3
3~4 人	7 630	65 393	14 677	30.7	15.2	3.7	857.1	22.4
5~9 人	5 541	69 795	33 700	22.3	16.2	8.5	1 259.6	48.3
10~19 人	2 015	72 837	77 226	8.1	16.9	19.6	3 614.7	106.0
20 人及以上	1 927	171 151	256 891	7.8	39.8	65.0	8 881.7	150.1
合计	24 856	430 212	394 914	100.0	100.0	100.0	1 730.8	91.8

3. 零售业的食品销售集中度

在食品市场，渠道的主导者已从制造企业转向大型零售企业，形成了以零售企业为中心，从原材料采购到制造、流通和销售的供应链。表 5-6 统计了食品销售集中度最高的零售商。1992 年，销售集中度最高的企业是日本 7-Eleven，集中度为 2.05%；到了 2018 年，仍然以 5.78% 的集中度排名第 1。在过去的 26 年中，前 3 名企业的集中度从 4.58% 上升到 10.98%，增加了 6.4 个百分点，而前 5 名企业的集中度从 6.68% 上升到 12.89%，增加了 6.21 个百分点。

从每年食品销售额排名前 10 的企业名称来看，1992 年和 2002 年以便利店和普通超市为主。2018 年，排名前 3 的企业均为便利店，但之后出现了一些新的食品超市，如排名第 4 的生活株式会社、排名第 6 的 ARX、排名第 7 的 YAOKO、排名第 9 的约克-丸红。

根据《商业统计调查》，食品超市的定义是销售面积在 $250m^2$ 以上，其中 70% 以上是以经营食品为主的商店，除三大生鲜农产品和预制食品外，还提供种类繁多的加工食品、日用品和日用杂货。相对提供衣食住行全品类商品的普通超市而言，食品超市是精准的食品供应商。

表 5-6 零售业食品销售集中度的变化（%）

序号	1992 年	占比	2002 年	占比	2018 年	占比
1	日本 7-Eleven	2.05	日本 7-Eleven	3.90	日本 7-Eleven	5.78
2	大荣	1.37	罗森	2.46	全家	2.87
3	伊藤洋华堂	1.16	永旺	1.96	罗森	2.33
4	大荣 CVS	1.14	伊藤洋华堂	1.53	生活株式会社	0.98
5	西友	0.96	全家	1.49	伊藤洋华堂	0.93
6	JUSCO	0.70	大荣	1.45	ARX	0.79
7	全家	0.67	西友	0.97	YAOKO	0.61
8	丸越	0.57	UNY	0.95	丸越	0.59
9	神户合作社	0.54	日本 Circle K	0.73	约克-丸红	0.58
10	UNY	0.53	丸越	0.68	Cosmos 制药	0.58
	前 3 名企业合计	4.58	前 3 名企业合计	8.32	前 3 名企业合计	10.98
	前 5 名企业合计	6.68	前 5 名企业合计	11.34	前 5 名企业合计	12.89
	前 10 名企业合计	9.69	前 10 名企业合计	16.12	前 10 名企业合计	16.05

资料来源：根据日刊经济新闻社"酒类和食品行业的生产和销售份额：供求趋势和价格波动"的各年度版本整理做成。

注：占比为日本经济产业省《商业统计表》中各商品零售企业和食品饮料零售企业的食品饮料销售总额占销售总额的百分比。永旺自 2017 财年起不再披露各项目销售额。

在经济高速增长时期，机动车等的普及和远郊超市的出现，一度扩大了消费者购买行为的范围，但日本消费者对于以生鲜农产品为中心的食品购买行为，其主要特点是就近购买且购买频率较高。因此，在现如今的老龄化社会的背景下，正在开发停车设施、离家较近的食品超市，以及扎根于当地并拥有固定客户的社区超市、便利店的快速发展格外引人注目。

四、产品生命周期与食品零售产业的市场营销

1. 产品生命周期及其成熟阶段的应对措施

产品生命周期指一种新产品推向市场后，市场规模或销售量的变化，虽然在推向市场期间几乎没有增长，但随着时间的推移，需求（即销售量）增加，市场规模扩大，进入增长期。产品的销售最终会达到一个平稳期，产品进入成熟期，然后进入衰退期，销售额下降，产品退出市场。因此每种产品都会经历4个阶段，即导入期、成长期、成熟期和衰退期，如图5-11所示的曲线是产品生命周期的全过程。

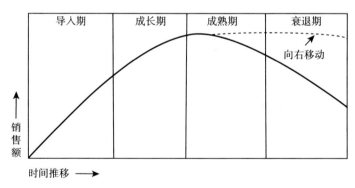

图5-11 产品生命周期过程

资料来源：笔者做成。

在食品市场上，为了应对这样的产品生命周期，特别是对于那些从成熟期进入衰退期的产品，人们会通过改进产品特性、开发新的产品定位、改变包装和命名等方式，努力使曲线向右移动，尽可能延长向右移动或横向移动的时期（即成长期或成熟期）。

此外，企业总是热衷于开发和推出新产品，以取代成熟或衰退的产品，这

也是企业不可或缺的战略，因为当前的增长型产品终将进入衰退期，企业必须时刻准备好下一个增长型产品来取而代之。

2. 市场营销的基本原则

如上所述，企业每天都在研发产品，以适应产品生命周期。4P 是产品（product）、价格（price）、地点（place）和促销（promotion）的首字母缩写，必须将四者结合起来，产生整体的协同效应，才能唤起消费者的购买欲望。4P 战略是在经济快速增长时期，基于大规模生产和大规模消费的假设，在产品开发中优先考虑企业即制造商的意图，采取的是一种产品的淘汰方法。

在日本，产品的规划及研发，长期以来一直由制造商主导，但从 20 世纪 70 年代开始，市场开始逐渐成熟、饱和，产品生命周期变短，强调客户视角和需求的"市场导向"战略逐渐兴起。所谓市场导向，就是根据市场调研的结果，制造顾客需要的产品，并创造畅销的产品，是一种从顾客角度出发，以需求为导向的产品规划和研发的战略。

产品导向和市场导向的概念是市场营销中极为重要的概念。简单地说，产品导向的概念是销售你制造的产品，而市场导向的概念则是制造和销售需要的产品。在物资匮乏的年代，前一种方法足够奏效，但在物资丰富、销售竞争激烈的时代，再好的产品也卖不出去，这时需首先了解消费者需求，然后制造卖得出去的产品的"市场导向"战略就变得至关重要。

3. 食品零售业的市场营销

（1）根据消费者需求进行产品集合

销售点（point of sales，POS）系统是在食品零售流通中发挥重要作用的信息系统之一。在日本，7 - Eleven 据说是第一家在收银机上引入 POS 系统的企业。消费者在零售店购买商品付款时，该系统可通过带有自动读取信息的收银机，从商品上的条形码收集顾客性别和年龄、商品购销等信息，使处于流通渠道末端的零售业能够迅速收集到店铺热销商品的信息。位于分销渠道末端的零售商可以快速捕捉店面热销产品的信息，从而提供符合客户需求的各类产品。近年来，便利店和超市通过与制造商共享这些客户信息，积极开发自有品牌产品，同时其市场份额也在不断的增长。

（2）便利店的营销战略

日本最早出现便利店是在 20 世纪 70 年代，以特许经营加盟的方式加入，之后作为一种管理制度被广泛推广。在特许经营制度中，特许人和加盟商就一定程度的业务签订合同，特许人向加盟商提供产品和管理知识。加盟商即使没有经验，也可以通过特许人的管理指导来经营业务，并向特许人支付一定的特许权使用费。便利店的商品种类以食品和饮料为主，销售面积至少需 30m²，但不超过 250m²，采用自助销售方式，每天营业时间至少为 14h。通过引入特许经营制度，便利店行业已在全国范围内发展了近 6 万家店铺。

便利店在有限的店面空间内销售两三千种满足消费者需求的产品，有限的店面空间意味着要尽量减少产品库存。然而，当库存量过少导致热销产品短缺时，就会错过本可以售出的产品，造成机会损失，这也被称为准时制系统。这是一种能够对消费者的购买行为即时做出反应，并在规定的时间、按规定的数量向每个店铺提供所需产品的系统。

小批量、高频率配送指多个供应商建立一个联合配送中心，将要配送到店铺的商品运到该中心，并以每天 2~3 次的频率分批配送到各个店铺的物流系统，使销售零短缺、提供保鲜度高的产品成为可能。因此，这一物流系统的频繁送货将每家店铺的机会损失降至最低。

4. 食品零售业的全方位渠道

食品市场中的互联网超市送货上门服务在整个市场中所占比例仍然很小，但利用互联网进行的交易正在持续增长。消费者的购买行为正在多样化，人们不仅到实体店购物，随着智能手机的普及还在网上购物，并于购买前在社交网络服务上进行产品选择。

零售业为了应对消费者的这种购买行为，正在引入全方位渠道的数字营销战略。SEVEN & i 控股公司正在推进旗下的超市、便利店、百货商店等，并在构建一个网上购物的网络化系统，使消费者能够在附近的 7 - Eleven 商店及他们指定的其他地点领取所订购的商品。换句话说，他们正在实施全方位渠道的尝试，通过将实际商店的产品销售与互联网虚拟商店即网上商店的销售联系起来，创造和实现新的消费者购买行为。

全方位渠道即"线上＋线下"，是一种让顾客无论在实体店还是网上商店购物均可实现的购物系统，全方位渠道的概念如图 5 - 12 所示。

全方位渠道的构建使顾客能够识别商品广告、评估商品的口感，并提前收到可在购买商店使用的优惠券。此外，零售商还可以及时查询一家商店和其他关联商店的缺货情况，并将缺货商品送到方便顾客取货的便利店，从而防止机会损失[①]。

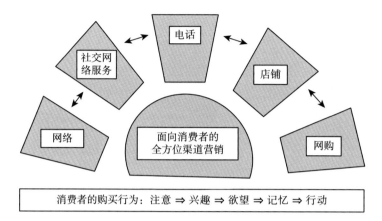

图 5 - 12　消费者的购买行为与全方位渠道
资料来源：笔者根据波利摩星也《全方位渠道时代所需的物流服务战略》做成。

第六章
外食产业及中食产业的发展

一、饮食业与外食产业、中食产业

1. 什么是外食产业、中食产业

正如在第一章饮食的外部化中所讨论的，目前饮食方式大致可分为三类：第一类是在家里制作并在家庭内享用的内食；第二类是在餐厅等就餐的外食；第三类是由专门料理人或料理店烹饪好，消费者在外购买后在家庭内食用的中食，如表6-1所示。这些饮食方式分类有三个关键概念：一是饭菜在哪里做的即烹饪地点，二是谁做的即烹饪主体，三是在哪里吃即消费地点。

无须特别解释，内食指烹饪地点、烹制食物的人和食用的地方都在家中，而外食指所有都在家庭之外。如图6-1所示，自20世纪90年代末以来，外出就餐停滞不前，而食品的销售额却在增加，其解读是内食、外食的饮食方式在增加。

表6-1　内食、中食、外食的范围

分类	家庭内			家庭外		
	家庭内	家庭外		家庭内	家庭外	
		其他	商业		其他	商业
家庭内	内食	朋友和熟人带来制作好的菜肴并在家中食用（内食）	商务旅行聚会外卖（中食）	从烹饪教室带回的料理（内食）	朋友和熟人带来制作好的菜肴（内食）	送货上门的盒饭外卖预制菜中食
家庭外	自己制作的便当（内食）	—	—	户外野餐烹饪（内食）	朋友和熟人带来制作好的便当（内食）	外食

资料来源：根据岩渊道生《饮食产业的特征及多店铺经营的主流食品》[发表在《食品经济研究》杂志（1989年第17号）]的图进行部分修改而得。

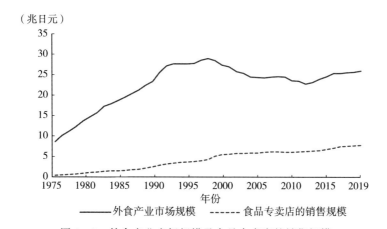

图 6 - 1　外食产业市场规模及食品专卖店的销售规模

资料来源：日本食品安全与保障基金会《外食产业数据统计（2020 年版）》。图 6 - 2 同。

如上所述，中食是一种烹饪地点和烹饪主体均在家庭之外，仅消费地点在家庭之内的饮食方式，近年来加工食品的激增也反映了该方式的变化。相关联的食品不仅包括在超市和便利店购买的盒饭、熟食和面包等，以及在家里用微波炉解冻即食的冷冻食品，还包括传统的外卖服务，以及在经济快速增长时期急速增长的料理带回家和送货上门的盒饭。这些食品既不属于内食，也不归类于外食，而是介于两者之间，因此被称为中食。

在饮食的类型中，有进餐地点在家中，但烹饪地点不在家中、烹饪主体也不是家里人，如接受朋友和熟人带来料理好的菜肴并在家中享用；有野餐时在户外烹饪，烹饪和消费地点都不在家中，但烹饪者是家庭成员；还有在户外野餐烹饪，消费地点在户外，但烹饪者是家庭成员。不过，由于这些活动不属于商业活动，因此应归入内食类别。如今常见的外卖和到家料理，由于都是在家中烹饪和消费，但烹饪主体不是家里人，且烹饪是作为一种商业活动进行的，因此也应将其定义为中食。

正如 20 世纪 70 年代外食在日本的迅速发展，导致建立了一个不同于当时餐馆的新行业即外食产业。20 世纪 90 年代，这种被称为中食的就餐方式迅速增加，也因此成立了一个新行业，即中食产业。

如上所述，外食和中食被合称为"饮食外部化"，两者的共同点是烹饪都是由家庭以外的人完成，而且都是作为产业在发展。不过，严格来说，饮食外部化的概念有所不同，外食是包括从食材的选择、准备，到菜单规划、烹饪、装饰餐桌、搭配餐点，到餐后清理所有环节的外部化。不同之处在于，中食是享用之前过程的外部化。

另外，外食通常也有广义和狭义之分。广义的外食指的是整个餐饮服务业，既包括酒店、集团供餐、饭店餐饮，也包含盒饭等外卖食品；而狭义的外食指的是自 20 世纪 70 年代迅速发展起来的连锁快餐店及连锁家庭餐馆。正如下文所述，广义外食在以快餐店、家庭餐馆等狭义外食发展的推动下实现了快速增长。

2. 外食产业即烹饪产品的市场规模

图 6-2 是 2019 年外食企业整体餐饮行业的市场规模。广义的外食产业主体分为供餐主体、餐饮主体两大类，供餐主体分为由餐馆、住宿设施等构成的营利供餐及学校、公司食堂等构成的集团供餐，而餐饮主体则由咖啡馆、居酒屋、餐馆、酒吧等组成，每一类的年销售额在图 6-2 均有显示。

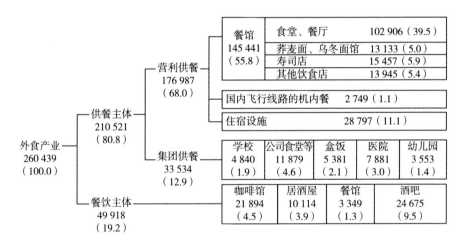

图 6-2　2019 年外食产业的市场规模及占比（亿日元，％）

注：图中的食品专卖店不包含午餐盒饭，超市、百货商店食品店铺的销售额包含在内，但不包括临时租用店铺的销售额。（）内数据为占比。

2019 年外食市场的总规模达到 260 439 亿日元，这一规模虽然远低于日本运输机械和设备制造业 2019 年的产品交易额 680 000 亿日元，但与食品制造业（包括饮料、烟草、饲料）的 383 426 亿日元和化学工业产品的 287 000 亿日元相持平，也超过了生产机械和设备制造业的 200 000 亿日元，该产业规模可以说是远远超过预期。

　　回顾一下以往的外食产业市场规模，图 6-1 显示，从 1976 年的 10 兆日元到 1986 年的 20 兆日元，10 年间规模翻了一番，之后仍持续稳步增长，到 1991 年达到了 27 兆日元，过去 15 年的平均同比增长率为 7.0％，这一高增长率使市场规模扩大了 2.7 倍。

　　之后的外食市场趋于平稳，1997 年达到 29 兆日元的峰值后开始递减，2011 年降至 22 兆日元，比峰值时下降了 24.1％。虽然此后略有回升，但外食产业已然进入了成熟期。

　　由于预制食品产业等中食需求的增加，图 6-1 所示的食品零售业销售额仍在稳步增长，1976 年为 0.5 兆日元，1980 年为 1 兆日元，1991 年为 3 兆日元，2005 年为 6 兆日元，2015 年已达到了 7 兆日元规模，且之后仍在小幅增长。从 0.5 兆日元到 6 兆日元的 30 年间年均增长率约为 8.8％，在食品产业的发展中属于异常高的增长率，可以说饮食产业的增长主轴已从外食产业向中食产业转移。

二、外食产业经营战略的特征

1. 连锁餐饮外食产业的发展与经营战略

　　如上所述，外食产业的整体市场规模近年来一直在缩小，但如果换个维度，关注外食企业的话，就会发现情况有所不同。图 6-3 是对外食市场整体规模、前 10 强外食企业及前 100 强外食企业销售额的增长情况进行分析。如果以 1976 年数值为 100 来计算，2019 年整体外食市场的指数虽然只增到 257（即 2.57 倍），但前 100 企业却增到 916（即 9.16 倍），前 10 强企业达到了惊人的 1 514（即 15.14 倍）。此外，虽然整体外食市场从 1991 年开始经历了停滞及缓慢复苏，但前 10 强企业和前 100 强企业的销售额却在恶劣的环境中持续增长。

　　这些大型外食企业与普通餐馆不同，其中许多是 20 世纪 70 年代初在日本出现的，其诞生的背景一是经济的快速增长，当国民人均收入超过 2 000 美元时，人们不仅能够丰衣足食，而且拥有了更强的购买力；二是"团块世代"新婴儿潮的出现，再加上鼓励外食产业 100％资本自由化，这些企业也就随之诞生。

　　家庭餐馆行业的领导品牌如云雀和皇家主人，以及快餐业代表的日本肯

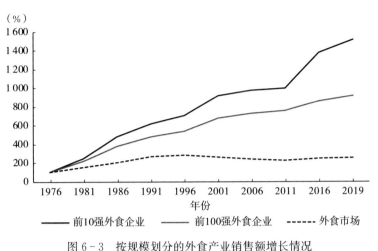

图6-3 按规模划分的外食产业销售额增长情况
资料来源：根据日经流通新闻社《流通经济手册》和日本食品安全与保障
基金会《外食产业数据统计（2019年版）》做成。

德基、日本麦当劳分别在1970年、1971年开设了首家店。20世纪70年代
进入市场的外食产业，在这短短的时间内实现了一系列创新，将以前不过是
家族经营的餐饮业确立为一个食品产业，这点可以说是日本餐饮业史上的一
次产业革命，这种新型外食产业的共同经营战略之一就是发展多店铺的连锁
经营。

表6-2是主要外食企业店铺数量的变化情况，日本肯德基于1970年开设
了第一家店铺，五年后的1975年已有123家分店，1990年增长到938家分
店，2010年达到了1 513家分店。日本麦当劳在1975年时虽然只开设了79
家分店，30年后的2005年已拥有3 802家分店；在同一时期，云雀餐饮店
从1975年仅有20家分店急速扩张到2005年的2 513家分店。自2015年
起，随着该业态进入成熟期，以及特色餐厅开始通过提供各种菜单争夺顾
客，家庭餐馆的数量逐渐趋于萎缩。此外，2020—2021年由于新冠疫情的
影响也对餐馆数量产生了极大的冲击。

表6-2 主要外食企业店铺数量的变化情况（家）

年份	日本麦当劳	云雀餐饮	摩斯汉堡	日本肯德基	萨莉亚	Denny's日本	皇家主人
1975	79	20		123			92
1980	265	251	170	312		136	182

（续）

年份	日本麦当劳	云雀餐饮	摩斯汉堡	日本肯德基	萨莉亚	Denny's 日本	皇家主人
1985	534	542	387	540		249	315
1990	778	868	1 015	938		353	393
1995	1 479	1 178	1 388	1 182	112	480	443
2000	3 598	1 807	1 570	1 356	344	534	551
2005	3 802	2 513	1 505	1 501	748	583	368
2010	3 302	2 282	1 391	1 513	842	472*	225**
2015	2 954	3 030	1 405	1 155	1 316	391	225
2020	2 924	3 104	1 718	1 133	1 093	368	219

资料来源：根据日经流通新闻社《流通经济手册》做成。表6-3同。

注：＊表示由于企业重组，数据包括除 Denny's 日本以外的其他外食餐饮企业（2015 年 3 月）；＊＊表示由于企业重组使用的是 2013 年 6 月数据。

20 世纪 80 年代，拥有多家分店的外食企业不仅实现了经营类别的多样化，包括居酒屋、休闲餐厅、晚餐餐厅、和风日式餐厅及旋转寿司，同时还开发了卡拉OK、站立饮酒和包间等特色服务，用以满足不同顾客的需求。如图 6-1 所示，虽然包含外卖午餐在内的广义外食产业规模已达到峰值，但如表 6-3 所示，1976—2019 年，前 10 强外食企业的销售额份额从 1.9% 增至 11.0%，前 50 强外食企业的销售额份额从 5.2% 增至 22.7%。前 100 强外食企业所占份额从 7.2% 增至 25.7%，表明该业态正日益向大企业集中。

表 6-3 销售额份额变化情况（%）

分类	1976 年	1981 年	1986 年	1991 年	1996 年	2001 年	2006 年	2011 年	2016 年	2019 年
前 10 强外食企业	1.9	3.0	4.4	4.3	4.6	6.4	7.6	8.3	10.3	11.0
前 50 强外食企业	5.2	7.6	10.4	9.9	10.4	14.3	17.2	19.2	19.8	22.7
前 100 强外食企业	7.2	10.3	13.6	12.9	13.8	18.4	21.9	24.2	24.7	25.7

2. 外食产业的成立逻辑

如上所述，这些外食企业迅速发展的秘诀是一系列创新（如经营创新），使它们能够开设多家分店。最初，餐饮业是由熟练的主厨等支撑起来的。然而，依靠这些主厨就不可能开设多家分店，即使开设多家分店，也不可能在所有分店提供同品质的美味食物。

就大型外食企业而言，所做的第一项创新是建立中央厨房，并通过标准化程序对各分店员工进行培训。提供给各连锁店的都是事先在中央厨房通过一次或二次加工的现成食品，每家分店只是按照标准化程序略做加工即可。换句话说，过去从原材料到烹饪全过程都是在各家店铺的厨房里完成，现在则实行分工制，其中大部分的烹饪在中央厨房由高技能厨师完成，各店铺只需最后简单加工即可完成。这种分工制意味着各分店即使没有经验丰富的厨师，只要彻底执行标准化程序，哪怕是学生兼职或临时工，也能为顾客提供同品质的食品，这使得多店铺的连锁经营得以迅速发展。

这种由中央厨房集中管理预加工食品的系统，后来发展成外食企业与食品制造商之间的书面规格订单。外食企业根据食谱向食品生产商下订单，食品生产商根据各企业的具体要求，制定相应的规格，进行原料预加工，然后将加工后的半成品配送到各连锁店。换句话说，中央厨房将企业内部分工的材料加工外包给食品制造商，并通过企业间分工进行采购，因此也拓展了多店铺经营的维度。

无论是企业内部分工还是企业间分工，这种预加工食品流程不仅实现了上述去手工化、多店发展和全国提供均一品质产品的目标，还通过缩短从点菜到上菜的时间、增加座位周转率，以及通过减少每家餐厅的厨房面积，从而增加客席面积，这些都大大地提高了顾客满意度。此外，使用预加工食品不仅减少了餐厅的厨余残渣，而且位于郊外农村地区的中央厨房、食品制造商的食品加工厂可以将残渣作为堆肥回收利用，这点有助于废物处理和环境改善，并能产生一定的社会效益。

三、中食产业的多样性

1. 多类型的中食产业

如前所述，中食指烹饪者和烹饪地点都不在家，但用餐地点在家的饮食方式，包括预制菜、外卖、预制的冷冻食品等。生产和销售以上品类食品的企业称之为中食产业，但中食产业的具体范畴却不明确。在家庭收支调查年报的统计数据中，全部归于"加工食品"一类，但在《商业统计表》中，在类别区分编里只找到"料理品贩卖"，而在《产业统计表》中，在产业编中有"冷冻加工食品制造业""预制菜制造业"，在类别项目编虽有"冷冻加工食品""预制菜""寿司、便当""面包、三明治""蒸煮袋食品",但即使如此,也是片面的。

根据 2004 年发布的《预制菜白皮书》,如表 6-4 所示,2019 年米饭类食品的销售额占比接近一半,一般预制菜的销售额占比也超过了 30%,但值得注意的是,从行业统计表中无法掌握的面类的占比正在增加。从图 6-4 所示的 2020 年各业态分类别的预制菜销售额占比来看,便利店的占比相当高,相应的其他业态则可能是负增长状态。

表 6-4 各类别预制菜销售额的变化(亿日元,%)

年份	米饭类	面包类	面类	一般预制菜	袋装熟食
2012	39 978 (45.9)	3 482 (4.0)	4 561 (5.2)	37 115 (42.6)	1 996 (2.3)
2015	48 816 (50.9)	5 797 (5.0)	5 172 (5.4)	31 713 (33.1)	5 315 (5.5)
2019	47 123 (45.7)	5 524 (5.4)	6 878 (6.7)	35 566 (34.5)	8 110 (7.9)

资料来源:日本预制菜协会《中食 2030》,钻石出版社,2021 年。图 6-4、表 6-5、图 6-6 同。
注:()内数据为占比。

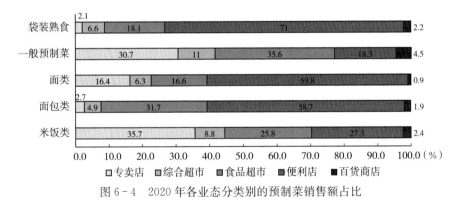

图 6-4 2020 年各业态分类别的预制菜销售额占比

除了面类外,便利店往往销售比例较高的是面包类和袋装熟食,单人份食品的销售比例也在逐步提高。此外,米饭类食品和一般预制菜(盒装或按重量销售)的比例在专卖店较高,食品超市则是面包类食品和一般预制菜(盒装或按重量销售)的比例较高,这表明消费者使用预制食品的目的各不相同,但一般预制菜可能不仅在专卖店销售,也会在食品超市销售。

对于中食产业的分析,这点也是棘手之处。如表 6-5 所示,虽然预制菜专卖店占了预制食品总市场份额的 30%,但便利店、超市和百货商店却占了其余近70%的市场份额。这种情况下，在超市的附属加工厂制作完成并销售的产品不在少数。

表6-5 各业态预制菜销售额的变化（亿日元，%）

年份	专卖店	便利店	食品超市	综合超市	百货商店	合计
2009	27 788 (34.5)	20 490 (25.4)	19 534 (24.3)	8 955 (11.1)	3 774 (4.7)	80 541 [100]
2014	28 788 (31.1)	27 928 (30.2)	22 987 (24.8)	9 203 (9.9)	3 699 (4.0)	92 605 [115]
2019	28 962 (28.1)	33 633 (32.6)	27 407 (26.6)	9 639 (9.3)	3 560 (3.4)	10 320 [128]

注：() 内数据为占比，[] 内数据以 2009 年为 100 所计算的增长率。

图6-5 显示的是除专卖店外，各业态的预制食品在直营店和代理店之间的销售比例。便利店100%为直营店，而97.6%的百货商店由租户销售。食品超市和综合超市的情况与便利店类似，分别有87.6%和80.3%是直营销售。就百货商店而言，专卖店往往租用百货商店的地下卖场，虽在百货商店内，但其销售额却计入专卖店。

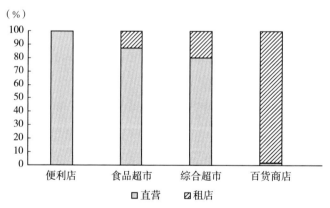

图6-5 2020 年按业态分类的直营及租店占比
资料来源：日本预制菜协会《预制菜白皮书（2021 年版）》。

不过即使是便利店，尽管所有东西都是在直营店出售，但对于预制食品，有的是购买成品，有的是购买初次或二次加工食品，只是在收银台经过加热后出售。同样，在综合超市和食品超市，有些食品是从专卖店直接购买，有些则是附属加工厂加工的。

在《商业统计》中，作为销售主力的超市和百货商店的销售数据被归类在饮料食品类下，因此无法确定详细情况。对分析中食产业更为重要的是，便利店收银台旁放置的快餐食材及在超市附属加工厂烹制的加工食品，如蔬菜组合天妇罗并不是在现场用蔬菜制作，而是按照前述外食产业中规格订单及标准化程序的流程，在专门的蔬菜加工厂制作，最后在现场只是略做加工后呈现给消费者。因此可以认为，中食产业在蔬菜加工厂和超市之间的社会分工下，通过预加工食品提供中食所需的产品，可谓形成了一套独特的食物系统。

2. 中食产业的食物系统

图6-6是中食产业食物系统的概要。如前所述，不仅便利店在销售上述的预制食品，百货商店的专卖店及食品加工企业的摊位同时也在销售这些预制食品。但无论如何，都需要对"中食""中食产业""预制食品"做出明确的定义，并根据这些定义设计相应的统计表，再加上今后的调查和研究，才能掌握和明晰此产业的具体情况。

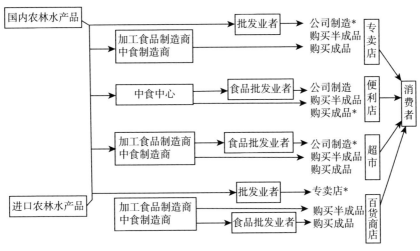

图6-6　中食产业食物系统的概要

注：＊为主要的购买形式。

四、外食产业及中食产业的原料采购

如上所述，自1970年以来，随着日本饮食外部化的进程，外食产业和中食产业也随之蓬勃发展。从食物系统的视角看，"湖泊"即最终消费的结构性变化带来了下游饮食业态及食品零售业的变化，并在一系列创新活动下，形成了新型的外食及中食产业企业。随着外食产业的发展，通过中央厨房和规格订单生产预制食品，为中游的食品制造业创造了新的商机。最后考察一下，这样的食物系统转型对上游农业的影响。

饮食外部化的进展，导致家庭烹饪的食品数量减少；相反，用于外食或加工的食品数量得到了显著的增加。图6-7是1975—2019年加工肉类（牛肉、猪肉和鸡肉）在外食（包括其他商业用途）及加工比例的变化。

从泡沫经济破裂的影响开始直到20世纪90年代中期，图6-7所有产品都呈上升趋势，尤其明显的是鸡肉和牛肉的外食加工。随后的停滞和小幅下降与抑制食品成本外部化比率的趋势相吻合，但即便如此，牛肉的外食加工比例仍在增加，这得益于近年来瘦牛肉的流行。2019年，牛肉的外食和加工占总量的70%，猪肉占50%，鸡肉占60%。虽然没有显示具体的牛肉、鸡肉的数值，但这些比例仍然远远超过了家庭消费的数量。

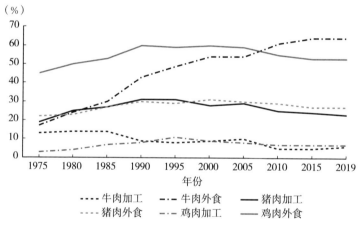

图6-7　1975—2019年肉食加工及外食等用途的占比
资料来源：日本农畜产业振兴机构《畜产品供需变化》。
注：外食包含加工以外的所有用途。

如图6-8所示，新鲜蔬菜的情况也大致如此。与图6-7不同的是，除新鲜食用蔬菜外，所有蔬菜都被归类为加工用和商务用蔬菜，但国产主要蔬菜的加工用和商务用比例却有明确的统计。特别是，加工用和商务用的萝卜比例较高，这是因为大量萝卜运往腌菜生产商。洋葱继续稳步小幅增长，整体呈上升趋势，卷心菜、生菜和菠菜等叶菜类蔬菜近年来也呈现增长趋势。与近年肉类的停滞相比，加工用和业务用的蔬菜比例有望进一步增加。

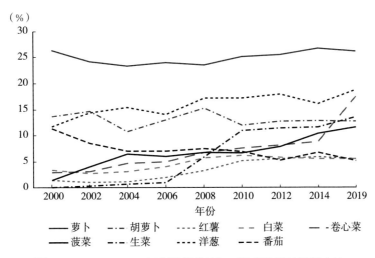

图 6-8 2000—2019 年主要蔬菜的加工及商务用的销售占比
资料来源：日本农林水产省《蔬菜销售统计》。

　　这种外部化趋势，不仅仅是家庭内的食物依赖于家庭外，如图 6-9 所示，与内食对进口食材的依赖率相比，中食依赖率增长了 30％，外食的依赖率也进一步增长了 20％。因此，对家庭外的依赖增加，同时也伴随着对进口食材依赖的增加。

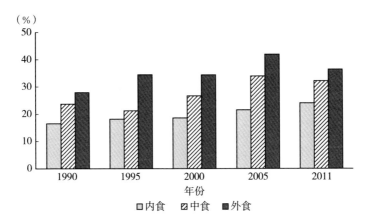

图 6-9 按饮食形态区分的进口食材依赖率
资料来源：草苅仁，2019. 从图表中解读饮食外部化 [J]. 食品新闻（2）：13。
原始资料为日本总务省《产业关联表》。

　　只要家庭外料理作为一种商业形式来开展，那么就需尽可能避免食材短缺。另外，为了保持常备主菜单所需的食材，在淡季时日本就必须使用进口食材。除此之外，如上所述外食产业和中食产业市场规模在不断扩大，其越接近饱和，就越有可能通过使用相对廉价的进口食材来实现产品差异化战略。

食品企业对食材的商业需求表明，截至目前，饮食外部化所导致的食物系统变化还在极大地改变农产品的需求结构，至于国内农业如何应对这种日益增长的商业需求，可以回顾第三章和第四章。

此外，正如第一章中饮食生活变化所提到的，从 2020 年开始的新冠疫情，导致人们优先考虑居家，尽量避免与人接触，鼓励远程教学和远程工作，饮食也尽量避免外食，内食、打包外带、外卖逐渐增多。因此，如表 6-6 所示，在 2020 年首次宣布进入紧急状态时，店内饮食减少，导致外食产业销售额大幅下降，但相对的外卖和外带食品有所增加。

表 6-6　2018—2020 年云雀餐饮店外饮食销售额的变化（亿日元）

年份	外卖		外带食品
	店铺配送	快递配送	
2018	215	0.6	71
2019	231	8.0	82
2020	299	33.0	172

资料来源：日本农林水产省《食物、农业、农村白皮书》。

新冠疫情所带来的饮食生活变化，是否随着感染的消退而恢复到感染前的状态，还是会进入下一个转型期，这些都会对我们的工作、饮食和休闲方式，以及我们对待外籍工人的就业制度等，产生一些新的变化。

第七章
贸易自由化和食物进出口

一、全球化和食物贸易的转折点

1. 贸易自由化进展和食物贸易

以卡路里计算，日本大约六成的食物需要依靠进口，是食物进口大国。现在，如果发生前所未有的气候变化或者大规模的自然灾害，导致食物进口停滞，那么食物价格会迅速上升，1.2 亿的国民将可能陷入困境。食物是必需品，即使价格上升 2 倍，需求也不会剧烈下降。同时，食物的供给弹性小，即使生鲜食品等的价格上升，供给量也无法迅速增加。

尽管如此，为了实现食物自给，众多国民也不可能立马回归农业生产生活去耕种田地、饲养鸡牛。2050 年世界人口将增加到 97 亿，但是目前并没有找到可以飞跃式提升食物生产能力的有效办法。人类在提升食物总产量的同时，控制肉类等动物性食品的消费，是目前能找到度过食物危机唯一有效的办法。大量依靠食物进口的日本饮食生活，必然要受到不稳定的世界食物供求的影响。

20 世纪 70 年代以后，日本食物贸易经历了 1988 年的日美农产品贸易协定（如牛肉、橙子贸易自由化）等巨大变化。特别是，在 1993 年关税及贸易总协定乌拉圭回合农业谈判下，世界食物贸易正式从贸易保护阶段进入贸易自由化阶段。1995 年成立的世界贸易组织取代关税及贸易总协定，2005 年的"一揽子协议"确立新的贸易秩序，世界各国对此展开激烈攻防，但是到 2021 年仍然没有达成协议。

世界贸易组织的加盟国数量众多，各国的利益错综交织，难以达成协议。作为替代，自由贸易协定和经济伙伴关系协议的数量迅速扩大，全世界已经超过 220 个。2018 年 12 月，在日本主导下推进谈判的跨太平洋伙伴关系协定（2017 年美国退出）生效，2019 年和欧盟的经济伙伴关系协议生效，多年悬而未决的区域全面经济伙伴关系协定（有中国、日本、韩国、东盟 10 国、澳大利亚、新西兰共 15 个国家参加）也在 2022 年 1 月生效。其中，区域全面经济伙伴关系协定被认为对日本经济的波及效果很大。区域全面经济伙伴关系协定是占世界人口大约三成、国内生产总值三成（26 万亿美元）的巨大贸易经济圈，生效后第 10 年到第 21 年，蔬菜、水果和酒类的进口关税将会取消，同时零食等加工食品和水产品的关税也将取消，可能有助于日本出口食物。日本签订的两国/地区之间的经济伙伴关系协议达到 18 个，可以料想，包括食物贸易和食品企业海外直接投资在内的经济自由化今后将会进一步加快。

在 1955 年加入关税及贸易总协定和 1963 年以后阶段性地撤销进口数量限制下，第二次世界大战后日本的食物进口一直处于增长趋势。1960—1970 年这十年期间进口额增加 2.4 倍，1970—1980 年这十年期间进口额增加 2.7 倍，1984 年达到 44 000 亿日元（186 亿美元），2001 年为 6 229 亿日元（584 亿美元），2014 年为 92 407 亿日元（924 亿美元），增加到和日本农业生产总值 98 567 亿日元差不多的水平。

进口额其后也保持高位，2015 年为 95 209 亿日元，2016 年减少到 85 479 亿日元，2017 年又恢复到 93 732 亿日元，2018 年为 96 687 亿日元，2019 年为 95 197 亿日元，一直保持在 90 000 亿日元的高位水平。

2. 广场协议后食物进口激增

在 1985 年 9 月的广场协议下，日元兑美元汇率大幅调整，进一步助推了食物进口和食品企业海外直接投资。广场协议后日元持续升值的结果，便宜的国外农产品及食品大量进入日本市场，此后，日本的食物贸易名副其实地扩大到全球规模。

图 7-1 呈现了广场协议后日元兑美元汇率和食物进口额的相互关系。日元价格从之前的 1 美元兑换 240 日元升值到 1 美元兑换 160 日元，也就是说，之前从外国花 240 日元进口的商品，现在用 160 日元就可以购进。如果以美元为结算工具，进口价格便宜了 30％以上。于是，国内进口商和外食从业者理所当然会增加进口食物的使用比例。

于是随着日元的升值，日本的食物进口额迅速增加。在关税及贸易总协定乌拉圭回合农业谈判中，日本把小麦、大麦、脱脂奶粉、黄油、淀粉、杂豆、花生、魔芋和蚕丝等农产品从进口数量限制调整为加收关税，避免关税化的大米则被设置了相当于消费量 7.2％（76.7 万 t）的最低进口义务。在关税及贸

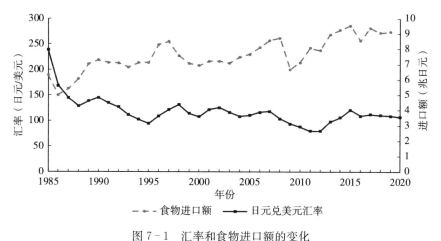

图 7 - 1 汇率和食物进口额的变化

资料来源：日本农林水产省《农林水产品贸易报告》，日本银行网站（http：//
www. stat - search. boj. or. jp/）。

易总协定乌拉圭回合农业谈判及其后 21 个国家和地区之间签订的 18 个经济伙
伴关系协议（截至 2020 年 3 月）下，外国产食物占有了很大的日本食物市场。

食物进口的增加还有 一个原因，就是进口和国产原料之间的内外价格差，
即等于购买力平价除以汇率得到的值。内外价格差指原料农产品等本国购买价
格和外国价格相比较，外国产原料农产品的购买价格如果比本国的价格低，就
存在内外价格差。

针对内外价格差有各种议论。对于农产品来讲，各国之间农地资源和经营
规模差异显著，这个差异对于油料种子和谷物等土地密集型农产品特别重要。
基于此，受耕地资源制约的日本，大量的油料种子（大豆、油菜籽等）和谷物
（小麦、玉米等）作为食品原料依赖海外进口，其进口量已经达到 2 500 万 t。

由于国产和进口价格差巨大，2019 年的大豆进口量达到 434 万 t，占国内需
求量的 95％，如果把进口豆粕折算上，进口量为 600 多万 t。大豆进口主要来源
为美国（232 万 t）、巴西（56 万 t）、加拿大（33 万 t）和中国（3 万 t）。约 308
万吨用于色拉油炼油原料，剩余的约 125 万吨（占 28.8％）用于豆腐、味噌、
纳豆和酱油等的原料。美国是最大的进口来源国，芝加哥大豆价格近年来在 388
日元/kg 上下浮动。2020 年，日本国产大豆的平均价格约为 172.4 日元/kg。

作为面包、零食、方便面、赞岐乌冬和味噌等的原材料，小麦在 2010—2019
年的平均进口量达到每年 664 万 t，主要的进口来源国为美国、加拿大和澳大利

亚3国。用于原材料的小麦，作为国家贸易商品，现在也被置于政府管理下。进口小麦按一定数量配额分配给进口商社，在进口价格（购买价格加上港湾费用）基础上，加上政府管理费用及用作国产小麦生产振兴对策的经费，销售给面粉制造企业等实际需求方。大豆和小麦都是由于内外价格差而进口大量增加的典型案例。

结果如表7-1所示，食物进口额从1985年的26 272亿日元到2000年的53 100亿日元，进一步到2019年的77 771亿日元，35年间飞速增长。

表7-1　食物进口额及增长率（亿日元，％）

种类	1985 年	2000 年	2019 年	2019/1985
农产品合计	11 128	24 685	46 392	417.1
谷物和谷粉	3 926	4 409	7 591	193.4
水果、坚果、蔬菜	1 882	6 424	11 366	603.9
砂糖类和果子类	309	460	4 040	1 307.4
咖啡、可可、茶	1 044	1 460	2 228	213.4
酒精饮料	560	3 593	3 055	545.5
植物性油脂	2 094	2 568	1 354	64.7
其他农产品	1 308	5 771	16 758	12 811.9
畜产品合计	3 384	11 075	19 531	495.2
肉类	1 878	8 580	11 650	620.3
奶产品、蛋	320	1 008	2 476	773.7
其他畜产品	1 186	1 487	5 405	455.7
水产品合计	11 760	17 340	11 848	100.7
金枪鱼、鲣鱼、鲑鱼、鳟鱼、蟹、鱿鱼	—	—	5 270	
其他水产品	—	—	6 578	

资料来源：日本财务省《贸易统计》。

注：合计数包含蚕丝、天然橡胶、棉、羊毛等食品以外的农畜产品原材料，没有单独列出。

二、高比重、多样化的食物进口

1. 食物进口结构的变化

以1985年汇率变动为起点的进口结构的剧烈变化，不仅仅是进口量的增加，需要注意的是进口食物的种类结构也发生了巨大变化。以前，日本食物进口中，小麦、大麦、玉米和高粱等谷物，以及大豆、油菜籽等油料原料长期占据进口额的前几位。但是，20 世纪 80 年代后半叶之后，用于回转寿司和天妇罗等的虾、鲑鱼、鳟鱼、金枪鱼、鲣鱼、蟹等生鲜水产品，用于牛排、牛丼和炸猪排等的牛肉、猪肉及其加工品的进口迅速增加，1986 年虾的进口额取代了常年处于首位的玉米。

表 7-2 列出了 2019 年进口额前 20 位的食物种类，猪肉、牛肉分别列前两位，玉米下降到第 3 位，大豆和小麦居第 11 位和第 12 位，排序大幅降低。

面粉加工、食用油加工、饲料加工等原料型行业是之前日本的代表性食品工业，作为这些加工业的原材料，从美国、加拿大和澳大利亚等大量进口了小麦、玉米等谷物及大豆、油菜籽等油料种子，但是如今这些原材料的进口比例呈现相对下降的趋势。

表 7-2 2019 年食物进口额前 20 位的种类

序号	种类	进口额（亿日元）
1	猪肉	5 051
2	牛肉	3 851
3	玉米	3 841
4	新鲜和干燥的水果	3 470
5	酒精饮料	3 056
6	鸡肉制品	2 638
7	鲑鱼和鳟鱼（生鲜、冷藏、冷冻）	2 218
8	冷冻蔬菜	2 015
9	鲣鱼、金枪鱼（生鲜、冷藏、冷冻）	1 909
10	虾（鲜活、生鲜、冷藏、冷冻）	1 828
11	大豆	1 673
12	小麦	1 606
13	天然芝士	1 385
14	鸡肉	1 357
15	生咖啡豆	1 253
16	和果子	1 174
17	谷物和谷物制品（意面）	1 023
18	蔬菜（生鲜、冷藏）	886
19	蟹（鲜活、生鲜、冷藏、冷冻）	648
20	鱿鱼（鲜活、生鲜、冷藏、冷冻）	637

资料来源：日本财省《贸易统计》。

作为加工型食品工业原料的农畜产品进口呈现增加趋势，用于外食和中食产业的半加工品及调制品等的食材进口也迅速增加。日本食物进口重心从以前用于原料型食品工业的农产品原材料进口，演变为曾经国内自给的蔬菜等生鲜食品及其加工品、调制品的进口。

近年来，通过料理节目及社交网络对全国各地食材和地方食物的介绍，消费者能瞬间获取国内外的食物信息，切身感受食物，其食物的价值观和想法发生变化，追求正品、民族食品和多样化的倾向越来越强，这些都极大地影响到进口食物种类的变化。

2. 高附加值商品种类的进口比例上升

图7-2展示了原材料、副食品和嗜好性食品三个类别食物进口额的变化情况，反映了消费者追求高级、品牌和健康的情况。牛肉、猪肉和鸡肉调制品等肉类，葡萄酒、白兰地、威士忌和啤酒等酒类，鲑鱼、鳟鱼、鲣鱼、金枪鱼、虾、蟹等水产品，天然芝士等奶制品，咖啡豆、巧克力糖果等嗜好性食品大量进口，这使得食物进口量增加的同时，进口食物的内容也发生了很大变化。

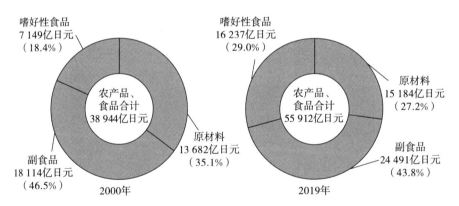

图7-2 2000年、2019年主要农产品和食品的进口金额变化

资料来源：日本财务省2010、2019年《贸易统计》。

注：原材料包括谷物、砂糖类和植物性油脂原料等，副食品包括肉类、乳制品、蛋、水果、蔬菜及其制品等，嗜好性食品包括果子、咖啡、茶、酒精饮料及其他调制品等。合计数据不包括水产品及其加工品、林产品、皮毛、羊毛、蚕丝等。

2019年嗜好性食品进口额为16 237亿日元，副食品进口额为24 491亿日元，合计进口了40 728亿日元的加工食品、副食品和调制品。除了生鲜食物、水产品及其加工品、林产品等，这些嗜好性食品和副食品占进口食物的比例高达 72.8%。

近年来，猪肉、牛肉和鸡肉制品等肉类的进口比例处于高位，是因为 2005 年以后，日本先后和墨西哥、泰国、澳大利亚这些畜产品大国签署了经济合作协定，新设定了猪肉、牛肉和鸡肉等的进口额，促进了副食品进口增长。

图 7 - 3 显示了 2010—2017 年不同进口国家和地区的食物进口额增长率。以前，日本的小麦、玉米和大豆等原料农产品进口比例高，这些过半的原料进口依靠美国、加拿大和巴西等国家。近年来，从这些国家的进口增长率呈现下降趋势或者轻微增加，与此相对，2013 年以后，从意大利、中国、澳大利亚、新西兰、东盟 5 国、法国等国家和地区的进口增长率逐渐提升。

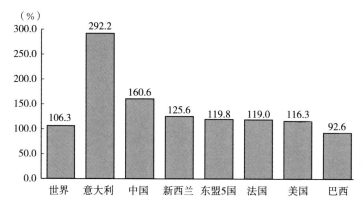

图 7 - 3　2010—2017 年不同进口国家和地区的食物进口额增长率

资料来源：日本财务省《贸易统计》。

注：按日元测算。

表 7 - 3 显示了 2019 年从不同国家和地区进口食物金额及比例。整体上，从美国、中国、加拿大、泰国、澳大利亚、巴西这些农业大国的进口比例位居前列，从印度尼西亚、意大利、越南等国的进口比例也比较高。

表 7 - 3　2019 年不同国家和地区进口食物金额及比例

国家和地区	进口额（亿日元）	比例（%）
世界合计	95 197	100.0
美国	16 470	17.3
中国	11 909	12.5
加拿大	5 695	5.9

（续）

国家和地区	进口额（亿日元）	比例（%）
泰国	5 661	5.9
澳大利亚	5 463	5.7
巴西	3 621	3.8
印度尼西亚	3 571	3.7
意大利	3 033	3.1
越南	2 965	3.1
其他	36 809	38.7

资料来源：日本农林水产省国际部《农林水产品进出口概况（2019年）》。

3. 食品企业的海外直接投资和食物进口

图 7-4 显示了 2005 年后日本食品制造企业海外直接投资的变化，投资金额从 2005 年的 3.93 亿美元上升到 2018 年的 5.46 亿美元。另外，据日本经济产业省《海外活动基本调查》显示其中约七成集中在亚洲地区，此占比的三成投资集中在中国。

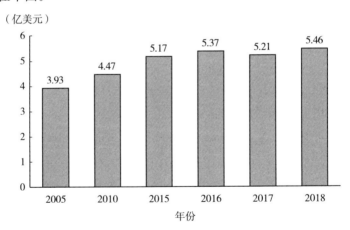

图 7-4 食品制造企业海外直接投资金额
资料来源：日本经济产业省《海外事业活动基本调查》。
注：抽取 2005—2018 年的 6 个年份。

需要注意的是，在经济增长导致中国人力成本上升的背景下，最大投资对象国即中国的投资件数在 20 世纪 90 年代开始减少，21 世纪初以后泰国、越南等东盟地区的投资件数大幅增加。日本企业进驻有助于作为投资接受国的东盟地区的食品相关产业的发展，同时也对和日本之间的食物贸易产生巨大影响。从这个意义上讲，日本食品企业投资亚洲的问题，也是日本食物系统整体的问题。

日本食品制造企业之所以投资海外，是因为日本国内农业保护政策下原料价格居高不下，并且工人的工资水平很高。特别是蔬菜加工品、水产加工品和鸡肉调制品这些劳动密集的制造过程，大多转移到中国和东南亚。寻求日本国内失去的比较优势，不断向中国及东南亚等低工资国家转移工厂，是日本食品产业全球化的模式。像是蔬菜加工品、水产加工品和鸡肉调制品这些外食产业和中食产业的原材料、超市和便利店的食材，在投资对象国生产后大部分出口到日本的情况很普遍，这是日本食品产业全球化的特征。

与来自日本的直接投资增加相呼应，和投资对象区域即东亚的食物贸易也发生了很大变化。1975 年，日本和北美、日本和东亚之间的食物贸易规模基本相当。但是，进入 20 世纪 90 年代以后，日本和东亚的食物贸易规模大大超过和美国的贸易规模，作为贸易伙伴，东亚各国的占比大幅提高，如图 7 - 5 所示。

与此相同，和中国签署自由贸易协定的东盟各国和中国之间的食物贸易也非常活跃，甚至超过了与北美之间的贸易规模。在东亚，20 世纪 80 年代后半叶以后，随着经济的增长，区域内的食物系统不断进化，国家地区之间食物系统的相互关系越发紧密，食物贸易产生了巨大的利益。

2019 年，日本从亚洲地区共计进口高达 32 100 亿日元的食物，出口到东亚地区的食物金额为 6 468 亿日元，进出口额比率为 496％，进口额约为出口额的 5 倍。其中，与日本食品企业海外直接投资联动的加工食品的进口额测算值达 12 000 亿日元，以及亚洲食物整体 496％的进出口比率相较，加工食品的进出口额比率更是高达 727％，意味着与来自北美和澳大利亚等的食物进口相比，东亚地区的加工食品的进出口比率极高。

受 2008 年雷曼危机和 2011 年冬日本大地震引发的核电站事故影响，日本的食物出口大幅下降，2013 年才转为增加。表 7 - 4 显示了其后与亚洲不同国家和地区的进出口额比率。2019 年，日本对中国的食物出口额为 1 399 亿日元，进口食物金额则为 11 909 亿日元，对中国的进出口额比率为 851％（8.51倍）；日本对东盟 4 国（泰国、越南、印度尼西亚、菲律宾）的食物出口额为 1 026 亿日元，进口食物金额为 14 606 亿日元，进出口额比率为 1 424％（14.24

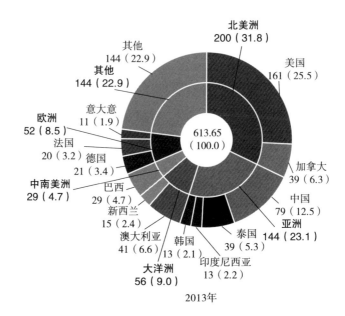

2013年

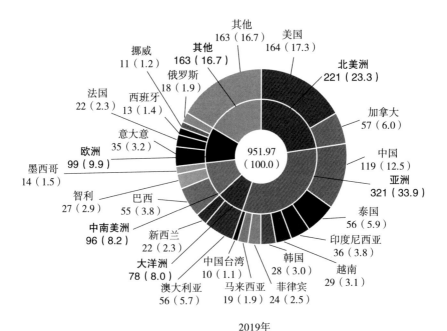

2019年

图 7-5　2013 年、2019 年进口食物来源国家和地区金额及
比例的变化（100 亿日元，%）

资料来源：日本贸易振兴会《农食贸易手册 2014》及日本财务省《贸易统计（2019）》。

注：括号外数据为进口金额，括号内数据为占比。图 7-7、图 7-8 同。

倍）；对韩国的进出口额比率为 663％（6.63 倍）；对中国台湾的进出口额比率为 123％（1.23 倍）。

表7-4　日本与亚洲不同国家和地区的食品贸易情况（亿日元，％）

年份	日本对中国内地			日本对东盟4国			日本对韩国			日本对中国台湾		
	出口额	进口额	进出口额比率	出口额	进口额	进出口额比率	出口额	进口额	进出口额比率	出口额	进口额	进出口额比率
2013	507	12 124	23.90	763	12 887	16.90	372	2 061	5.50	—	—	—
2016	898	11 642	12.90	849	12 800	15.10	511	2 276	4.40	930	958	1.00
2019	1 399	11 909	8.51	1 026	14 606	14.24	436	2 891	6.63	831	1 019	1.23

资料来源：日本农林水产省国际部 2013、2016、2019 年《农林水产品进出口概况》。

近年来，日本对中国和东盟 4 国的食物出口逐渐增加，使得进出口比率有所下降。日本和东亚地区之间，在直接投资相互交流和食物贸易的影响下，强化相互之间食物系统的结合和协同关系，区域内的食物需求特别是相当部分的加工食品都发展为在区域内市场（东亚食物系统圈）采购。

2001 年，中国加入世界贸易组织。2000 年以后，日本与新加坡、马来西亚、泰国、印度尼西亚、菲律宾、越南及东盟等国家和地区签署两国或者多国之间的经济伙伴关系协议。2018 年，跨太平洋伙伴关系协定生效。2022 年 1 月，日本、中国、韩国、澳大利亚、新西兰、东盟 10 国共 15 个国家参加的区域全面经济伙伴关系协定生效后，上述变化有加速的趋势。

和以上亚洲区域内市场形成相关，雀巢、嘉吉、泰森食品、康地谷物、康尼格拉、达能、邦吉、路易达孚等跨国公司先后在中国和东盟地区成立公司，面向随着收入上升动物性食品和加工食品成长性高的亚洲市场，强化饲料用谷物、肉类、奶制品、意面、零食和儿童食品等加工食品，以及饮料的供给体制，不断开拓巨大的市场。

4. 开拓新的增长边界、促进农林水产品和食品出口

如同很多产业一样，在快速的全球化发展和社会进入人口减少的影响下，日本的农林水产业及和食品相关联的产业现在面临重大的选择。特别是，日本限制接收移民，在人口减少的背景下食物市场必然走向缩小。

在人口减少和进入超老龄社会的影响下，农业和食品相关产业处于闭塞状态。作为破解这个难题的新办法，农林水产品和食品的出口事业备受关注。如同上节所述，日本的农产品贸易处于大幅净进口的状态，并且今后也确定不会

有大的改善。在这样的情况下，2003 年不超过 3 402 亿日元的日本农林水产品和食品出口，2007 年历史上首次突破 5 000 亿日元（5 160 亿日元）。此后，出口额稳定增加，2015 年为 7 451 亿日元，2017 年为 8 071 亿日元，2018 年为 9 068 亿日元。2019 年和 2020 年，受到最大的出口目的地中国香港的政治不稳定和韩国抵制日本商品等的影响，2019 年未能达成 10 000 亿日元的出口目标。

在这个背景下，政府于 2019 年 4 月召开阁僚会议，探讨如何应对进口国规制，以扩大农林水产品和食品出口。2019 年 6 月，总结了面向出口扩大的问题和应对方向，11 月颁布了《农林水产品和食品出口促进法》。2020 年 3 月 31 日召开的阁僚会议上，决定把农林水产品和食品的出口额目标提高到 50 000 亿日元。在此基础上，《2020 年经济财政运营和改革的基本方针/增长跟进》（2020 年 7 月 17 日阁僚会议决定）提出了 20 000 亿日元的 2025 年农林水产品和食品的出口额中期目标，为了促进出口，政府不断进行制度建设，相继出台了行动计划。

一般来讲，农林水产品和食品的弹性小，再加上人口减少和老龄化，日本国内市场的农林水产品和食品需求扩大的可能性小且无法期待，能够弥补需求缺口的是经济发展和人口增长下食物需求飞速增长的亚洲新兴国家等海外市场。作为安倍政权增长战略《日本再兴战略》的一环，农林水产业出口强化战略树立了到 2019 年出口规模扩大到 10 000 亿日元的目标。其成果如图 7-6 所示，2020 年的出口额为 9 223 亿日元，如前所述 2025 年的出口额目标为 20 000 亿日元。

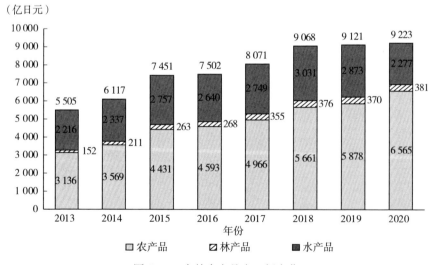

（亿日元）

图 7-6 农林水产品出口额变化

资料来源：日本农林水产省基于日本财务省《贸易统计》制作。图 7-7、图 7-8 同。

如图7-7和图7-8所示,日本农林水产品和食品出口的主要目的地是中国、韩国、越南、泰国、新加坡、菲律宾等亚洲国家和地区,对这些亚洲国家和地区的出口占整体的七成多。农产品是主要出口对象,金额为6 564亿日元,具体包括加工食品3 740亿日元(40.5%)、畜产品771亿日元(8.4%)、

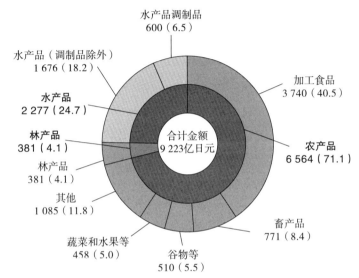

图7-7 2020年日本农林水产品和食品不同种类出口情况(亿日元,%)

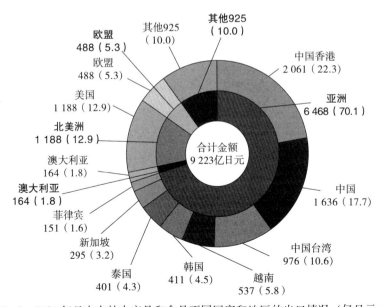

图7-8 2020年日本农林水产品和食品不同国家和地区的出口情况(亿日元,%)

谷物等 510 亿日元（5.5%）、蔬菜和水果等 458 亿日元（5.0%）；水产品出口额为 2 276 亿日元（24.7%）；林产品出口额为 381 亿日元（4.1%）。

在海外市场对日本食品和食材需求大幅提升的背景下，2013 年 12 月"和食"入选联合国教科文组织世界非物质文化遗产，日本饮食在海外人气高涨，海外的日本料理店数量大幅增加，这些都促进了日本农产品和食品的出口，详见表 7-5。

表 7-5 世界各地的日本料理店数量

地区	2013 年（个）	2019 年（个）	2019/2013（%）
亚洲	27 000	101 000	374.1
北美	17 000	27 400	161.2
欧洲	5 500	12 200	221.8
中南美	2 900	6 100	210.3
大洋洲	700	3 400	485.7
俄罗斯	1 200	2 600	216.7
中东	250	1 000	400.0
非洲	150	500	333.3
世界合计	65 500	156 000	238.2

注：日本农林水产省在日本外务省及在外公馆的调查配合下测算的店铺数量。

由于人口减少和超老龄社会的到来，在过去 30 年间，日本国内市场对味噌、酱油、方便面、日本酒等酒类饮料、零食、水产加工品等加工食品的需求增长停滞，很多加工食品的市场进入成熟期，为了补充国内缩小的需求，食品企业把生产及销售的据点转移到海外，这就是食品相关产业全球化的发展。如果从国际视角思考这个情况，促进加工食品出口和食品企业进军海外的重要原因在于，产品生命周期和加工食品的需求处于成长阶段的亚洲新兴国家等多样化的海外市场的存在。

现在日本正在大力促进向国外市场出口加工食品。国内市场对加工食品的需求停滞，激化了市场内企业之间的竞争，为了增加销售额或者扩大市场份额，要么争夺对手的市场份额，要么到国外开拓新市场。因此，在国内市场产品需求停滞或者生产能力超过国内需求的大企业，与其在国内争夺对手的市场份额，不如出口到经济增长下加工食品需求扩大的亚洲新兴国家，以此来寻求活路。顺便提一下，2000 年亚洲加工食品的市场规模不过 274 亿美元，2018 年增加 6 倍扩大到 1 653 亿美元，据预测，今后需求还会大幅增加（欧睿信息咨询公司）。

图 7-9 呈现了日本国内加工食品需求停滞、日本向国外出口加工食品、食品企业在国外生产三者的关系。加工食品的产品周期分为导入期、成长期、成熟期、衰退期四个阶段，横轴代表时间，现阶段处于 t_2 和 t_3 的中间点。由于国内需求缩小，出口额和国外生产增加，可以预计会进一步从 t_3 向右移动，意味着其生命周期的延伸。

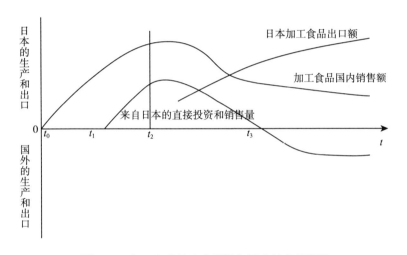

图 7-9 加工食品的生命周期和国内外市场情况

资料来源：下渡敏治，《食品产业全球化和国际分工新进展》，《食物系统研究》第 19 卷 2 号，2012 年 9 月由 82 页图 6 改编而得。原始资料为宫崎义一，《现代资本主义和跨国企业》，1982 年，46 页，岩波书店。

也就是说，日本国内的加工食品需求停滞是加工食品出口和食品企业进军国外的诱因，现在成为企业战略的重要手段。在促进加工食品出口重要因素的产品生命周期的指导下，某种商品即使超过成熟期进入衰退期，如果在国外该商品还处于成长期，那么仍然可以扩大销路，延伸该商品的生命周期。费农的产品生命周期理论不仅用于分析日本国内市场的商品，很早以前就广泛用于企业国际化和跨国企业形成的分析。

三、世界规模的食物需求扩大和食物贸易的未来

自 1972 年异常天气引发世界粮食危机后，经过 50 年的岁月洗礼，如下一章所述，现在世界食物问题正面临从未经历过的崭新挑战。世界谷物供求以前一直处于过剩状态，20 世纪 80 年代末开始转为紧张状态。近年来，中国及亚洲新兴国家的食物需求增加，作为生物燃料原料的谷物需求扩大，世界气候变动，地下水及农地等自然资源减少，在这些因素影响下，世界食物危机再次凸显，全球有超过 40 亿人无法获得足够的食物和饮用水。关于这一点，下一章将会详细阐述，本节仅探讨今后食物贸易的问题和展望。

21 世纪的食物贸易，从少数几个出口国相互竞争寻求过剩农产品的处理途径，发展到包括新兴国家的 100 多个国家在经济增长下迅速扩大食物需求，争夺有限食物的时代。21 世纪初以后，中国等新兴国家快速提高世界食物贸易占比，嘉吉、康地谷物、ADM、邦吉、路易达孚五大跨国粮商纷纷把战略要点转移到这些国家。结果之前日本能够国内自给的豆粕等不得不从中国进口来替代，中国及新兴市场国家的动向对日本和世界食物贸易产生巨大影响。基于此，日本食物的海外依存度今后可能进一步提高。

考虑到以上事实，为了确保稳定支持日本 1 亿人生命的食物资源，不仅在日本国内，在全球范围内全力应对气候变动引发的自然灾害及自然资源保护活动都极为重要。日本作为食物进口大国，在致力于振兴国内食物生产的同时，通过跨太平洋伙伴关系协定、区域全面经济伙伴关系协定、日本和欧盟之间的经济伙伴关系协定，以及和美国之间的两国协定，调整贸易自由化的要求，如何平衡协调进出口二者关系，面临很大的国际挑战。换句话说，日本的食物系统从目前为止的内部型食物系统，正在结构性转换为以国际平衡为重点的跨国型食物系统（图 7-10）。

从中长期来看，不管是否愿意，日本的食物生产将不可避免地和国外进口食物竞争。包括日本的农产品和食品出口在内，有的时候日本可能不得不推行与自由贸易教科书理论相背离的政策。且不说美国、加拿大和法国等农业大国，就算与同为发达国家的意大利和英国等相比，日本的食物自给率也处于 37% 这个极端低下的水平，考虑到这点，也有必要重新思考国际分工中食物供给的安全性问题。面向一二十年后紧迫的全球规模的食物不足，也许有必要实

施农业保护政策，在国内生产农产品以代替进口产品。基于此可以说，重新审视今后食物安全保障对策的时期已经到来。

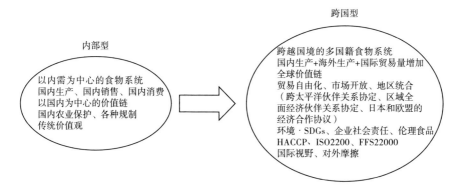

图 7 - 10　从内部型食物系统到跨国型食物系统的结构转换

第八章
世界食物问题

一、过剩和不足并存

1. 马尔萨斯人口论会复苏吗

18 世纪末讨论人口和食物问题关系的马尔萨斯人口论非常有名。马尔萨斯认为，人口呈几何级数增长，食物生产呈算数级数增长。人口增长超过食物增长速度，导致社会风气恶化和贫困，与此同时，也抑制了人口的自然增长。事实上，产业革命时期的英国，在人口增长和食物不足的影响下，食物价格高涨，产业革命导致了工厂劳动者的生活陷于贫困。

这个悲观的理论认为和人口增长比较，食物供给不足等食物问题会永恒发生。但幸运的是，马尔萨斯的设想不适用于发达国家。出生率下降导致人口增长率下降，与此同时，农业技术革命持续扩大了食物生产能力。

第二次世界大战后独立的发展中国家，受人口爆炸和贫困的影响，与人口相关的食物问题成为需要解决的重大课题。原本大多数发展中国家的人口出生率高，但是在卫生和医疗水平限制下死亡率也很高，因此没有发生快速人口增长。其后，在医疗制度等迅速改进下，婴幼儿死亡率大幅下降，从而人口快速增长。和发达国家缓慢的人口增长不同，多数发展中国家的食物生产增长速度落后于人口增长速度，因此产生了严重的食物问题。特别是，这些发展中国家的经济增长缓慢，农业技术革新的投资不足，农业生产力停留在相对较低的水平。社会经济发展阶段和人口变化相关联的理论就是人口转变理论。在发达国家得到解决的马尔萨斯观点，现在在发展中国家成为现实问题，和"南北问题"交织在一起，急需从全世界的视角去解决。

2. 发达国家的过剩和发展中国家的不足

现在的地球上，一方面众多发展中国家食物严重不足，国民陷于饥饿；另一方面发达国家过着丰盛的饮食生活，甚至发生资源浪费，讴歌"饱食时代"。在发达国家，国民食物消费水平达到饱和状态，食物生产过剩不仅是经济问题，而且在农产品贸易方面还发展为国际社会的政治问题。诸如美国的谷物、欧盟各国的牛奶和乳制品、日本的大米等，发达国家的很多主要农产品生产过剩，长期实施这些农产品的生产调整即限制生产政策。

如第七章所述，日本对外国进口食物的依存度逐年提高，不仅日本，还有很多发达国家在强大经济实力下不断扩大食物进口。而多数发展中国家陷于贫困，没有足够的外汇进口食物，以补充国内供给的不足。在人类共享的地球上，发达国家的食物严重浪费和发展中国家的食物供给严重不足二者并存，极端地描绘出了当今世界食物问题的根源。

表 8 - 1 呈现了发达国家和发展中国家近年来的谷物供求情况，数据来源于经济合作与发展组织、联合国粮食及农业组织。2017—2019 年 3 年平均，发达国家生产了 10.97 亿 t 谷物，包括食用和饲料用在内的消费量为 9.01 亿 t，净出口量为 1.94 亿 t；发展中国家的谷物生产量为 15.89 亿 t，消费量为 17.83 亿 t，净进口量为 1.92 亿 t。发达国家的过剩部分供给给发展中国家，全球规模上达到了谷物供求平衡。

表 8 - 1 对 2029 年的预测表明，发达国家的净出口量增加到 2.59 亿 t，发展中国家的净进口量则增加到 2.45 亿 t，发达国家的过剩和发展中国家的不足，这个倾向今后还会持续。

表 8 - 1 发达国家和发展中国家主要谷物的生产量、消费量、净出口量（亿 t）

年份	发达国家			发展中国家		
	生产量	消费量	净出口量	生产量	消费量	净出口量
2017—2019 年 3 年平均	10.97	9.01	1.94	15.89	17.83	−1.94
2029 年（预测）	12.09	9.50	2.58	18.45	20.90	−2.45

资料来源：经济合作与发展组织、联合国粮食及农业组织《2020—2029 年农业展望》。
注：主要谷物是大米、小麦、玉米、其他粗粒谷物的合计，负的净出口量表示净进口量。

图 8 - 1 是发达国家和发展中国家人均食物热量消费的演变趋势。两组的热量消费都有增加，虽然差距略有缩小，但是差距仍然显著。2014 年发达国家的 3 399kcal 和发展中国家的 2 769kcal 相比，有 630kcal 的明显差距。图 8 - 1 括号内的数字是联合国粮食及农业组织公布的，2014 年世界饥饿人口（人均消费热量在 1 800kcal/d 以下）达 80 530 万人，发展中国家的饥饿人口

达 79 070 万人，发达国家则为 1 460 万人，饥饿人口压倒性地集中在发展中国家。

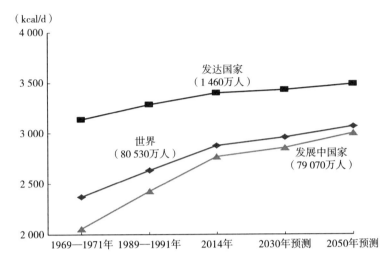

图 8 - 1　发达国家和发展中国家人均食物热量消费的演变趋势

资料来源：联合国粮食及农业组织《2030—2050 年的世界农业展望（2012 年修订版）》及《数字中的食物与营养（2014）》。

注：图中数字是饥饿人口。

当前世界的食物问题，是发达国家的过剩和饱食与发展中国家的不足和饥饿并存。人口暴增伴随着发展中国家的经济增长，导致世界谷物需求增长速度数倍于人口增长速度，到 21 世纪中叶，可能会发生全球规模的超出想象的食物危机。本章后面的内容，将探讨食物供求的展望。

二、全球规模的食物需求增加

如同第二章所述，决定食物需求的主要因素包括人口、收入、价格和偏好四个方面。本节讨论人口和收入两个因素，关于偏好将在人口和收入的讨论中结合不同国家和地区的饮食类型的差异再稍作分析，其余留给读者自行思考。此外，关于近年来的价格变动，将在最后一节探讨。

1. 世界人口增长展望

伴随着人口的增长，食物需求也成比例的增长，关于这个没有必要特别解释。那么，今后世界人口以怎样的速度增长就是重要问题。图 8 - 2 是联合国对世界人口增长的演变和趋势预测。1950年地球人口为25.4亿人，2019年增加到77.1亿人，70年间增加了51.8亿人，增长幅度达到惊人的3倍。简单计算，就是每天增加20余万人。

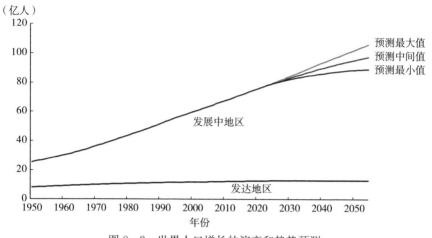

图8-2　世界人口增长的演变和趋势预测
资料来源：联合国《世界人口展望2019》。

进一步向前追溯，图8-2没有呈现，20世纪初有16.6亿人，19世纪初仅有9.7亿人居住在地球上。考虑到这个情况，人口增长的速度实在令人瞠目结舌。

今后世界人口将要增加到多少？再看图8-2对2020年后的人口预测，2050年的预测中间值是97.35亿人，预测最大值是105.88亿人，将可能超过100亿人的大台阶。20世纪后半叶的50年里增加了36.1亿人，与此差不多相同，21世纪前半叶的50年里预测会增加35.9亿人（高位预测值为44.4亿人）。即使不考虑后面阐述的收入增长导致的谷物需求扩大，2050年也必须实现2019年1.26倍的食物生产增长。

2. 发展中国家收入增加会导致谷物需求数倍增长

在欧美国家之后实现现代化的日本，20世纪六七十年代实现高速经济增长，人均GDP从1960年的479美元快速增加到1980年的10 000美元、2000年的36 790美元、2019年的40 791美元。其间，日本饮食生活的变化已经在第一章进行过详细介绍，概括地说，实现了从植物性热量供给食物到动物性热量供给食物的转变。

伴随着经济增长也就是人均 GDP 的增长，全世界有共同的饮食生活变化趋势。基于日本总务省、联合国粮食及农业组织的数据，图 8-3 呈现了 2018年不同地区人均 GDP 和来自动物性食品供给热量的关系。由于体型和饮食习惯的不同，把欧洲、北美洲、大洋洲归为一类，亚洲、中东为一类，中南美洲、非洲为一类，分别描绘其发展趋势。除去没有到 2 万美元以上的中南美洲和非洲，在其他所有地区，GDP 都达到 1 万美元，相应的动物性食品供给热量也快速增加，尽管不同地区情况各异，但其后都呈现平缓的上升曲线。

如图 8-3 所示，不同地区的模式存在差异，从激增到渐增的变化水平，欧美各国和亚洲各国有所不同。但是随着经济增长和收入增加，所有地区的动物性食品消费都跟着增加。生活富裕后，会从以前的植物性食品摄取切换到更加美味和高营养价值的动物性食品摄取。重要的一点在于，生产这些动物性食品需要大量的谷物作为饲料。

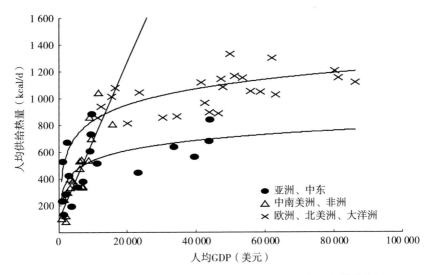

图 8-3　2018 年不同地区人均 GDP 和来自动物性食品的供给热量
资料来源：联合国粮食及农业组织统计数据库《新食物平衡表》，日本总务省《世界统计 2021》。

莱斯特·布朗对于世界食物危机敲响了重大的警钟，在其专著《饥饿世纪》中测算了生产 1 公斤畜产品所需要的谷物量，日本农林水产省也进行了同样的测算，表 8-2 呈现了二者的测算值。莱斯特·布朗和日本农林水产省的测算值之间有不小的差异，日本农林水产省是用去骨分割肉重量换算成玉米得到的值，虽然没有明确标明，莱斯特·布朗应该是用牛肉、猪肉的胴体及带骨鸡肉的重量来换算的。本章使用的联合国粮食及农业组织统计数据以胴体作为计算标准，因此后面都用莱斯特·布朗的测算方法展开论述。

表8-2 生产1kg畜产品所需要的谷物量（kg）

种类	牛肉	猪肉	鸡肉	鸡蛋
莱斯特·布朗测算结果	7	4	2	2.6
日本农林水产省测算结果	11	7	4	3.0

资料来源：莱斯特·布朗《饥饿世纪》，1995年，54页；日本农林水产省《食物、农业、农村基本问题答辩参考资料》，1998年，23页。

注：日本农林水产省采用分割肉测算玉米数量。

通过图8-3了解到，随着经济增长人均GDP上升，动物性食品来源的热量供给也快速增加，这是世界共通的特征。其增长的势头，在人均GDP超过2万美元的发达国家确实有所减缓。重要的是，拥有14.34亿人口的中国、13.66亿人口的印度、2.71亿人口的印度尼西亚，2019年的人均GDP分别为10 004美元、2 116美元、4 136美元，这些人口众多的新兴国家处于人均动物性食品来源的热量供给快速增加的阶段。

表8-3用略显陈旧的联合国粮食及农业组织统计数据，比较了2003年发达国家和发展中国家人均动物性食品的供给量。观察人均供给热量可以发现，植物性食品供给热量几乎没有差异，但是动物性食品供给热量方面，发达国家约是发展中国家的2.4倍。再看不同动物性食品的年供给量，发现二者的差距为鱼贝类和鸡蛋1.7倍、猪肉2.4倍、鸡肉3.1倍、牛肉3.6倍、牛奶和动物性油脂则为4倍以上。随着发展中国家的经济增长，也就是人均GDP的上升，这个差距将会逐步缩小，由此可以预见全球规模的动物性食品特别是畜产品的消费将会增加。

表8-3 2003年发达国家和发展中国家人均动物性食品供给量比较

种类		发达国家		发展中国家	
		数值	比率	数值	比率
供给热量（kcal/d）	植物性食品	2 454	106.7	2 299	100.0
	动物性食品	877	237.3	370	100.0

（续）

种类	发达国家		发展中国家	
	数值	比率	数值	比率
动物性食品 （kg/年） 牛肉	22.3	360.9	6.2	100.0
猪肉	29.1	243.2	12.0	100.0
鸡肉	25.5	307.9	8.3	100.0
其他肉类	3.5	137.7	2.5	100.0
动物性油脂	8.5	415.7	2.0	100.0
牛奶	201.7	416.8	48.4	100.0
鸡蛋	12.8	169.8	7.5	100.0
鱼贝类	24.0	171.8	13.9	100.0

资料来源：联合国粮食及农业组织《食物平衡表（2003）》。

注：以发展中国家的比率为100换算发达国家的比率。

图 8-4 清晰地展示了随着经济的增长，动物性食品消费也会随之增加这一趋势。除去经济增长显著的日本，图 8-4 展示了亚洲主要国家 1980 年、1990 年、2000 年、2010 年、2018 年五个时间节点的人均 GDP 和每日人均动

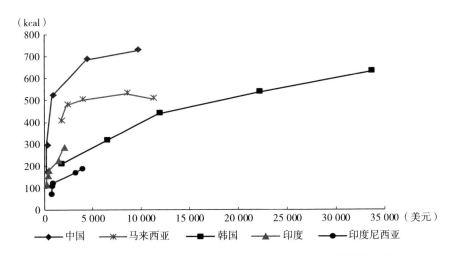

图 8-4　亚洲主要国家人均 GDP 和每日人均动物性食品供给热量变化

资料来源：联合国粮食及农业组织统计数据库（http：//faostat3.fao.org/download/FB/FBS/E，http：//www.fao.org/faostat/en/♯data/FBS），国际货币基金组织《世界经济展望数据库》，日本总务省《世界统计 2021》。

注：图中每条曲线均有五个节点，分别对应时间 1980 年、1990 年、2000 年、2010 年、2018 年。

物性食品热量供给之间的关系。在此期间，韩国的人均 GDP 从 1 704 美元快速增加了约 20 倍达到 33 705 美元，每日人均动物性食品供给热量也从 212kcal 增加了 3 倍到 636kcal。中国的人均 GDP 从 313 美元快速增加了 30 多倍到 9 733 美元，每日人均动物性食品供给热量也从 174kcal 增加了约 4.2 倍到 732kcal。印度和印度尼西亚的人均 GDP 分别增加 7.7 倍和 5.5 倍，每日人均动物性食品供给热量则均增加了 2.5 倍。

根据联合国粮食及农业组织的统计数据，表 8-4 测算了 2018 年主要国家人均食用谷物和饲料谷物的消费量。如果仅看食用谷物，美国、日本比较少，意大利、中国和印度则比较多。通过人均肉类和鸡蛋供给量测算必要的饲料谷物，美国为 527.5kg，日本为 242.1kg，几乎不太消费肉类和鸡蛋的印度仅为 21.3kg。食用谷物和饲料谷物合计人均必要的谷物量，美国为 638.3kg，意大利为 520.0kg，中国为 464.9kg，日本为 381.8kg，印度为 200.1kg。

尽管不同国家和地区的饮食模式有所不同，但是随着经济增长及畜产品需求的增加，都会导致大幅的谷物需求增加。

表 8-4　2018 年主要国家人均谷物消费量对比（kg）

国家	食用谷物	畜产品供给量				饲料谷物	谷物合计
		牛肉	猪肉	鸡肉	鸡蛋		
美国	110.8	37.2	28.0	56.6	16.2	527.5	638.3
意大利	161.0	16.6	43.6	18.9	11.7	359.0	520.0
中国	193.6	5.5	38.3	14.2	19.7	271.3	464.9
日本	139.7	9.6	21.5	18.8	19.8	242.1	381.8
印度	178.8	1.0	0.2	2.3	3.3	21.3	200.1

资料来源：联合国粮食及农业组织统计数据库《新食物平衡表》（http://www.fao.org/faostat/en/#data/FBS）。图 8-6 同。

注：饲料谷物使用表 8-2 中莱斯特·布朗的测算结果分别乘上畜产品供给量来计算。

三、食物供给增长极限的担心

1. 持续增长的谷物生产

如上所述，世界人口暴增加上经济增长，随之而来的畜产品需求扩大会导致谷物需求的飞速增长。与此相对应的世界谷物生产走势如何呢？基于联合国粮食及农业组织的统计数据，图 8-5 展示了世界谷物产量的变化情况，1961年世界谷物产量为 8.8 亿 t，到 2019 年增加了约 3.4 倍达到 29.8 亿 t。观察其增长走势可以发现，到 1985 年呈直线增长，其后稍微减速，1997 年达到近 21亿 t 后，2003 年期间停滞不前。之后再次转为增长，但是这个增长主要是作为生物燃料原料的谷物新需求，以及由此导致的谷物价格高涨带来的。

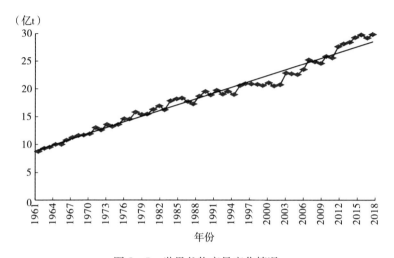

图 8-5 世界谷物产量变化情况

资料来源：联合国粮食及农业组织统计数据库（http：//www.fao.org/faostat/en/#
data/QC）。图 8-6 同。

2. 决定世界谷物生产的主要因素：收获面积和单产

世界谷物产量的长期变化是由什么因素决定呢？图 8-6 展现了世界谷物收获面积、单产的变化情况。收获面积从 1961 年的 6.48 亿 hm² 顺利地增加到 1981 年的 7.27 亿 hm²，其后减少，2002 年为 6.62 亿 hm²，降低到 40 年前的水平。之后收获面积增长，2017 年达到 7.29 亿 hm²，超过了过去的峰值，2019 年为 7.24 亿 hm²。

尽管收获面积从 1980 年开始的 20 年里一直在减少，但是图 8-5 中谷物产量增长的理由，是图 8-6 中单产稳步提升带来的。也就是说，谷物单产从1961 年的 1.35t/hm²，到 2019 年实现 3 倍增长，达到 4.11t/hm²，这主要是品种改良、大量施肥、灌溉等耕地条件改良带来的成果。但是，除了最近面向生物燃料的谷物生产的影响，长期来看单产增长恐怕将趋于停滞。

《2017 年度食物、农业、农村白皮书》对此也有总结，如表 8-5 所示，世

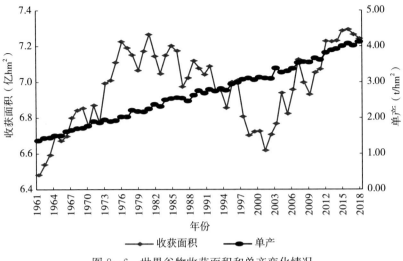

图 8-6　世界谷物收获面积和单产变化情况

界谷物单产从 20 世纪 60 年代的 1.42t/hm²，到 2010—2017 年的 3.47t/hm²，实现了 2 倍以上的增加。但是如果看看其间每 10 年的增长率，20 世纪 60 年代单产年增长率为 2.78%，其后虽有波动但是呈现下降的趋势，到 2010—2017 年单产增长率大幅下降为 1.40%。

表 8-5　世界谷物单产增长率变化

项目	20 世纪 60 年代	20 世纪 70 年代	20 世纪 80 年代	20 世纪 90 年代	21 世纪初	2010—2017 年
谷物单产（t/hm²）	1.42	1.82	2.22	2.63	2.99	3.47
单产年增长率（%）	2.78	1.89	2.18	1.30	1.49	1.40

资料来源：《2017 年度食物、农业、农村白皮书》。

　　图 8-6 中世界人均谷物收获面积在 2003 年以后的增加，主要是受用作生物燃料的谷物生产增加所影响。如前节所述，世界人口发生了显著增长。图 8-7 展示了世界人均谷物收获面积和产量的变化情况，人均谷物收获面积从 1961 年的 0.21hm² 减少到 2018 年的 0.095hm²。同时，人均谷物产量变化复杂，从 1961 年的 284kg 到 20 世纪 80 年代中期左右一直增加，在 1985 年达到峰值 374kg 后转为减少，到 2003 年大幅减少到 325kg。但是在收获面积没有恢复的背景下，2017 年达到新的峰值 393kg。有测算表明，当年生物燃料用的谷物消费量人均约为 22kg。

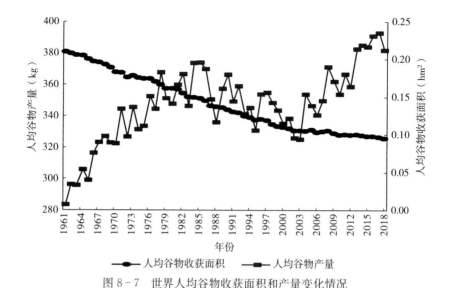

图 8-7 世界人均谷物收获面积和产量变化情况

资料来源：联合国粮食及农业组织统计数据库（http：//www.fao.org/faostat/en/♯
data/QC，http：//www.fao.org/faostat/en/♯data/OA）。

四、世界食物供求均衡及其新兴驱动要素

1. 世界谷物供求

本章第二节讨论了伴随着人口和收入的增长，世界谷物需求不断扩大；第三节指出，其谷物生产主要依靠单产增加，到 20 世纪 80 年代稳定地扩大产量，其后经历一段停滞时期，近年又迎来增产。图 8-8 呈现了谷物需求和供给的平衡情况，由日本农林水产省依据美国农业部的数据得出，呈现了世界谷物生产量和消费量的变化趋势。生产量和消费量二者都在增加，供求基本保持平衡，从 1970—1971 年的 11 亿 t 左右到 2018—2019 年的 26 亿余 t，生产量和消费量同步实现增长。

但是准确地说，部分时期的生产量超过了消费量，其余时期则相反。基于此，把各年生产量和消费量的差用柱状图表现出来，如图 8-8 所示。不同年份的变动很多，概括来讲，20 世纪 80 年代后期和 21 世纪初的很多年份里生产量远远低于消费量，需要通过库存来调节不足。尤为瞩目的是，21 世纪初由于旺盛的需求，库存量和库存率降低。自发生食物危机的 20 世纪 70 年代前

期以来，库存率首次下降到低于20％的水平。

　　需要注意的是，图8-8中的谷物供求并没有正确反映全世界的食物供求，所示的生产量是各国生产量的合计，消费量也是各国消费量的合计。各国的消费量计算公式是消费量＝国内生产量＋净进口量＋国内库存变动量。从理论上讲各国净进口量的合计等于零，于是全世界的消费量等于生产量加上库存变动量。库存具有缓冲食物供求的功能，如果库存量及库存率处于低水平，将导致食物价格高涨，消费量受到抑制，我们必须理解这个关系。

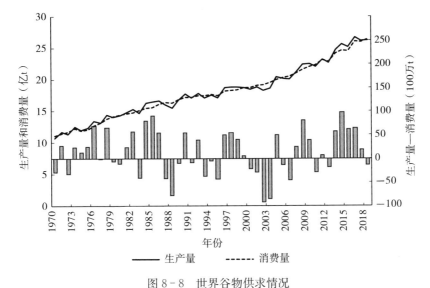

图8-8　世界谷物供求情况

资料来源：日本农林水产省《海外食物供求报告》年报、月报。原始资料为美国农业部《世界农业供需估计》《谷物：世界市场和贸易》《公共服务与发展》。

　　食物价格高涨对高收入国家居民的影响相对较小，但是对低收入国家居民的生活将带来巨大影响。购买力不足导致食物需求缩小，也就是消费量缩小，调整世界食物供求的机制才会产生作用。

2. 世界食物生产展望：环境问题的制约

　　如前所述，农业产量的增加是通过增加耕地面积和提高单位面积产量来实现，但是这两方面都受到环境问题制约，使得进一步的增加受到限制。由此可以预测，今后会受到更严重的制约。

　　首先，看耕地面积扩大的可能性。联合国粮食及农业组织指出，地球土地面积134亿hm²，其中42亿hm²适宜耕种，现在仅耕种了15亿hm²，因此还有

27 亿 hm² 扩大的余地。但是，其中大部分都集中在人口稀少的南美洲及撒哈拉以南的非洲，亚洲、中东、北非等人口稠密的地区基本没有剩下多余的土地[①]。不仅如此，今后为了扩大耕地，不得不毁坏森林转换土地。但是进一步毁坏森林，又会提高地球二氧化碳浓度，从而受到生物多样性等地球环境问题的严重制约。

其次，因为增加施用化肥而带来环境问题，所以提高单产也会受到制约。按照 5 年一个时间段，图 8-9 的曲线呈现了发达国家和发展中国家的单位面积化肥施用量，119 个国家中的发展中国家，化肥施用量从 1961 年的 5.8kg/hm²，快速增加到 2000 年的 109.6kg/hm²，增加了近 20 倍。图 8-6 所示的世界谷物单产增收，主要是因为增加化肥施用量。

发达国家的化肥施用量从 1961 年的 42.5kg/hm² 稳步增加到 1985 年 125.7kg/hm² 后开始降低，2000 年减少到 15 年前的 2/3 为 81kg/hm²。大量施用氮肥不仅会污染地下水，还会扰乱土壤生态系统，发达国家开始反思大量施用化肥的农业行为，因此对环境友好型农业的关注日渐高涨。

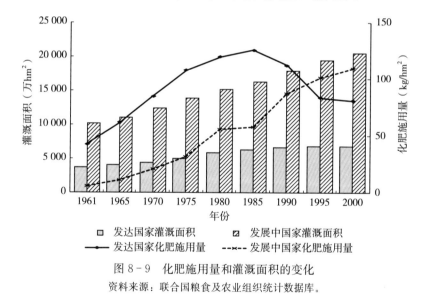

图 8-9 化肥施用量和灌溉面积的变化
资料来源：联合国粮食及农业组织统计数据库。

如图 8-9 所示，1995 年以后发展中国家的单位面积化肥施用量超过了发达国家。相信在不久的将来，发展中国家的化肥施用量也会因为同样的原因受到限制。在这个趋势下，全世界的单位面积化肥施用量在 2017 年达到 124kg/hm²

[①] 联合国粮食及农业组织《世界农业和食物保障》。

的峰值后，2019 年下降到 122kg/hm²①。

　　根据日本农林水产省的资料，1950—1995 年，农业用水占全球水消费量的 70%，以农业用水为主的全球水消费量增加了 2.6 倍，超过了相同时间 2.2 倍的人口增长，结果导致水资源不足的国家大幅增加，这些国家以发展中国家为主。据推测，到 2025 年，世界人口的一半约 40 亿人将会面临水资源不足的困境②。

　　促进单产增加的又一个重要因素是高产品种的开发和推广，也就是"绿色革命"。20 世纪 60 年代后期，日本学者深度参与的菲律宾的国际水稻研究所及墨西哥的国际玉米小麦改良中心的研究，开发出适合热带种植的水稻、小麦，导致发展中国家的农业产量飞速上升。但是，如前所述，由于发达国家对大量施用化肥的农业的反思，以及大量施用化肥的农业所需要的农地整治滞后，这种多肥高产品种带来的增收增长乏力，因此人们不再对"绿色革命"抱有太大期待。

　　紧接着登场的是转基因增产品种的开发。由于欧洲和日本等国家的消费者对转基因食品的安全问题不放心，除了部分食品外，转基因品种的推广受到限制。不过，为了应对人口激增和不久将发生食物危机的担心，在更加严格且确保安全性的基础上，一部分人对转基因品种飞跃式增收效果的期待也不少。

3. 世界食物生产展望：全球变暖对食物生产的影响

　　对未来食物供给的担心，除了上述重要因素外，还有地球环境恶化的影响，具体来讲就是全球变暖伴随的气候异常。

　　由于产业发展和人类活动的扩大，煤炭和石油被大量消费，地球大气中的二氧化碳浓度比 200 年前增长了 30%。据称，这些二氧化碳被温室气体吸收，地球反射的紫外线无法释放到宇宙中，其中的热量返回到地表，导致全球气候变暖。与 1990 年相比，预计 2100 年的平均气温将会上升 1.4～5.8℃。

　　全球气候变暖将会融化北极和南极的冰山，导致海平面上升。如果平均气温上升 1.4～5.8℃，预测海平面将会上升 9～88cm，其结果是海岸附近低海拔的农地很多都可能被淹没。

---

　　① 该数据根据联合国粮食及农业组织统计数据库计算得出（http://www.fao.org/faostat/en/#data/EF）。

　　② 日本农林水产省《面临危机的世界水资源和食物生产》。

气温上升将导致很多现在的粮仓地带气候干燥，高温、杂草和病虫害增加，产量也将会下降。目前高纬度不适合耕种的寒冷地带，由于气温上升变成适宜耕种的地方，但是农地开发可能会导致地球环境的进一步破坏。

全球气候变暖导致的气候异常，已经带来了现实影响，典型事例就是厄尔尼诺现象和拉尼娜现象。厄尔尼诺现象指南美秘鲁广阔海域的海面温度上升，其状态持续1年左右。相反，相同海域的海面温度持续处于低温状态称为拉尼娜现象。这些现象以前就有发生，但是自20世纪70年代中期以来，特别是厄尔尼诺现象更加频繁地发生，而且一旦发生就变成长期化。全球规模的暴雨洪水、低温多雨，以及干旱导致农作物被害，这些都是全球气候变暖的结果。

关于全球气候变暖对粮食生产的影响，以前并没有达成共识，但在2014年丹麦哥本哈根举行的联合国政府间气候变化专门委员会第40次大会上，第5次评价报告被采纳。该报告指出，全球气候变暖导致作物歉收，特别是中南美、非洲、澳大利亚和亚洲的作物产量将会减少。如果今后全球气候变暖进一步恶化，人类食物供给将面临严峻挑战，成为国际社会的共识。在2015年联合国第70次大会上，《2030年可持续发展议程》被采纳。该议程设定了17个发展目标（可持续发展目标），其中第二个目标是消除饥饿。当下，全球气候变暖对粮食生产带来负面影响已经成为人类共识，要求国际社会强化相关措施，从而消灭饥饿。

4. 世界食物供求预测和莱斯特·布朗的警钟

上述世界食物供求的展望，对于学习食物经济的人来说是一个巨大的课题。包括联合国在内的很多机构和研究者，使用计量经济学模型预测了未来食物的供求情况。在2001年出版的《国际食物供求和食物安全保障（农林水产文献解题29号）》中，中川光弘对这些文献进行了如下述评：全球使用各种不同模型预测了世界食物的供求，概括来讲，到20世纪90年代中期为止，大部分文献认为今后食物供给会处于过剩局面，乐观的预测占据上风。但是到了90年代后期，联合国粮食及农业组织、经济合作与发展组织、日本农林水产省一致认为国际食物供求发生变化，实际食物价格将会上升，国际食物供求将会转为紧张局面。

21世纪的前10年谷物价格和食物价格高涨，其后继续维持高价，上述结论得到印证。这个悲观预测的先驱者是美国地球政策研究所的创建者莱斯特·布朗。在其1994年出版的《人满为患》中，莱斯特·布朗敲响了如下的警钟。

世界人均谷物生产从 20 世纪 80 年代后期以来开始下降，单位面积谷物产量的增长率也变缓。同时，世界人口每年增加 9 000 万人，每天增加 25 万人，2030 年预测人口将会达到 89 亿人。伴随着发展中国家的经济增长，畜产品消费增加，导致包括饲料谷物在内的谷物需求快速上升，世界食物将会陷入绝对不足的境况。

1990 年全球谷物产量为 17.8 亿 t，莱斯特·布朗预测 2030 年谷物产量为 21.5 亿 t，以美国或者意大利同等的饮食生活标准，将无法养活不断增长的人口。作为结论，莱斯特·布朗向世界人民发出了警告，并使用 1990 年人均谷物消费量和 2030 年谷物预测产量来测算可以养活多少人口，例如，美国人均谷物消费量以 800kg 计算，看看 21.5 亿 t 粮食能养活多少人口，21.5 亿 t 除以 800kg/人约等于 27 亿人，远远低于 2030 年 89 亿的预测人口数量。用同样的方法，意大利的标准（人均谷物消费量以 400kg 计算）可以养活约 53 亿人，中国的标准（人均谷物消费量以 300kg 计算）可以养活约 72 亿人，日本的标准（人均谷物消费量以 320kg 计算）可以养活 67 亿人，都低于 2030 年 89 亿的预测人口数量。如果按照谷物消费量较低的印度标准测算（人均谷物消费量以 200kg 计算），则可以养活 100 亿人。所以，其他国家如果不减少谷物消费量，将无法养活 2030 年的人口。

参照上述莱斯特·布朗的测算方法，使用新的数据，表 8 - 6 对此进行了重新测算。联合国粮食及农业组织预测 2050 年的谷物生产总量将达到 30.1 亿 t[①]，联合国预测 2050 年的人口将达到 97 亿[②]。使用联合国粮食及农业组织公布的数据，测算美国等几个国家的人均畜产品和谷物消费量，进一步测算生产畜产品所需要的谷物数量，结果如表 8 - 6 所示。

和莱斯特·布朗的测算相比，美国人均谷物消费量从 800kg 略微减少到 727kg，但是意大利从 400kg 增加到 601kg，中国从 300kg 增加到 474kg，印度从 200kg 增加到 238kg，日本也从 320kg 增加到 401kg。因此，尽管谷物产量预测将从 2030 年的 21.5 亿 t 增长到 2050 年的 30.1 亿 t，但能够养活的人口数量并没有增长。

如前所述，2050 年的预测人口 97 亿比 2030 年的预测人口 89 亿有所增

---

① 资料来源：《迈向 2030/2050 年的世界农业（2012 年修订）》。
② 资料来源：联合国《世界人口展望 2019》。

加，除了印度（127 亿人）标准外，美国（41 亿人）、意大利（50 亿人）、中国（63 亿人）、日本（75 亿人）标准下能够养活的人口数量都大大低于预测人口数量。除了印度，其他国家必须减少谷物消费量才能养活 2050 年的人口。

表 8 - 6　地球可以养活人口数量测算（2018 年标准）

国家	指标	人均畜产品和谷物使用量（kg）							2050 年谷物收获预测（亿 t）	可能养活的世界人口（亿人）	预测 2050 年人口数（中位数：亿人）
		食用谷物	牛肉	猪肉	鸡肉	鸡蛋	牛奶	合计			
美国	消费量	110.8	37.2	28.0	56.6	16.2	253.8		727	41	
	谷物换算消费量	110.8	260.4	112.0	113.2	42.1	88.8				
意大利	消费量	161.0	16.6	43.6	18.9	11.7	231.3		601	50	
	谷物换算消费量	161.0	116.2	174.4	37.8	30.4	81.0				
中国	消费量	193.6	5.5	38.3	14.2	19.7	26.1		474	63	97
	谷物换算消费量	193.6	38.5	153.2	28.4	51.2	9.1		30.1		
印度	消费量	178.8	1.0	0.2	2.3	3.3	108.4		238	127	
	谷物换算消费量	178.8	7.0	0.8	4.6	8.6	38.0				
日本	消费量	139.7	9.6	21.5	18.9	19.8	55.0		401	75	
	谷物换算消费量	139.7	67.2	86.0	37.6	51.5	19.2				

资料来源：莱斯特·布朗《饥饿世纪》，1995 年；联合国粮食及农业组织统计数据库《新食物平衡表》（http://www.fao.org/faostat/en/#data/FBS）；盐谷等《发酵全混合日粮的饲料特性和利用展望》，《营养生理研究会报》，2007 年，51（2）；日本乳业协会《日本乳业年鉴 2020》；日本农林水产省《畜产品生产成本调查（2019 年）》。

注：参照莱斯特·布朗《饥饿世纪》的测算方法，基于表 8 - 2 中生产 1kg 畜产品所需要的谷物量，测算各国畜产品消费量下所需要的谷物量。关于牛奶，生产黄油 1kg、奶油 1kg 分别需要牛奶 12.3kg 和 5.6kg（《日本乳业年鉴》中的原奶换算率），据此换算牛奶消费量。在此基础上，根据畜产品生产成本中平均每头奶牛的饲料谷物量［大麦、其他麦子、玉米、饲料用大米、混合饲料、全混合日粮（×0.48）］和产奶量，测算出生产 1kg 牛奶需要 0.35kg 谷物。

莱斯特·布朗发出的警告在当今仍然适用，我们必须高度重视这个警钟，行动起来，从而避免出现这个危机。

五、世界食物供求的展望

1.21 世纪初国际谷物价格暴涨及其影响

（1）2006—2008 年超乎想象的谷物价格暴涨

进入 21 世纪的几年后，世界谷物市场发生了之前不曾想到的大变动，那就是如图 8 - 10 所示的谷物价格暴涨。小麦价格之前一直保持在 100～200 美元/t 的范围内，2006 年开始上升，2008 年 3 月上升到 403 美元/t。同样，之前价格保持在 100～150 美元/t 范围内的玉米，2008 年 6 月上升到 287 美元/t。
之前价格保持在 200～300 美元/t 范围内的大豆，2008 年 7 月上升到 554 美元/t
的最高价格。

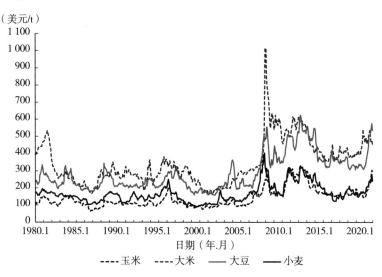

图 8 - 10　主要谷物的国际价格变化

资料来源：国际货币基金组织《商品价格数据库》（https：//www. imf. org/
en/Research/commodity‐prices）。

注：月平均数据。

如前所述，世界谷物在供求紧张的情形下，预测国际价格会高涨，但是
2008 年前后的价格暴涨情形已经超出了预期。不得不思考，背景里存在以前
讨论中没有考虑到的某些因素。这些因素将在后面讨论，下面先阐述谷物价格
暴涨带来的全球影响。

（2）20 个国家因食物价格高涨发生暴动

2008 年，以发展中国家为主，全球有 10 亿以上的贫困人口每天生活开支
低于 1 美元。对于这些贫困人口来讲，食物价格暴涨带来了深刻的问题。受当
时谷物价格暴涨的影响，2008 年 10 月联合国粮食及农业组织宣布，全球有 36
个国家（其中有 20 个国家在非洲）面临食物安全保障危机。

2008 年 4 月，在加勒比海的海地首都太子港，市民抗议大米、大豆等食
物价格暴涨，发生了 10 天以上的暴动，导致 7 人死亡和首相被解除职务的事
态。2009 年 3 月，日本农林水产省发布的《海外食物供求报告 2008》指出，

包括海地在内的 20 个国家因为食物价格暴涨发生抗议运动或者暴动。该报告称，发生暴动导致死亡事件发生的国家有非洲的喀麦隆、科特迪瓦、索马里、毛里塔尼亚、埃及等国家。此外，亚洲的印度尼西亚、乌兹别克斯坦也发生暴动，菲律宾、孟加拉国发生抗议游行，中美洲的墨西哥也发生了暴动。

2015 年，世界银行修改贫困人口的标准为人均生活费低于 1.9 美元/天，推测 2018 年世界人口的 9.3％陷入贫困状态（当年联合国推测全球人口 76.3 亿人，贫困人口推测为 7.1 亿人）。即使在当今，食物价格暴涨对很多人来说仍然是非同小可的事。

（3）世界各国限制农产品出口

谷物价格暴涨导致难以在国际市场上调动食物，或者说，为了确保食物供给，国家之间展开了激烈的争夺战。为了让本国生产的农产品优先在本国消费，2007—2008 年很多国家实施了农产品出口限制。

日本农林水产省的《海外食物供求报告 2008》介绍了具体情况，包括 2009 年 1 月分阶段撤销的国家在内（6 个国家），共有 19 个国家实施了农产品出口限制。农产品出口大国中禁止出口的种类分别有巴西的大米、阿根廷的小麦和玉米、俄罗斯的小麦、越南的大米。此外，中国针对大米、小麦、大豆、玉米和乌克兰针对小麦、玉米设定了出口限额或者出口关税，并实施出口限制。人口大国印度对小麦、大米、玉米，印度尼西亚对大米，巴基斯坦对小麦，埃及对大米则是禁止出口。

其后谷物国际价格下降，很多国家撤销了出口限制。但是通过这次经历领悟到，如果今后谷物价格再次高涨，禁止出口的事态随时可能再次发生。作为食物自给率极低的国家，这是无法忽视的事实。

2. 国际价格暴涨的新诱因

（1）2008 年谷物价格暴涨的 4 个因素

《2009 年度食物、农业、农村白皮书》概括了当时食物价格暴涨的因素。因素一：中国和印度等发展中国家经济发展导致食物需求增加；因素二：世界生物燃料生产扩大导致食物以外的需求增加；因素三：全球规模气候变动的影响；因素四：除以上中长期持续发生的结构性因素外，还有出口国限制出口的影响，以及投机资本进入谷物市场的影响。

这些因素中，因素一已经在本章详细讨论，因素三也有所论述。不过，2006 年和 2007 年谷物出口国澳大利亚在大干旱的影响下小麦和大米低产，

2007 年欧盟和乌克兰也因为干旱导致小麦歉收，美国在 2007 年高温干燥气候影响下大豆产量减产，连续发生异常气候影响了该时期的谷物市场。如同联合国政府间气候变化专门委员会第 5 次报告指出，全球气候变暖对食物生产的负面影响，今后会更加频繁，规模也会进一步扩大，这是确定的。导致这次国际价格暴涨的无法忽视的新因素是，因素二作为生物燃料生产的原料农产品需求进一步增加，因素四投机资本进入谷物市场。

（2）代替汽车燃料的生物燃料需求扩大

以前主要是巴西以甘蔗为原料生产生物乙醇，代替汽油燃料。2005 年美国布什政府出台《国家能源政策法》，成为以玉米为原材料的生物燃料热潮的导火索。作为全球气候变暖的对策，同时为了摆脱对中东的能源依靠，美国实施各种补贴政策，目的是在 6 年内将乙醇的使用量增加 1 倍。

如表 8-7 所示，生产燃料生产的增加，主要是代替汽油的生物乙醇及代替轻油的生物柴油的显著增加，预测这个增加今后还会持续。其中，美国的生物乙醇产量快速增加，2019—2020 年美国生产的玉米，用于乙醇燃料的比例达到了 35.7%。

以前谈到谷物，仅仅被人类和家畜利用。从上述时期开始，谷物作为汽车燃料被大量消耗，进入了人类和汽车争夺有限谷物的时代。在目前电动汽车和燃料电池车的开发普及，以及预测各国政府将实施的限制政策下，这个趋势将如何发展还不透明（欧盟规定 2035 年起禁售新燃油车）。

表 8-7 生物燃料生产变化（10^9L）

年份	生物乙醇				生物柴油		
	世界合计	美国	巴西	欧盟	世界合计	欧盟	美国
2005 年	48.4	16.9	15.7	2.9	4.9	3.6	0.3
2010 年	99.4	48.5	26.7	6.2	19.8	9.9	1.0
2017—2019 年测算平均	124.9	60.2	32.7	6.1	43.1	14.7	8.4
2029 年预期	140.1	63.5	39.0	6.2	45.6	13.0	8.3

资料来源：日本农林水产省《食物、农业、农村白皮书》，经济合作与发展组织、联合国粮食及农业组织《2015—2024 年农业展望》《2020—2029 年农业展望》。

（3）进入谷物市场的投机资本成为重要的扰乱因素

如图 8-10 所示，大米、小麦、玉米和大豆价格在 2008 年 3—7 月达到峰值后暴跌，变动剧烈。其原因是，以前主要集中在金融市场的对冲基金等投机资本，在美国次贷危机的影响下，退出股票市场进入原油市场，再进入谷物市场，导致原油和谷物价格暴涨。在美国雷曼兄弟银行破产引发的世界金融危机下，这些投机资本退出谷物市场，导致价格快速回落。在这些以前无法想象的新因素的影响下，市场被扰乱，农产品国际价格的不稳定成为日常事态。图 8-10 中暴跌的谷物价格，在近年又开始上升。

图 8-11 显示了食物价格指数的变动趋势。2006 年开始食物价格全面高涨，在美国雷曼兄弟银行破产引发的世界金融经济危机的影响下导致价格暴跌，2011 年再次暴涨后略显稳定，2020 年末开始谷物价格再次暴涨。在这个价格变动的背景下，首先是本章详细阐述的农产品结构性供求矛盾，再加上生物燃料的新需求，从中长期来看谷物价格上升不可避免。在这样的背景下，投机资本随时都可能进入谷物市场。

对于学习食物经济学的人来说，应该反省现实中丰足的饮食生活，深刻记住 2008 年谷物价格暴涨后面隐藏的食物安全保障问题的重要教训。

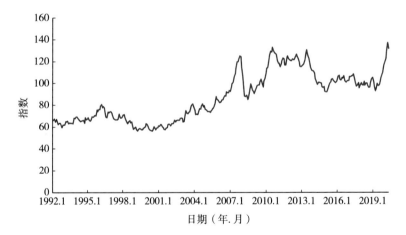

图 8-11　食物价格指数（消费者价格）的变动趋势（2016 年＝100）

资料来源：国际货币基金组织《商品价格数据库》（https：//www.imf.org/en/Research/commodity-prices）。

第九章
日本的食物政策

一、食物政策的课题

食物是人类生存所必需，其稳定供给是保障人类生命和社会存续的基本条件。基于此，为了确保本国国民食物的稳定供给，世界各国政府制定各种制度，并实施相关政策。本章概述了日本的食物政策，探讨了面临的各种问题。

食物政策是涉及非常广泛领域的政策，其政策对象为食物系统上游到下游的各产业领域及其主体，具体包括农林水产业、食品制造业、食品流通业、外食产业及其相关者，以及食物供求和贸易、食物消费行为和消费者。政策的首要目的是确保食物的稳定供给，同时还要确保食物系统相关产业的振兴和持续发展、食物供求调整、食物价格合理和稳定、食物品质保障和安全等。

正如食物系统的沙漏结构（第四章图4-5）所示，位于上游的农林水产业有很多小规模生产者，为了实现农产品稳定供给，需要实施生产经营支持政策以稳定生产活动和生产者的经营，开发和推广农林水产技术，稳定农林水产品价格，支持农协、渔协和土地改良区等农林水产业相关组织。

为了确保食品安全，需要确立和支持生产流通过程中的品质保证系统，整治包括标识制度在内的公正交易环境。进一步，通过消费者教育提升消费者对食物的理解，确立食物相关的消费者主权，也是重要的政策课题。此外，全球化的不断发展，管理食物进出口的贸易政策对于食物的稳定供给也非常重要。

1999年制定的《食物、农业、农村基本法》第一条明示目的后，第二条对确保食物稳定供给做了如下表述。①食物是维持人类生命不可或缺的东西，作为健康充实生活的基础也极为重要。基于此，直至未来，必须以合理价格稳定供给优质食物。②鉴于世界食物供求和贸易存在不稳定因素，为了向国民稳定供给食物，必须以扩大国内农业生产为基础，同时适当地进口及储备食物组合使用。③食物供给必须综合考虑农业生产率的提升、农业和食品产业的健康发展，满足国民高级化和多样化的需求。④必须确保国民最低限度必要的食物供给，以应对严重歉收、进口中断等不测因素导致国内供求长时间高度紧张或者有高度紧张的可能，不发生对国民生活稳定和国民经济平稳运行的显著障碍。

总结来看，《食物、农业、农村基本法》力图实现以合理价格持续稳定供给优质食物，组合使用国内生产、进口和储备粮食，提升农业和食品产业的生产效率以应对高级化和多样化的食物需求，确保必要的最低限度的食物即食物安全保障。

基于《食物、农业、农村基本法》揭示的政策课题，本章后面的主要内容有：作为食物政策核心的主食政策；国内农业生产是食物稳定供给的根本，与国内农业生产存续相关的贸易政策；构成食物系统从上游到下游的食物生产相关的产业振兴政策；探讨全球例外的低食物自给率和食物安全保障的关系。

二、主食政策：以大米政策为中心

1. 大米政策的历史

（1）主食的概念

日本及中国南部（华南地区）以大米为主食，中国北部（华北地区）则以小麦等谷物为主食，构成从食物中摄取能量的核心。然而，欧美国家关于主食的概念很淡薄，主要食物、必需食物是和主食相近的概念。这样的食物理念反映在主要食物的细分和名称上。比如大米分为粳米和糯米，在日语中有各自的专有名字，但是在英语中仅区分为 glutinous rice 和 nonglutinous rice。谈到大米加工品，日本有很多种类和名称。仅仅看米粉，由粳米加工而成的有上新粉/米粉（团子、柏饼、草饼、和果子、米粉面包的原材料），由糯米加工而成的有糯米粉和白玉粉（也称为凉粉，大福、团子和求福的原材料）。此外，由糯米加工而成的还有寒梅粉（豆果子、粉果子的原材料）、米粉、道明寺粉（樱饼的原材料）、微尘粉（上早粉、和果子的原材料），微尘粉也有用粳米加工而成的（并早粉）。

在以肉食为主的欧美，比如表达猪的词汇就有 pig（猪、仔猪、猪肉）、swine（猪）、hog（去势的公猪、食用猪、猪）、pork（猪肉）、boar（不去势的公猪、公猪肉）、sow（成熟母猪）、gilt（年轻的未生产过的母猪），日语里面在猪的前面加上母、子、雄、雌，二者的表达方式大不相同。羊包括以下不同的表述：ewe（成年母羊、母羊）、lamb（1 岁以下的子羊、子羊、子羊肉）、ram（不去势的公羊）、sheep（绵羊）、mutton（羊肉）。

饮食文化、生活方式和产业结构的特征反映在大米和家畜等主要食物名称的详细区分上。本节以下的内容主要阐述日本主食核心即大米的政策历史。

（2）大米支出占家庭开支的高比例及大米价格的暴涨

目前日本的主食大米通过《粮食法》来调节供求。该法的前身是《粮食管理法》，于第二次世界大战期间即 1942 年公布，长期是日本大米政策的根本。为了了解《粮食管理法》，有必要回顾一下长期以来应对大米价格剧烈波动所做的政策对应。

明治维新以后，日本大米在自由经济市场下进行交易，大米价格由自由交易（全国各地的米谷交易所）决定，政府基本上采取了放任的姿态。在这个状况下，随着当年收成好坏出现供给过剩或者不足，再加上大米成为投机对象，如图 9－1 所示大米价格反复出现大幅变动。特别是，20 世纪 10 年代后期大米价格上升显著，1917 年 2 月价格为 15.8 日元/石（石为非法定计量单位，1 石约等于 150kg），到 1918 年 10 月暴涨到约 3 倍的价格即 44.4 日元/石。

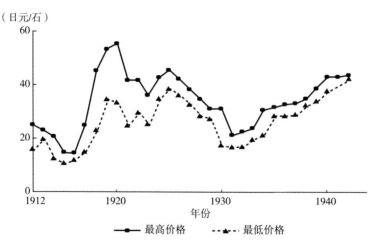

图 9－1 《粮食管理法》颁布前大米价格的变化（1912—1942 年）

资料来源：根据日本粮食管理局《粮食管制统计年报（1948 年版）》编制。

注：1. 价格以东京深川庄米市场的日本糙米标准市场价格为基础。但是从 1939 年 10 月起，价格以东京大米市场深川分部的报价为基础。2. 最高价格和最低价格是根据当年每日报价得出的最高值和最低值。

如表 9-1 所示，当时大米支出的占比，1912 年占食物支出的 37.3%、家庭全部支出的 24.0%，大米价格高涨直接给国民生活带来很大的打击。由于大米价格高企，1918 年 7 月富山县渔民的妻子们要求停止装载船运到县外的大米，出现抗议米价高涨的行动，这次大米骚动波及全国各地。

表 9-1　大米在家庭支出和食物支出中所占比例的变化（%）

项目	1912 年	1936 年	1970 年	2000 年	2018 年
占家庭全部支出的比例	24.0	14.9	4.4	1.1	0.7
占食物支出的比例	37.3	29.7	12.9	4.2	2.6

资料来源：1936 年之前来自一桥大学经济研究所《长期经济统计》（https：//webltes. ier. hit - u. ac. jp/repo/repository/LTES/。原始资料来自篠原三代平《长期经济统计》，之后来自日本总务省《家庭调查年报》。

注：2 人及以上的家庭，2000 年以后包含农林渔民家庭（之前不包含）。

其后，大米支出的占比逐渐降低。但是在中日战争开始前的 1936 年仍然占食物支出的 29.7%、家庭全部支出的 14.9%。这个情况在第二次世界大战后发生了很大变化，1970 年占食物支出的 12.9%、家庭全部支出的 4.4%，2000 年分别占 4.2% 和 1.1%，2018 年分别占 2.6% 和 0.7%。现在是大米支出占食物支出的比例、家庭全部支出的比例显著下降，从经济上看大米对于家庭开支来说成为次要品目。

尽管如此，如同 1993 年发生的平成大米骚动一样，一旦不能获得大米，即使在当前也很容易陷入社会瘫痪。平成大米骚动的原因在于，当年大米生产指数为 74，和上一年 1 055 万 t 的产量相比减少了 274 万 t，仅为 781 万 t。自 1912—1926 年的大米骚动以来，大米政策作为食物政策的核心受到高度重视，即便是现在，大米政策也没有失去其重要性。

（3）针对米价稳定和粮食不足的配给制度

真正的大米政策可以回溯到为了稳定大米价格而于 1921 年制定的《米谷法》，根据该法政府适时通过买卖大米调整大米供求，也就是通过间接统制来实现米价的稳定。

从 1931 年的"九一八"事变开始到 1937 年中日战争爆发，农业劳动力和劳动资料流向战争，弱化了日本农业的生产基础。作为补充，把当时台湾和朝鲜生产的大米被运送到日本，勉强保证了粮食供给。但是 1939 年朝鲜和西日本地区发生旱灾，迅速出现食物供给不足的局面。

政府为了平均分配有限的食物，于 1939 年公布了《米谷配给统制法》，实行米谷商许可制，废止之前主要城市设立的米谷交易所，设立国家政策下的日本米谷株式会社，以此施行统一配给的统制。

因当时台湾和朝鲜运入的大米减少成为常态，国民食物供给不足更加严峻。1941 年太平洋战争爆发，随着战争进一步激烈，第二年即 1942 年整合前述统制措施，公布了管理内容更加广泛的《粮食管理法》。为了向国民平等分配包括大米在内的有限的主要粮食，依据该法实施了配给制度。

(4) 第二次世界大战后极端粮食不足和粮食管理制度

结束战争的 1945 年水稻大面积歉收，加上外地军人及一般国人回国导致人口激增，外国食物进口被封锁，日本陷入了极度的粮食不足，都市消费者的食物配给相继发生延迟和减少。于是为了补充不足的粮食，很多消费者争相购买黑市粮食。1946 年大米的平均黑市价格为 4 840 日元/石，而政府从农户购进的价格仅为其 1/9 左右（550 日元）。在这个背景下，农户的粮食交付被称为"jeep 交付"，是借助驻留美军力量强权执行的交付。

进入 20 世纪 50 年代后，随着战后经济逐渐复苏，农业生产力也渐渐恢复，食物供给变得充足，食物统制随之放松。薯类食物在 1950 年、杂粮在 1951 年解除食物统制，1952 年麦类从直接统制转为间接统制。但是作为主食的大米，由于还处于供给不足状态，继续实施直接统制。在该时期，美军占领下实施的强制配额交付无法再继续，作为替代不得不通过经济诱导促使农户交付大米。在考虑成本的同时，大米价格变为在物价基础上浮动计算。再加上提前交付、超额交付和交付完成等一系列奖励金，大米价格被抬高。结果刺激了农户的生产欲望，尽管有几年收成不佳，但是 1955 年大米迎来了前所未有的大丰收，以这一年为界限，大米供给从不足状态中得到缓解。

2. 大米生产调整的开始

再次追溯到上述的变迁，看看日本大米经济的动向。图 9-2 呈现了大米供求和耕种面积每 10 年间隔的变化关系，跨度包含 1868 年以后约 140 年的时间。1880 年日本的大米消费量是 440 万 t，其后随着人口增加，1910 年大米消费量增加到 800 万 t 左右。与需求增长相适应，国内生产也相应增加，大米实现了国内自给。事实上，到 1896 年为止日本是大米净出口国家。但是到了 1912—1926 年生产增长停滞，供求平衡被打破，日本的大米依靠台湾和朝鲜的大米输入得以补充。

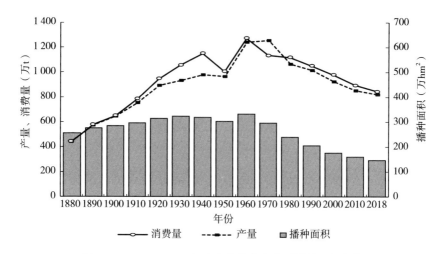

图 9-2　1880—2018 年大米的供求和水稻播种面积变化

资料来源：加用信文《日本农业基础统计》，日本农林水产省《食物供求表》《播种
面积统计》。

注：为了避免年份变动，取前后 3 年的均值。

第二次世界大战结束的 1945 年，因无法再依靠殖民地进行大米补充，日本陷入了极度的大米不足，如图 9-2 所示消费量大幅减少。但是其后通过农户和农业相关从业者的努力，产量迈上 1 200 万 t 的大台阶，再次实现期盼已久的大米自给，大米经济进入了新局面。

如图 9-2 所示，1970 年的大米产量超过消费量，之后日本饱受大米过剩的困扰。1970 年以后，受过剩局面影响，消费量和生产量同步减少，勉强保持平衡。水稻播种面积从 1960 年的 331 万 hm² 下降到 2018 年的 147 万 hm²，供求平衡是通过生产调整来维持的。

20 世纪 70 年代以后，日本农业政策以解决大米生产过剩问题为核心逐渐演进。表 9-2 展示了大米生产调整的演变，大米生产调整正式从 1971 年开始。表 9-2 显示了其后大约每隔 5 年的水田面积、生产调整面积和水稻播种面积。1971 年开始生产调整面积占水田面积的 17.3%，2003 年上升到 41.9%，全国水田的四成左右不播种水稻，不得不种植其他作物。刚开始生产调整政策是按照面积来分配的，2004 年政府改为根据大米销售业绩分配生产数量，2007 年开始进一步改为由农户和农业团体经供需调整。在此期间，水田面积基本上一直在减少，与此相对应，2019 年水稻播种面积比例下降到 61.0％。

水田的水稻种植可以连续耕种，且单产远远高于其他作物。为应对 21 世纪以来越来越明显的全球粮食危机，水田是宝贵的生产资源，水稻是宝贵的作物。但是，为何日本必须限制水田的水稻生产呢？其原因在于表 9－2 最右列所示的人均大米消费量减少。人均大米消费量 1971 年为 93.1kg，2019 年为 51.4kg，下降了 45％。进一步追溯到 1938 年，人均大米消费量为 140kg，与当时相比，现在的大米消费量降低到 4 成以下。

表 9－2　大米生产及消费的变化

年份	水田面积（千公顷）	生产调整面积		水稻播种面积		人均大米消费量（kg）
		面积（千公顷）	比例（％）	面积（千公顷）	比例（％）	
1971	3 134	541	17.3	2 626	83.8	93.1
1975	2 959	264	8.9	2 719	91.9	88.0
1980	2 858	584	20.4	2 350	82.2	78.9
1985	2 766	594	21.5	2 318	83.8	74.6
1990	2 672	593	22.2	2 055	76.9	70.0
1995	2 579	665	25.8	2 106	81.7	67.8
2000	2 485	969	39.0	1 763	70.9	64.6
2003	2 440	1 022	41.9	1 660	68.0	61.9
2005	2 410	—	—	1 652	68.5	59.4
2010	2 355	—	—	1 580	67.1	57.5
2015	2 310	—	—	1 406	60.9	53.1
2019	2 261	—	—	1 379	61.0	51.4

资料来源：日本农林水产省《米麦数据库》《耕地及播种面积统计》《大米相关资料》《食物供求表》。

注：1. 2004 年开始不再设定生产调整面积，改为设定生产目标数量，水稻播种面积使用主食用大米播种面积表示。2. 2005 年以后人均大米消费量为除去饲料和米粉用等新规大米需求之外的数据，水田面积是除去田埂的面积。

3. 大米政策的现状：由直接统制到间接统制，进一步到自由经济

（1）从自由交易到政府储备和自由经济

大米相关的情况变化剧烈，相应的有关大米管理的国家农业政策也发生了很大的变化。概括前面部分内容来讲，19 世纪 70 年代至 20 世纪 30 年代，大米在自由经济背景下通过堂岛米谷交易所等进行交易，如图 9－1 所示大米价

格上下波动频繁。如表 9-1 所示，由于 19 世纪 70 年代至 20 世纪 30 年代大米支出占家庭开支的比例很高，政府为了稳定大米价格于 1921 年制定了《米谷法》，便宜的时候购进，高价的时候卖出，通过间接统制的方式介入大米市场。

　　太平洋战争开始的第二年即 1942 年，依据《粮食管理法》，国家全量购进包括大米在内的主要粮食，然后再销售，进入了直接统制的时代。无论从农户购进的生产者价格还是政府销售的消费者价格都由国家决定，统制期间仅有大米价格长期延续。到 1994 年废止《粮食管理法》，取而代之实施《粮食法》，大米价格都以某种形式保持了直接统制。

　　在新《粮食法》的实施下，大米流通从之前的政府管理改为民间流通（自由流通米），价格也引入市场原理，由自由流通米价格形成中心通过投标决定。为了避免价格极端变动，尽管对自由流通米价格形成中心的价格形成功能有一定限制，但是大米流通主要还是交给民间运行，剩下部分的政府大米以储备米的形式调节供求，形成了部分管理和间接统制的管理方式。

（2）从间接统制到政府储备和自由经济

　　大米流通尽管改为《粮食法》下部分管理和间接统制的管理方式，由于消费量持续减少，大米形势变得更加严峻。也就是说，大米生产调整政策到了极限，大米持续过剩，导致价格不断降低，以水稻农户为核心的水田农业经营变得日益困难。

　　在这种情况下，2002 年底日本农林水产省公布了《大米政策改革大纲》，2004 年修订了《粮食法》。基于此，大米政策有两个方面的大调整：一是以前全国统一通过奖励金推动生产调整改种其他作物，改为各自市町村制定《地区水田农业愿景》，基于地区自己发展战略的生产调整来打造大米产地；二是维持政府大米储备功能的同时，祛除计划流通米（自主流通米和政府米）和《粮食法》允许自由销售的计划外流通米（以前称为黑市米）的区别，统一为民间流通米。

　　在以上背景下，自由流通米价格形成中心改组为米谷价格形成中心，大幅度放宽以前的交易限制，更多地引入自由经济的原则。针对预想到的米价变动，建立了由国家和水稻生产农户共同出资的基金，以及国家运营的主力农户经营稳定对策资金来补贴生产者的体制。其后，大米流通向直销迈进，在米谷价格形成中心上市的大米快速减少，该中心于 2011 年解散。

2009 年大选发生政权更迭，以民主党为核心的新政权从 2010 年开始实施农户收入补偿，每种植 0.1hm² 水稻补助 15 000 日元。很多观点认为，这个政策促进了包括规模经营农户在内的农业经营的稳定。其后，2012 年大选成立了民主党政权，政策名称修改为大米直接支付补助金且金额减半，同时决定于2017 年废止该政策。由于大米交易价格包含了收入补助金，很多观点认为，该政策起到了抑制大米价格的作用。除了政府为了应对歉收而购进的储备大米（约 100 万 t）外，现在的大米流通全部实施自由流通，价格由市场决定。

以上是关于日本国内的大米流通，在关税及贸易总协定乌拉圭回合协定下，1995 年以后日本有义务进口最低限量的大米。2000 年以后进口义务为每年 77 万 t，2020 年主要从美国和泰国进口。但是进口大米仅有极少部分用于食用，大部分用于饲料，还有部分用于食品加工（味噌、烧酒、米饼等）。

4. 麦类政策的现状

作为日本人的主食，大米占据了不可动摇的地位，但是麦类也是主食之一。表 9-3 列出了 1930 年以后大米、麦类、杂粮、薯类、豆类和淀粉的国民人均供给量，以能量供给为核心选择主食及与主食相近的品类。从植物性能量摄取的观点来看，毫无疑问大米是最重要的粮食，但是麦类和薯类也占有重要地位。

表 9-3 大米、麦类、薯类等的国民人均供给量（kg）

年份	大米	麦类	杂粮	薯类	豆类	淀粉
1930	132.8	23.4	2.9	29.6	7.7	0.7
1939	138.7	21.9	2.9	23.7	8.0	2.6
1950	110.1	50.3	1.5	49.6	1.7	1.1
1960	114.9	33.9	0.8	30.5	10.2	6.5
1970	95.1	32.3	1.1	16.2	10.0	8.1
1980	78.9	32.9	1.0	17.3	8.5	11.6
1990	70.0	32.0	1.5	20.6	9.2	15.9
2000	64.6	33.0	1.0	21.1	9.0	17.4
2010	59.5	32.9	1.0	18.6	8.4	16.7
2019	53.0	32.7	1.2	20.1	8.8	16.4

资料来源：日本加用信文《日本农业基础统计（修订版）》，日本农林水产省《食物供求表》。
注：大米包含食用以外的数量，因战时 1940 年数据缺失，用 1939 年代替。

第二次世界大战后的粮食危机中存在一定的变动，除此之外，大米供给减少，麦类的相对地位逐渐上升的趋势十分明显。麦类中，1930 年左右小麦约占四成，其余是大麦和裸麦（黑麦），现在几乎全部是小麦。日本传统上食用乌冬面、冷面、素面等以小麦为原料的面食，现在拉面、即席面、面包、和果子等小麦食品需求不断上升，作为主食或者准主食的重要性进一步上升。因此，下面主要探讨小麦目前的供求形势和政策。此外，淀粉供给增加，是由于在外消费和预制菜市场扩大导致加工原料需求上升所致。

麦子作为水田的轮作作物（冬季播种），同时也作为旱地的主要作物一直被种植，1954 年麦类产量达到峰值 514 万 t（同年大米产量 911 万 t）。其后在 1961 年《农业基本法》生效后变为选择性缩小的品类，在贸易自由化下进口麦大幅增加。此外，兼业化和农业劳动力流出导致劳动力不足，从而水田轮作麦子减少，再加上收益性差，麦子播种面积迅速减少。

以麦类中的小麦为例，第二次世界大战后在《农业基本法》公布的 1961 年产量达到峰值 178 万 t，到 1973 年仅为 20 万 t 出头，当年的小麦自给率下降到 4%。其后在大米生产调整政策下推进转种小麦，播种面积增加和单产提升，2020 年产量达到 95 万 t，自给率回升到 16%。目前政府力图增加国产小麦的产量，但是由于存在生产和品质方面的问题，增产并不容易实现。

进口麦和国产麦的流通机制不一样。进口麦在国家管理下运行，根据面粉厂商的需求由国家统一进口，在进口和保管成本基础上加算一定的溢价，销售给面粉厂商等需求者。而国产麦实行自由流通，通过民间流通投标，决定每年不同品种和品牌的价格。这个民间流通制度从 2000 年产小麦开始实施，之前采用政府统购制度。在《粮食管理法》① 的施行下，麦类在 1952 年转为间接统制，其后麦类销售实行自由流通。然而，政府统购制度仍在实施，由于政府统购价格高于市场价格，几乎全部麦类都被政府购进。

在考虑消费者家庭稳定的同时，参考进口麦的销售价格（根据国际价格上下浮动），政府决定用国产麦的价格销售给面粉厂商等实际需求者。在引入民间流通制度后，政府统购制度再存续了一段时间，于 2006 年废止。结果现在约三成的国产麦作为民间流通麦通过投标上市，参考其投标价格，其余的麦类通过直销的方式进入流通市场。

小麦最大的实际需求者是面粉厂商，进口麦和国产麦通过各自的路径销售

---

① 《粮食管理法》于 1942 年制定、1995 年废止。

给面粉厂商。面粉厂商把小麦加工为面粉（一次加工），面粉销售给面包厂商和面条厂商等后被加工成面包和面条等产品（二次加工）。面包和面条等产品通过零售商或者在外消费及预制菜，到达最终消费环节。和大米相比，小麦的食物系统略显复杂。

三、食物相关的贸易政策

1. 农产品贸易政策

在任何时代农产品和食品贸易都有政策介入，严格实施相关管理制度，这一点日本和其他国家都一样。其原因在于，农产品是生存不可或缺的物资，其稳定供给与本国国民的生命维持直接相关，此外对很多国家的多数国民来说，农业是构成其生活基础的产业。因此，农产品贸易、生产振兴、经营稳定等国内农业振兴政策受到同样的高度重视。明治维新之后日本在短暂时间内属于发展中国家，农业特别是养蚕业作为出口产业贡献了外汇储备。但是，随着工业的发展，日本逐渐成为食物进口国，特别是第二次世界大战之后，以保护国内农业为目的的贸易政策逐渐强化。

管理贸易最具代表性的政策工具就是关税。针对出口产品征收的出口税也是关税的一种，但是讨论关税时，基本上都是针对进口产品征收的关税。关税包含三大类：第一类是根据重量或者体积征税的从量税（如糙米的基本税率是402日元/kg），第二类是根据进口价格征税的从价税（如番茄的基本税率是5%），第三类是包含从量税和从价税在内的复合税（如黄油的基本税率是1 159日元/kg＋35%），以上全部来自2021年4月1日的关税税率表。关税中除了制定基本税率外，还有由国内政策或者国际协定决定的与基本税率不同的税率（如暂定税率、世界贸易组织和经济合作协定等规定的税率等），同时还区分详细品类，其运行机制极为复杂。

实际实施的关税税率，很多都是按照世界贸易组织和经济合作协定所规定的税率。比如，番茄的世界贸易组织关税率是3%、经济合作协定关税率则为0%。

此外，作为贸易保护措施还有数量限制（进口配额），后述的关税及贸易总协定、世界贸易组织等国际协定原则上不认可数量限制，但是即使现在发展中国家也存在例外允许的情况。日本一个过去的例子是，1994年后大米进口数量几乎为零，实质上是采取了禁止进口的措施。

再有，不是单纯的数量限制，而是在关税的基础上再施以数量限制措施，关税配额制度就是典型代表。在一定数量范围内，免税或者征收低关税（1 次税率），对超过该数量的进口征收高额关税（2 次关税）。比如，魔芋的 1 次税率是 40%，2 次关税则高达 3 289 日元/kg，超过 1 次关税数量额度的进口事实上是不可能的。像这样，对于依赖特定产品的产地，关税具有保护产地的功能。其他经常被出口国称为贸易保护措施的还有防治疾病、虫害和健康危害的检疫制度。该制度主要针对植物性农产品和食品的进口实施检查，目的是防止海外病虫害入侵。在该制度下，针对出口国/地区及农产品品类，事先规定是否允许进口。比如，为了预防橘子等柑橘类的病虫害，禁止从很多国家进口。

针对动物及动物性食品有动物防疫制度如《家畜传染病防治法》等，设置有动物防疫所，为了防止动物疾病入侵，对动物和肉制品等畜产品实施进出口检查。由于疯牛病的发生，曾经停止从发病国家进口牛肉，就是基于这个制度采取的措施。

这些制度是为了保护本国产业不受病虫害侵扰，防止国民健康受损而采取的措施。但是在实际运用的时候，农产品出口国经常批判其为非关税壁垒，也就是实质上的贸易保护措施。关于此贸易纷争，比较有代表性的案例是美国与欧盟之间关于使用催肥剂家畜的关税壁垒之争。

2. 农产品贸易自由化：关税及贸易总协定体制和多边谈判

（1）关税及贸易总协定和主要的贸易谈判

支撑我们富足生活的重要因素之一是国际贸易。现在全球规模的国际贸易框架是通过关税及贸易总协定及其后续组织即世界贸易组织规则决定的。关税及贸易总协定是 1947 年以美国为核心共 23 个国家发起的，日本于 1953 年申请，1955 年正式加入该协定。

关税及贸易总协定自成立以来开展过多次大规模谈判。首先是于 1962 年开始、1967 年结束的整体下调关税的肯尼迪回合谈判，该回合谈判下平均关税下降了 35%。其次是于 1973 年开始、1979 年通过的东京回合谈判，成果是矿工业制品和农产品分阶段分别下调关税 33% 和 41%，针对非关税壁垒问题，产品的规格和标准不能成为国际贸易的障碍。

1986 年在南美乌拉圭举行的关税及贸易总协定阁僚会议上，决定开始乌拉圭回合多边贸易谈判。谈判内容遍及关税、非关税保护措施、热带产品、农业、紧急进口限制措施、知识产权、贸易相关投资等货物贸易谈判，以及原属于关税及贸易总协定框架外的服务贸易谈判。

（2）日本农产品贸易自由化的演进

日本加盟关税及贸易总协定后通过其主持的谈判，日本相继取消国境保护措施，减少进口限制品目，下调关税，推进市场开放。仅次于国家贸易的强力国境保护措施是进口数量限制（进口配额）。图9-3显示了日本农林水产品进口数量限制品类数量的变化历程，目前为止共经历了3次大幅度的开放。

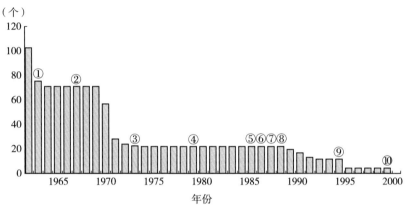

图9-3 日本农林水产品进口数量限制品类数量的变化
资料来源：日本农林水产省。

①日本成为关税及贸易总协定第11个国家，肯尼迪回合开始；②肯尼迪回合签署（关税无差别削减）；③东京回合开始（多边贸易谈判）；④签署东京回合协定；⑤宣布开放市场的"行动纲领"；⑥美国向关税及贸易总协定投诉12个限制进口的项目，乌拉圭回合开始；⑦日本、美国关于牛肉和橙子的谈判结束（决定在1992年开放）；⑧被警告10种产品违反关税及贸易总协定（接受8种产品的自由化）；⑨乌拉圭回合结束；⑩改用大米关税措施

第一次是由于1955年日本加入关税及贸易总协定，之前以国际收支不平衡为理由的限制进口措施已不被认可，因此该时期，开放了香蕉、粗糖和柠檬等市场。第二次是日本完成高速经济增长，开始稳定实现国际收支顺差的20世纪70年代初；在该时期美国强烈要求日本贸易和资本自由化，高达50个品类的进口数量限制被撤销，农林水产品进口数量限制品类从1962年的103个品类减少到1974年的22个品类。第三次是进入20世纪80年代后，随着日本贸易顺差再度扩大，贸易摩擦频繁，来自各国特别是美国的压力进一步上升。在这个背景下，1986年美国向关税及贸易总协定提起诉讼，认为日本实施贸

易数量限制的 22 个品类中有 12 个品类违反了关税及贸易总协定的规定。1988 年关税及贸易总协定理事会做出裁定，认为 12 个品类中有 10 个品类违反了关税及贸易总协定的规定，包括牛肉和柑橘在内的这些品类，直到 1992 年为止分阶段实现了贸易自由化。

（3）乌拉圭回合农业协议

经过长达 7 年的拉锯战，乌拉圭回合谈判终于在 1994 年达成协议。该谈判之所以漫长，是因为农业领域的谈判遇到障碍。以美国为主的农产品出口国家主张撤销贸易壁垒，不实施品类限制，全部实行关税化，同时强烈要求欧盟撤销出口补贴。同时，包括日本在内的农产品进口国家，则从食物安全保障的视角出发，针对大米等基础食物，主张应该许可必要的国境保护措施。

前所未有的漫长谈判的结果：市场进入方面，农产品整体关税平均削减 36%（分品类最低削减 15%）；进口数量限制（非关税措施）方面，基本实行一揽子关税化。作为例外，满足一定标准的农产品（实际上仅有大米），作为最低进口数量义务，如果每年进口 4%～8% 的消费量（基准年是 1986—1988 年的平均），从 1995 年开始的 6 年内可以不实行关税化。

乌拉圭回合的最终协定是决定设立世界贸易组织，作为实施协议事项的组织机构。根据该协议，世界贸易组织于 1995 年 1 月成立，关税及贸易总协定则自动解散。

3. 世界贸易组织体制和自由贸易协定、经济合作协定的进展

（1）世界贸易组织体制下的农业谈判

从关税及贸易总协定到世界贸易组织体制转变后，宣布开始新一轮谈判的是 2001 年在卡塔尔多哈召开的阁僚会议（即多哈回合，正式名称为多哈发展议程）。农业领域的谈判内容主要是前一次乌拉圭回合达成共识的市场开放、出口补贴和国内补贴 3 个领域削减的保护水平，在多大程度上可以进一步削减。在本次谈判上，大量外汇收入依靠农产品出口的国家结成了凯恩斯集团（澳大利亚、加拿大等）和美国继续要求不区分农业及其他产业，大幅下降所有关税和国内补贴，取消出口补贴。日本和欧盟针对领域内重要的农产品（如日本的大米、欧盟的乳制品等），反对将会导致关税大幅下降的"关税上限"。此外，部分发展中国家和发达国家之间针对紧急进口限制措施处于持续对立状态。世界贸易组织谈判结束的预期遥远，到 2021 年 7 月也看不到任何能形成谈判协议的进展。

到目前为止，主要是以发达国家为中心，食物进口国和食物出口国之间发生谈判的对立。现在的世界贸易组织谈判，发达国家和发展中国家之间的对立也很明确，谈判走向变得更加复杂。

（2）自由贸易协定和经济合作协定不断签订

与停滞不前的世界贸易组织谈判不同，1990 年以后，包括发达国家和发展中国家在内的两国之间及多国之间，撤销关税和限制进出口的贸易壁垒，扩大国际贸易，促进国家经济发展，签署自由贸易协定和经济合作协定的动向非常活跃。

北美自由贸易协定和欧盟等属于地区整合的例子。2002 年，日本和新加坡签署了经济合作协定。2005 年，日本和墨西哥签署的经济合作协定生效。2021 年 1 月，日本和墨西哥、泰国、印度尼西亚、东盟、越南、印度、澳大利亚、欧盟、英国、美国等共计 21 个国家和地区签署或者生效了经济合作协定和自由贸易协定。

（3）跨太平洋伙伴关系协定

2015 年在美国亚特兰大举行的跨太平洋伙伴关系协定谈判达成大致协议。跨太平洋伙伴关系协定是 2006 年由新加坡、新西兰、智利和文莱 4 个国家签署成立的经济合作协定。2008 年美国表明加入该贸易框架的意向，日本也在 2011 年表明参加谈判的意向。其后，在当初 4 个加盟国的基础上，新增加了 8 个国家（美国、日本、澳大利亚、加拿大、墨西哥、越南等），共 12 个国家之间展开了加盟谈判。2015 年形成大致协议后，参加谈判的国家推进批准手续，日本在 2017 年 1 月完成国内手续，签署了协议。

跨太平洋伙伴关系协定包含广泛的内容，引起的讨论导致国内舆论对立，在农业领域形成了非常严峻的协议内容。然而，2017 年 1 月就任的美国总统特朗普宣布退出跨太平洋伙伴关系协定。因此，除美国之外的 11 个国家开展新的谈判，2018 年 3 月签署了"全面与进步跨太平洋伙伴关系协定"，12 月正式生效。

其后，日本与退出跨太平洋伙伴关系协定的美国于 2019 年 10 月 7 日签署了日美贸易协定（2020 年 1 月生效）。日澳经济合作协定（2015 年 1 月生效）已经下调了澳大利亚进口的牛肉关税，而退出跨太平洋伙伴关系协定后美国牛肉关税还处于高位，为了扭转贸易上的不利局面，在美国的提议下签署了此日美贸易协定。另外，为了扭转退出欧盟（2020 年 1 月）导致的贸易不利局面，在英国的积极推动下，日英签订了经济合作协定（2021年1月生效）。

制定世界共同贸易规则的世界贸易组织谈判碰上暗礁，世界各国根据各自国内局势、政治和经济需求及领导者的意见，而追求各自国家的利益。世界贸易组织谈判及包含美国在内的当初的跨太平洋伙伴关系协定谈判，要求大幅降低关税，推行对日本来说非常严峻的自由化。从目前的结果来看，日本得到了喘息的机会。

一系列的自由贸易协定、经济合作协定和跨太平洋伙伴关系协定的签署，能够强化相关国家之间的经济关系，构成了经济全球化大流的一环。但是如第八章所述，21世纪的世界食物供求状况和以前大不相同。到目前为止放任自流的自由化，将可能导致国内农业的大规模缩小。

尽管很难想象全球化自身会发生逆转，但是在新冠疫情的发生和扩散这样的大事件下，全球化发展可能进入停滞局面。仔细观察国际形势，实施确保食物安全保障的农产品贸易政策，其重要性比以前更加凸显。

四、食物产业政策

1. 产业政策和食物产业

根据岩波书店出版的《经济学词典（第3版）》，产业政策指为了促进经济发展，实现经济现代化，优化产业结构，提升国际竞争力，促进技术开发，确保就业，实现地区经济均衡发展等经济和社会目的，政府干预各个产业或者企业活动，介入产品市场和要素市场的政策。

为了实现上述目的，政府通过财政金融手段，制定、修改及废止法令，有时通过指导或施加压力介入各产业，食物产业（食品制造业、食品流通业、外食产业的总称）也不例外。以前的日本通商产业省（即现在的日本经济产业省）实施过通过企业合并促进产业再造的强力产业政策，但是食物产业没有实施过这样的政策。

到目前为止，日本不存在体系化的食物产业政策，但是也不能说完全没有，其中之一就是针对中小企业的以产业结构调整和优化为目的的产业政策。从全世界来看，食物产业存在与其他产业相比毫不逊色的大企业（如食品制造业的雀巢等），日本也有销售额超过2万亿日元的食品制造业（如饮料制造业的三得利等）。但是，除了这些少数领域和企业外，食物产业一般以中小企业居多，这些企业是地区饮食文化的传承者和有力的就业单位，对于经济特别是地方经济是重要的存在。

因此，中小企业政策对于食物产业也非常重要。日本的中小企业政策以《中小企业基本法》（1963 年）为基础，该法给出了中小企业的定义，提出了国家应该承担的义务和基本方针。在《中小企业基本法》基础上，《中小企业新事业活动促进法》（2005 年）等单独的法律具体规定了中小企业支持对策。

《中小企业新事业活动促进法》起源于《中小企业现代化促进法》（1963 年），最初的目的是提升中小企业的生产率，支持设备现代化，现在的重点是支持创业和跨行业合作。负责的政府机关是日本经济产业省中小企业厅，服务对象不仅是食物产业，还包括所有产业的中小企业。以面粉业为对象，基于《中小企业现代化促进法》实施的小麦粉制造业改善项目（1998—2002 年度），是支持食物产业的例子。在该政策的支持下，通过支持中小面粉企业合并及停业，推进了企业规模扩大。

还有一个政策以农业生产相关从业者（农业生产资料生产销售、农产品批发零售、以农产品为原料进行制造加工等的从业者）为对象，以农业生产资料价格下降及农产品流通、加工事业的合理化为目的。这个领域的政策比较新，《农业竞争力强化支持法》（2017 年）处于最前沿，该法针对政策对象实施税收优惠和金融支持。与其说是固有的产业政策，其机制更在于为了支持农业竞争力提升，促进农业部门使用的生产资料价格下降，提升农产品流通效率，降低加工成本，降低到达消费者手上的农产品食品价格，提升国产农产品对进口农产品的竞争力。作为食物自给率低下的日本的食物产业政策，该举措具有一定的合理性。

此外，针对蔬菜和水果流通的批发市场制度也可以算广义的产业政策。该政策的直接目的是保护小规模农户，实现流通现代化和公平交易，从而形成合理价格。近年来，随着大型量贩店的成长，流通结构发生变化，不经过批发市场的流通比例在扩大，批发市场制度面临存废危机，一级批发商和二级批发商的经营状况不佳。基于此，需要不断整合批发市场（批发商合并），放宽交易限制。

2. 农业产业政策

农业政策涉及方方面面。农业是生产食物的产业，生产者大多是分散的小规模经营，不存在大企业，并且农业生产的中坚力量不是法人，而是家庭经营及个体经营。以上特征并不局限于日本，放眼世界几乎共通。

因此，农业政策带有农业保护的性质。价格政策力图维持农产品价格，提升生产者最低收益，通过供求调整稳定消费者价格的同时，实现农业经营的稳定。另外，为支持生产者，还进行了土地改良等基础设施公共投资，国立和公立研究机构开展技术及新品种的开发研究。再者，为了确保食物安全和安心，实施了农药等生产资料的注册制、食品添加剂限制、产地和食用原材料的标识制度等。从食物安全保障的视角出发，为了维持国内生产，实施关税等国境措施。

除了以上政策，由于生产规模小，制约了生产率的提升，影响了国际竞争力，比较早期就开始实施称为结构改革政策的产业政策。1961 年制定的《农业基本法》是最初的这类政策，该法力图通过强化生产基础扩大经营规模来提高生产率。尽管规模扩大的目标没能实现，但其后也持续实施了结构改革政策。

1970 年《农地法》修订、1980 年《农用地利用增进法》出台、2009《农地法》修订后允许股份公司转包农地等，都在推动农地流转（农地买卖和租借），力图实现经营规模扩大。其结果如图 9 - 4 所示，农地流转逐渐发展，2020 年流转农地的农户数量占总农户数量的 35％，流转农地占总耕地面积的 39％，流转农地的农户经营规模持续扩大，2020 年达到 3.3hm²。

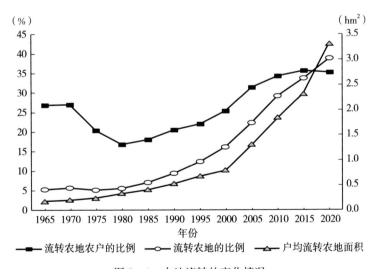

图 9 - 4　农地流转的变化情况

资料来源：日本农林水产省《农业普查》。表 9 - 4 同。

注：2005 年之后的农户数量是农业经营体的数量。

农地流转在一定程度上有进步，但是如第四章所示，不仅是美国等新大陆国家，就是和欧洲主要国家相比，经营规模的分散细小问题也没有得到解决。表9-4把农业经营结构完全不同的都府县和北海道分开，呈现了不同规模经营体的耕地面积比例的变化情况，2020年北海道50hm²以上的农场经营了过半的耕地。尽管都府县的规模经营农场逐渐在扩大经营耕地面积，但是到2020年面积最大的不过是1～2hm²这个规模的农场。日本农业产业政策的核心课题是规模扩大，也可以说是结构改革政策，该政策目标一直难以实现。

表9-4 不同规模经营体的耕地面积占比变化

年份		经营耕地面积合计（hm²）	不同规模经营体占比（%）										
			0.5以下	0.5～1	1～2	2～3	3～5	5～10	10～20	20～30	30～50	50～100	100以上
都道府	2005	2 620 804	6.3	18.1	**26.2**	14.6	13.4	10.3	5.3	1.9	1.5	1.2	1.2
都道府	2010	2 563 335	5.1	15.2	**22.2**	12.6	12.7	11.9	7.4	3.7	3.7	3.0	2.4
都道府	2015	2 400 993	4.4	12.7	**19.0**	11.4	12.3	13.2	9.8	4.8	5.1	4.2	3.2
都道府	2020	2 204 461	3.6	10.0	**15.2**	9.7	11.3	13.6	11.9	6.6	7.2	6.2	4.6
北海道	2005	1 072 222	0.1	0.1	0.4	0.6	1.8	6.4	14.7	14.1	22.8	**26.9**	12.1
北海道	2010	1 068 251	0.1	0.1	0.3	0.4	1.4	4.5	12.7	13.4	22.9	**29.1**	15.2
北海道	2015	1 050 451	0.0	0.1	0.3	0.4	1.0	3.6	11.0	12.7	22.2	**29.1**	19.6
北海道	2020	1 028 421	0.0	0.1	0.3	0.4	0.8	2.9	8.9	11.4	21.6	**28.8**	25.0

注：黑体字表示最大比例的规模。

推进经营规模扩大，并不是在全日本同步推进，同步推进本身也不可能。比如，在平坦地区整治农地扩大地块，通过农地流转可能实现规模经营。但是日本有很多地方属于山地和丘陵地带，无法确保较大面积的连片农地，不能通过农地整治实现规模经营。事实上，欧洲也面临相同情况，很多山区都实行条件不好地区的政策。通过补贴及其他优惠措施，农户可以弥补农业生产上的不利条件，以确保定居人口和地区社会的存续。

日本在1993年制定了《农业经营基础强化促进法》，在促进农地流转的同时，新实施了《认定农业者制度》。在该制度下，制定经营计划且获得市町村长的认定后成为认定农业者，可以优先获得低利息的长期融资及流转农地。也就是说，该政策对象限定为规模经营体，进一步强力推进了结构改革政策。

但是这样可能会落下难以实现规模经营的地区，为此1993年日本制定了

《特定农山村法》，以山地和丘陵地区为对象，首次系统化地实施了条件不好地区对策。一方面通过《农业经营基础强化促进法》强化结构改革政策，同时通过《特定农山村法》专门针对条件不好地区实施相应对策。重视条件不好地区对策的趋势，在2000年实施的《山地和丘陵地区支付制度》得到延续，并进一步强化该对策。

在实施农业产业政策促进生产率提高和规模扩大的同时，针对不满足条件的地区，必须配套实施条件不佳地区的政策。

3. 促进进入农业的政策

农业不被认为是高收益行业。实际上，运用统计数据测算不同种类农作物和家畜的时薪发现，在大部分情况下，都大幅低于制造业的平均薪酬。日本农业规模细小是最大的原因，其结果导致无法确保新加入农业的人员即农业后继者收益，进而导致农业生产老龄化。

面对该问题，持续实施了确保新加入农业人员的对策。其中尤其被认为取得成效的是，2012年开始实施的青年务农补贴项目，2017年改名为农业下一代人才投资项目。该项目对希望务农的人最长给予7年的补贴，但是即便如此，日本农业就业人员数量仍然没有得到足够的保障。

于是，期待来自农业外部的企业进入农业。从制度上讲，2009年《农地法》的修改是契机。该法修改后，打通了一般企业通过流转土地进入农业的道路。农业作为新领域，一般企业对此充满期待，如图9-5所示加入农业的法人数量迅速增加。

从不同法人组织形态来看，2019年，有2 326个股份公司（占比最大为63%）、非营利组织法人等892个（占比24%）、有限公司451个（占比12%）。由于建筑业不景气，很多前期进入农业的企业都来自建筑业，但是现在来自农业及食品相关产业的企业很多，来自教育、医疗、福祉领域等非营利领域的法人也逐渐增加，非营利组织法人增多是其具体反映。因此，从结果来看，进入农业行业呈现了多形态的特点。

从农业经营领域来看，蔬菜占比最大（42%），其次是大米和麦子（18%）、水果（14%）。蔬菜领域之所以多，主要原因是蔬菜露天种植前期投资较小，且容易实现员工全年工作体制。

如图9-5所示，2009年《农地法》修改后进入农业的法人数量稳步增长，但是投资农业的收益却未必乐观。尽管不同法人的经营面积差异很大，但平均规模仅为 2.9hm²，除了少数法人成功以外，大部分的法人甚至无法支付雇工的工资。即便是现有的家庭经营，要实现经营自立也需要数倍以上的面积。经营面积超过 20hm² 的法人有 98 个，仅占全体的 3%。如何实现农业部门的盈利是进入农业的法人面临的最大难题。

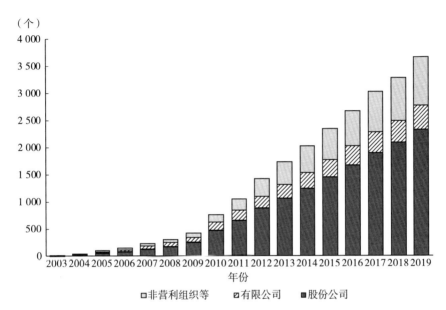

图 9-5　进入农业的法人数量变化情况

资料来源：日本农林水产省。

注：各年 12 月末统计所得的数据。

对于农业及食品相关产业进入农业的情景，并不一定要实现农业部门单独的盈利。比如，酿酒企业进入农业，可以自家生产原料米，实现原材料的稳定供应；鱼丸等水产品加工企业进入农业，可以自家生产蔬菜，实现原材料的稳定供应。这些案例中，自家生产并不能保证成本优势，但是可以防止农地抛荒从而为地区农业做出贡献、确保原材料品质、稳定原材料长期供应、实现主业产品的差异化等，这种寻求复合效果的情况很多。

关于这一点，零售业进入农业也同样适用，可能会产生以下复合效果，如通过堆肥循环利用卖剩的食物、通过宣传自己生产的蔬菜等吸引顾客。由于有以上的复合效果，农业及食品相关产业进入农业，即使不能实现农业部门单独的盈利，也可能会持续发展。

五、确保食物自给：面向食物安全保障的确立

1. 农产品贸易自由化和自给率下降

如图 9-3 所示，日本农产品进口数量限制种类不断减少，自由化程度越来越高。大米在关税及贸易总协定乌拉圭回合避开了关税化，其后尽管从 1999 年 4 月开始征收高关税，但还是迈进了关税化（自由化）。

图 9-6 以牛肉和水果为例，显示了农产品进口自由化对日本农产品自给率的影响。先看看牛肉，1961 年的自给率为 96%，在牛肉需求增加、进口配额量也增加的影响下，自给率逐渐下降，到 1985 年，维持在 70%。但是，如前所述，1988 年包括牛肉在内的 10 个种类被认定为违反了关税及贸易总协定，要求实现自由化。其结果是牛肉进口迅速增加，1986 年以后自给率快速下降，2000 年低至 35%。

图 9-6　牛肉和水果贸易自由化与自给率的变化

资料来源：日本农林水产省《食物供求表》。

注：前后 3 年移动平均数。影响贸易自由化的主要事件为 1986 年美国向关税及贸易总协定提出诉讼、1988 年有 10 种农食产品被判定违反规定、1991 年日美牛肉和柑橘贸易自由化、2001 年日本发生疯牛病、2003 年美国发生疯牛病、2015 年日本和澳大利亚签订经济合作协定。

其后，2001 年日本发生疯牛病，这个重大事件严重影响食品安全，但是通过检查所有肉牛，恢复了消费者信任。2003 年美国发生疯牛病，导致消费者对进口牛肉的不信任，结果追求国产牛肉的消费需求上升，自给率在 2014 年回升到 42%。但是，2015 年 1 月日本和澳大利亚签订的经济合作协定生效，主要进口大国之一的澳大利亚的牛肉关税下调，进口逐渐增加，2019 年自给率回落到 35%。

水果进口自由化经历了 1963 年的香蕉、1971 年的葡萄柚、1991 年的橙子。如图 9-6 所示，和牛肉一样，通过日美谈判打开橙子自由化门户的影响巨大，自给率从 1985 年前后的 75%，大幅下降到 2019 年的 38%。

进口量增加不仅受贸易自由化的影响，而且很大程度上还受到征收的关税税率的影响。自由化后的 1991 年，牛肉关税率是 70%。经济全球化下国际谈判的结果，税率逐渐降低，2000 年下降到 38.5%。前述日澳经济合作协定 2015 年 1 月生效的同时，冷冻品和冷藏品的税率分别下调到 30.5%、32.5%，其后也每年下调，预计到 2029 年冷冻品和冷藏品的税率将分别下调到 19.5%、23.5%。国境壁垒降低后，预计今后牛肉进口将进一步增加。

从国际比较来看，日本的关税率处于什么样的水平呢？一段时期内，日本农业受到过度保护、存在贸易限制、关税率高等批评。部分种类农产品的关税率确实高，2009 年农产品协议关税率高的种类有魔芋 2 796 日元/kg、花生 617 日元/kg、大米 341 日元/kg、黄油关税率 29.8%＋985 日元/kg、红豆 354 日元/kg，相对于国际价格，这些农产品的关税处于 400%~1 000% 的高水平。

但是如果观察农产品整体，关税率其实并不高。表 9-5 显示了世界贸易组织议定的关税率，日本农产品的平均关税率为 12%，尽管高于农产品出口国家澳大利亚、加拿大和美国，但是比欧盟的 20% 和韩国的 62% 低，从国际比较来看属于低关税率的国家。

表 9-5 2000 年各国关税率对比（%）

国家	农产品平均关税率	所有商品平均关税率
澳大利亚	3	10
加拿大	5	5

（续）

国家	农产品平均关税率	所有商品平均关税率
美国	6	4
日本	12	5
欧盟	20	7
阿根廷	33	31
泰国	35	29
瑞士	51	9
韩国	62	18
挪威	124	26
印度	124	67

资料来源：日本农林水产省国际调整科《我国食物安全保障和农产品贸易政策》。

此外，在自由贸易协定、经济合作协定和跨太平洋伙伴关系协定生效的情景下，将使用这些新协议的关税率，和很多国家签订协定的结果是日本农产品的实际关税率进一步降低。

2. 食物安全保障和食物自给率

（1）世界罕见的低食物自给率

农产品进口自由化导致了日本食物自给率低下，在前言有详细论述，概括地说，按金额测算，综合食物自给率从 1960 年的 93％到 2019 年的 66％，谷物自给率从 1960 年的 82％到 2019 年的 28％；按供给热量测算，自给率从 1960 年的 79％到 2019 年的 38％，发生了大幅的下降。

如第八章、第十章及前言所述，各种国际紧张局势及异常气候下的歉收会导致限制农产品出口，如此低的食物自给率会从食物安全保障的侧面产生担忧。事实上，2007 年到 2008 年上半年的食物价格飞涨时期，很多国家限制了食物出口。国家食物政策的最基本功能就是保证食物供给的稳定。因此，针对这种不稳定的供给状况，国家必须及时制定相应的措施来保证食物安全。

（2）《食物、农业、农村基本法》的制定和食物安全保障

1961 年制定的《农业基本法》决定了第二次世界大战后农业政策的长期方向，主要的政策目标如下：一是缩小不断扩大的农工间的收入差；二是应对经济增长下预测到的食物需求结构变化，选择性地扩大农业生产；三是帮助自

立经营及协同作业，以提高农业生产率，促进结构改革。

《农业基本法》实施 30 年后，基于情况发生了很大变化，为了探讨农业政策的新方向，1997 年启动"食物、农业、农村基本问题调查会"，在该调查会的成果基础上，1999 年废止《农业基本法》，制定了《食物、农业、农村基本法》。之前的《农业基本法》致力于农业发展和提高农业从业者的地位，与此相对，新法力图通过农业的持续发展，确保食物稳定供给，充分发挥农业农村的多样性功能，从而振兴乡村。其中的确保食物稳定供给，特别明确提出，以"以合理的价格稳定供给优质食物，扩大国内农业生产"为根本，适当组合进口和储备，实现不稳定时期的食物安全保障。

（3）2020 年制定的《食物、农业、农村基本计划》中的食物自给率目标

根据《食物、农业、农村基本法》，每 5 年制定《食物、农业、农村基本计划》，在其中设定食物自给率目标。为了提升自给率，2000 年制定的《食物、农业、农村基本计划》设定了食物自给率目标，把 1997 年 41％的供给热量综合自给率，提升到 2010 年的 45％，并设定了各类食物的目标自给率。其后，分别于 2005 年、2010 年和 2015 年设定 10 年后即 2015 年、2020 年和 2025 年的供给热量综合自给率，分别为 45％、50％和 45％。

但是，如前所述，2019 年供给热量综合自给率停留在 38％，其背景主要是农业生产主力军的老龄化、耕种面积缩小持续演进。日本在 2020 年制定的《食物、农业、农村基本计划》中，设定了如表 9－6 所示的 2030 年目标食物自给率。

表 9－6 中所列食物，既包括小麦、大豆、砂糖类、茶、菌菇类等1997—2018 年实现自给率上升的种类，也包括大米、马铃薯、蔬菜、水果、牛奶和乳制品、猪肉、鸡肉类等水产品自给率下降的种类。现在的计划力图提升所有种类的自给率，把供给热量综合自给率提升到 45％，这个目标并不容易实现。如第八章所述，进入 21 世纪后，世界食物供求关系发生了巨大转变。到目前为止的计划目标，没实现虽然是没有办法的事情，但这样的情形再也不能被允许。

为了提升食物自给率，迫切要求培养农业主力军，缩小耕地抛荒面积，有效振兴日本国内农业，强化产品产业和农业的合作。同时，有必要重新审视饮食生活，和近年来备受瞩目的食物教育相结合，重新构建适合当地风土人情的饮食生活，这也是为了提升食物自给率的政策课题之一。

表9-6 《食物、农业、农村基本计划》设定的目标食物自给率（％）

种类		2000 年制定的计划		2020 年制定的计划	
		1997 年实际值	2010 年目标值	2018 年实际值	2030 年目标值
供给热量综合食物自给率		41	45	37	45
品种名称	大米	99	96	97	98
	小麦	9	12	12	19
	马铃薯	83	84	67	72
	大豆	3	5	6	10
	蔬菜	86	87	77	91
	水果	53	51	38	44
	牛奶和乳制品	71	75	59	60
	牛肉	36	38	36	43
	猪肉	62	73	48	51
	鸡肉	68	73	64	65
	鸡蛋	96	98	96	101
	砂糖类	29	34	34	38
	茶	89	96	100	125
	水产品	59	77	55	75
	其中：食用部分	60	66	59	86
	海藻类	66	72	66	75
	菌菇类	76	79	89	91

资料来源：基于日本农林水产省 2000、2020 年《食物、农业、农村基本计划》测算。

注：2020 年制定的计划中牛奶和乳制品是生奶的计划，畜产品是不考虑饲料自给率的自给率。

第十章
食品安全及消费者对应

一、食物的基本特性需求：稳定供应和安全

　　人类生存离不开食物，因此其基本特性是安全及稳定的供应。然而，如今的现实是食物供给正变得越来越不稳定，这也是本书的一个共识。其背景在前几章中已有所论述，简单归纳如下。

　　第一，随着社会和经济条件的变化，原本在家里进行的食物消费，现在越来越依赖于外部来源。过去农业生产和饮食消费几乎是零距离且单一连接的，现在却相距甚远，且随着距离的不断扩大，食物安全所面临的风险也越来越大。这种距离不仅是地理层面的距离扩大，而且是由冷链运输等技术为支撑的时间上的距离扩大，还可以理解为由于食物外部化，食品产业分工中介入了各产业主体而造成阶梯距离的扩大，最后则是随之而来的心理距离的扩大（对食物的不安感）。这种距离的扩大，不仅表现在家庭的饮食外部化，而且还表现在日本国内 60% 以上的食物都依赖于进口。这意味着，如第八章所述，世界粮食问题已与我们的饮食生活息息相关。随着世界人口的预期增长，以及发展中国家向动物性食品需求的转变，必将导致对谷物需求的增长。随着环境问题日益严重，谷物作为燃料的需求也在不断增加，全球变暖和极端天气事件导致的供应问题也同时出现，稳定供应作为食物所需的基本特征也变成一个令人担忧的问题。

　　第二，在安全性问题上，2001 年 9 月在日本首次确认的牛海绵状脑病（即疯牛病）暴发前后导致了一系列撼动食品安全的事件，2011 年 3 月 11 日东日本大地震造成的食品供应网络中断，以及次日东京电力福岛第一核电站的爆炸事故造成的放射性污染，与此相关的食品不安全问题引起了极大的混乱。除了这些事故之外，食品制造企业和外食企业的虚假标签也被揭露出来，这些造成了消费者对食品安全的担忧与日俱增。

因此，本章主要围绕安全安心的食品稳定供给问题，同时关注与环境问题的关联性，分析政府对这些问题所制定的相关政策、企业的应对及消费者的作用。

二、食品安全和保障无法得到维护的原因

1. 与食品安全有关的环境问题

在第八章详细讨论了稳定供应中的不稳定因素，本章主要围绕安全问题展开。阻碍食品安全供给的主要因素有两个：一个是环境问题，另一个是饮食与农业间距离的扩大。

环境问题不仅影响到粮食生产的"量"，也影响到应该保持的"质"的安全。饮食与农业间距离的扩大，使我们原本以从自然界的恩惠中摄取维持生命的饮食生活，转变为我们像购买工业产品一样购买、使用食物，却不知道食物是在怎样的条件下产生的，又在不加以充分利用的情况下扔掉。这导致我们在面对孕育人类生命的食物时，仅看作是为了维持生命的粮食，在生产、加工、销售和消费的各阶段都产生了伦理上的缺失。

表 10-1 列举了近年来涉及食品的事件，主要是与环境问题有关的具体事例。

表 10-1　近年来发生的重大食品安全事件

发生时间	地点	事件内容	被害规模
1996 年 5 月	大阪、冈山等	暴发由肠道出血性大肠杆菌 O-157 引起的大规模食物中毒事件	患者数约 1 万人
1999 年 2 月	埼玉县	二噁英恐慌，一些媒体报道造谣，影响了本地农产品的销售	
1999 年 9 月	茨城县东海村	核燃料设施发生临界事故，影响本地农产品的销售	
2000 年 6 月	近畿地区	一家大型乳品公司生产的低脂牛奶中的金黄色葡萄球菌毒素引起食物中毒	患者数约 1.3 万人
2000 年 10 月		在销售系统的食品中检测出转基因玉米 "Starlink"，但尚未进行安全检测	
2001 年 9 月	千叶县	日本首次暴发疯牛病	
2002 年 1 月		多起肉类标签错误事件	

（续）

发生时间	地点	事件内容	被害规模
2002 年 6 月		召回农药残留超标的进口冷冻菠菜	
2003 年 12 月	美国	美国暴发疯牛病疫情	
2004 年 1 月		日本国内外暴发禽流感	
2007 年 1 月	北海道苫小牧市	不二家企业使用过期原料和装运细菌数量超标的产品	
2007 年 6 月		"希望之肉"碎牛肉质量标签伪装事件	
2008 年 2 月	千叶县、兵库县	中国生产的速冻饺子出现中毒症状	患者 10 名，其中 4 人住院治疗
2008 年 9 月	大阪府大阪市	大米加工销售公司三笠食品株式会社非法转售工业用污染大米	
2011 年 3 月	福岛县	东日本大地震次日，福岛第一核电站发生爆炸，造成放射性污染扩散	
2011 年 4 月	富山、福井、神奈川县	一家烤肉店暴发了大规模食物中毒事件，烤肉店未对烹饪用的肉类进行检查而将其作烤肉	
2013 年 10 月	大阪、东京及其他地区	一些酒店和餐馆提供的食材与菜单的不同	
2018 年 9 月至 2021 年 3 月	岐阜、爱知、三重等 24 个县	猪瘟在家猪和野猪中传播	宰杀 18.1 万头

资料来源：根据日本农林水产省 2001、2004、2021 年度《食物、农业、农村白皮书》做成。

1999 年 2 月，"所泽市的二噁英"问题在电视台报道后引起了轩然大波，其主要原因是在焚化炉中焚烧含有氯乙烯的垃圾，大气中产生了大量的二噁英，导致琦玉县所泽市的菠菜受到污染不得不被丢弃。之后颁布了《二噁英防治特别措施法》，对焚化炉规定了严格的限制。但是现在看来，与其空气中的二噁英相比，20 世纪六七十年代大量使用含有二噁英的水田除草剂（五氯苯酚、氯硝基酚），残留在土壤中的二噁英对农产品的影响更为突出。

美国在越南战争期间喷洒的脱叶剂中含有大量二噁英，人们普遍都知道二噁英对人体有害，因此采取了紧急应对措施。然而，二噁英和其他有毒物质基本上是先进入空气、土壤和水，然后通过食物危害到人体。

第二次世界大战后严重的污染病"水俣病"也是如此，病因是 Chisso

（音译）化肥厂向海里排放有机汞，污染了鱼类和贝类，并通过食物链在大鱼体内积累，然后被人类食用。这些给空气、土壤和水造成负担的污染物，侵入了依据这些自然力量生产的食物，使其丧失了安全性。

（1）因食品安全事故引起信任危机的担忧

二噁英问题不仅将农业生产的食品安全问题推到了风口浪尖，还导致了人们不愿意购买埼玉县所泽市所产蔬菜的声誉损害问题。此外，焚烧含有氯乙烯的垃圾会产生二噁英，因此认为应该使用大型焚烧炉在高温下处理此类垃圾，于是在废除小型焚烧炉的同时，还导致了必须从更广泛的地区收集大量垃圾，以确保大型焚烧炉继续运行。在二噁英恐慌事件之后，通过一系列的研究证明，农作物从土壤摄入的二噁英比例远高于从空气摄入。

如果这些经过科学论证的实证数据能够尽早尽快公布于众，消费者就能冷静应对，而不会被谣言所误导。政府对此类食品安全事件的危机管理机制的不完善，在下文的疯牛病问题及东京电力公司福岛第一核电站爆炸造成的放射性污染事件中也有所证明。

（2）因缺乏风险沟通而产生的不安全感

何时以何种方式将客观数据传达给消费者，关于风险沟通的重要性已成为一个重大课题，最早导致风险交流缺乏是由转基因食品问题所引起的。目前，转基因作物的产量不断增加，以克服环境问题对粮食生产造成的限制，并满足人们日益增长的谷物需求。

饮食中必不可少的大豆加工产品（豆油、酱油等），其原料转基因大豆的种植面积占世界大豆总种植面积的74%，如图10-1所示。虽然转基因作物是解决营养不良、人口粮食供应问题的一项重要技术，但由于其安全隐患尚未得到证实，欧洲和日本的消费者对其都避而远之。

在日本关于转基因食品标签的规定中，如果比例低于5%无需标注（从2023年4月起，该规定改为不管比例如何都必须标明是否进行区分管理），从科学层面讲是作为安全食品在流通，但是消费者对新技术表示担忧，不了解什么程度是安全的。政府和科学家也没有相关的说明及风险沟通，认为消费者可以根据食品标签来选择，不需要深入探讨。

因为缺乏安全方面的沟通，类似"非转基因材料"的标签被广泛使用，似乎使用非转基因产品就是优良产品，所以很难让消费者对转基因产品产生安全感。另外，种植转基因作物虽然确保了产量，但也导致一系列的农业和环境问

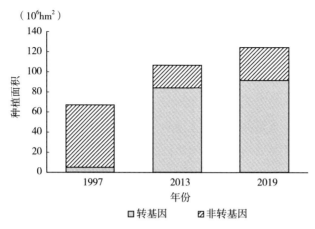

图 10 - 1 全世界的大豆种植面积
资料来源：根据国际农业生物事业集团官网做成。

题，再加上本身的安全性问题，交织在一起后更加提升了消费者的不安全感。如表 10 - 1 所列，2018 年 9 月，日本暴发猪瘟，各地区的家猪和野猪持续发酵，日本失去了洁净国家的地位。近年来除猪瘟外、口蹄疫、高致病性禽流感、非洲猪瘟等其他跨境性动物疫病，也在包括日本在内的亚洲国家频繁发生。这些食品安全事件已然成为社会关注的焦点，也更强烈地要求政府加强检疫措施和风险沟通。

2. 饮食与农业间距离的扩大引起的食品安全问题

(1) 企业缺乏合规意识

2000 年 6 月，大型乳品制造企业引起的食物中毒事件，由于缺乏对工厂卫生环境的管理，以及利用过期牛奶进行再加工，导致了大量食物中毒。2008 年谷类食品加工销售企业转售被污染大米事件也是如此，企业从日本农林水产省购买的被污染大米，本应用于工业，之后却作为食用进行售卖，最后导致中毒。由于生产的产品通过经销商到商店，或经过外食产业、学校午餐被消费，与消费者之间没有直接联系，所以产生了安全忧虑和对企业是否合规的不信任感。

现如今，农业生产与饮食消费之间介入了食品制造商、食品批发商及零售商、外食餐饮业等经济主体，消费者在购买食品时，对食品的生产、加工者、加工方式知之甚少。同样，生产者在生产食品时很少或根本不知道消费者来自何地。由于缺乏与消费者的直接接触，饮食与农业间距离扩大的结果，导致企业道德缺失，出现了上述一系列食品安全事件。

（2）对政府的不信任

在这些食品安全事件中，2001年9月发生的疯牛病成为一个特别严重的社会问题。

疯牛病，是由患有羊瘙痒病（一种影响中枢神经系统的疾病）的羊做成肉骨粉，掺入到牛饲料中，其中含有的异常朊病毒导致牛发病。在欧洲大面积暴发疯牛病时，日本虽然也意识到了风险，但事实是，政府未能提前做出任何反应，并且在疫情暴发后初期的处置措施也非常不足。

这一事件引发的食品安全信任危机，不仅对食品产业的信誉影响极大，也引发了对政府监管不到位的质疑，后来又随之出现了用进口肉代替国产肉的虚假标识等问题。因此，食品企业的伦理道德、政府的安全监管都受到了极大的质疑。在此之后，政府虽然对食品安全管理进行了重大改革，但也只是流于表面，2011年东京电力公司福岛第一核电站爆炸造成的放射性污染问题就充分说明了这一点。

三、确保安全的政策应对措施

疯牛病发生以来，政府对食品安全管理进行了一系列的重大改革，包括2003年颁布《食品安全基本法》和成立食品安全委员会，2005年颁布《可追溯法》《食品教育基本法》，以及修订《食品标签法》。本节将追溯这些变化及其后续进展，并提及它们与环境问题的关系。

1. 风险分析方法和食品安全管理

疯牛病的发生，政府被认为负有不可推卸的责任，在疯牛病问题调查、审查委员会提交报告后，政府在食品安全管理方面做出了重大转变。在此之前，日本厚生劳动省保障部主要负责产品的安全性检查，日本农林水产省则负责以农业生产者为中心的相关政策制定，由于生产阶段的安全性也受到了严重质疑，因此认为日本农林水产省也要面对消费者采取相应的措施，在此背景下两部门采取联合治理。另外，2003年5月颁布《食品安全基本法》之后，7月在日本总务省设立了食品安全委员会。

原本对于风险评估和风险管理没有明确的区分，而食品安全委员会的成立，要求进行客观且科学的风险评估，该委员会隶属于日本总务省，且独立于各管理机构，因此该委员会可以直接做出风险评估并通报风险管理机构，同时对风险管理机构的执行状况进行监督。这在一定程度上解决了问题，可是也遗留了诸如委员会虽然独立于各部委,但却隶属于行政机构,并非完全独立的行政部门,且该委员会的成员中没有消费者代表等问题。于是在 2009 年,作为在政策制定中反映消费者意见的联络窗口,设立了消费者事务局,该事务局与食品安全委员会联合,在其下设立了消费者委员会,这样使消费者对消费者管理部门进行监督变为了可能,详见图 10 - 2。

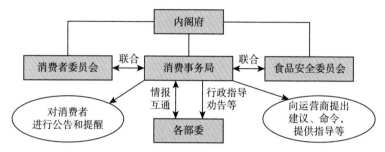

图 10 - 2　与消费者及食品安全相关联的行政机构
资料来源:日本消费者厅官网做成。

《食品安全基本法》为了确保消费者对食品的安心和信任,制定了以下一些条款及内容:标签的正规化、可追溯管理制度的导入及推广、推进食育教育(2005 年颁布了《食育教育基本法》)、推广地产地消,动植物检疫等检验,通关机关公开、共享相关信息等。在推动这一系列改革的过程中,强调了"努力在消费者和生产者之间建立'面对面的关系'和相互理解的重要性"(《2002 年度食物、农业、农村白皮书》)。可以说,缩短饮食与农业的鸿沟将会提高饮食安全这一观点得到了普遍的认可。

然而,形式上的安全感与被科学证明的安全性是两码事。关于东京电力公司福岛第一核电站爆炸造成的放射性污染,由于对政府公布数据的不信任,造成了产地和零售业不得不过度检查以消除消费者的担忧。

2. 作为风险沟通的食品标签

为了消除由于消费者与生产者之间因距离扩大而造成食品事件的不安,为消费者提供无法直接看到的食品生产、加工和销售阶段的准确信息,各经济主体正在采取各种举措。为了拉近两者之间的距离,推广了诸如产地直销、慢食运动、地产地消、饮食旅游等方式。另外,通过增加可追溯信息、明确标明原产地信息及生产者照片等方法,意图弥合两者之间的距离,当然识别食品标签还是消费者最常使用的方法。日本的食品标签制度,主要由日本农林水产省颁布的《农林产品

规格标准化及正确质量标签法》、日本厚生劳动省颁布的《食品卫生法》、日本公平
贸易委员会颁布的《防止不当获利和误导性陈述法》和《反不正当竞争法》等构
成，基于这些法律的规定，消费者从中获取相应的食物信息，详见表10-2。

表 10-2　食品标签制度概要

法律名称	标签的目的及作用	需标注的食品	需标注的事项
《食品卫生法》(1947年，日本厚生劳动省)	预防饮食卫生危害	容器和包装中的加工食品（包括一些新鲜食品）和鸡蛋	名称、使用的添加剂、储存方法、食用日期或最佳保质期、制造商名称、生产地点等；有关转基因食品的事项
《农林产品规格标准化及正确质量标签法》(1950年，日本农林水产省)	说明质量的适当性，展示帮助消费者选择产品的信息	向公众出售的所有新鲜食品、加工食品和糙米	名称、现有配料名称、食品添加剂、保存方法、含量、原产地名称（如为进口产品，则为原产国）、食用期限或最佳食用期限、制造商或销售商（如为进口产品，则为进口商）的名称和地址，以及任何其他所需的标签信息；与转基因食品和有机食品有关的事项；如果为每个食品类别规定了质量标签标准，则还有其他项目
《禁止不合理溢价和误导性陈述法》(1962年，日本消费者事务局和公平贸易委员会)	禁止虚假或夸大标签	—	—
《计量法》(1951年，日本经济产业省)	标明含量、数量	—	含量
《健康促进法》（原《营养改善法》，2002年，日本厚生劳动省)	帮助保持和改善健康及体质，禁止虚假和夸大宣传	用日语标明营养成分的加工食品和其他销售食品（所谓的特殊鸡蛋）	营养成分、热值
		特殊用途食品	产品名称、原材料、授权理由、授权标签内容、成分分析表和热值、授权证书表、收集方法等
	保持及维持健康的效果等	作为食品出售的物品	—
《药事法》(1960年，日本厚生劳动省)	禁止在食品上标注类似药品的适应症	容器和包装中的加工食品及其广告	
《食品标签法》(2013年，日本消费者厅)	统一《食品卫生法》《农林产品规格标准化及正确质量标签法》《健康促进法》	作为食品出售的物品	根据《食品卫生法》《农林产品规格标准化及正确质量标签法》《健康促进法》，联合对营养标签进行强制性规定

资料来源：根据日本农林水产省、厚生劳动省、消费者厅的官网资料做成。

　　1950 年颁布的《农林产品规格标准化及正确质量标签法》为提高农林产品质量及合理化生产制定了标准，并为加工食品等农林牧渔业产品制定了质量及标签标准。1970 年，为了确保标签信息正确性，强制要求企业标注产品名称、成分名称和具体含量等必要信息。1999 年，针对有机农产品及加工品引入了 JAS（日本有机农业标准）认证制度。只有在三年以上未使用化肥和农药，而使用堆肥或其他方法培育土壤生产的农产品，经第三方认证机构认证后，才能获得 JAS 认证标识。

　　紧接着在 2000 年，所有生鲜农产品都必须贴上原产地标签。国产农产品必须标注都道府县名称，进口产品必须标注国家名称。如果转基因食品含有重组 DNA 或由其转化的蛋白质，则必须标明该食品由转基因农产品制成。

　　其他值得关注的是，根据日本厚生劳动省颁布的《食品卫生法》中，有关于标注过敏信息的规定。自 2001 年起，引发过敏病例较多的是含有鸡蛋、牛奶和小麦的加工食品，以及引起过敏病例不多却会引起重症的，含有荞麦和花生的加工食品，都必须贴上相应的标签。同时该法还从防止饮食造成卫生危害的视角出发，必须标明食品的名称、添加剂、消费或食用期限、储存方法、生产商等（具体因食品而异）。

　　此外，从确保公平竞争和保护普通消费者利益的角度出发，《禁止不合理溢价利和误导性陈述法》包括以下禁止内容：一是可能误导消费者认为商品质量非常优良的陈述；二是可能误导消费者认为商品价格明显优惠的陈述；三是可能在商品交易事项中误导顾客的陈述，以及可能不公平地吸引顾客和妨碍公平竞争的陈述。2013 年，宾馆、饭店等的菜单标签与实际使用的材料不符引发的安全事件（如标注为伊势龙虾的菜单，成分却是香蕉虾），就触发了不当得利的问题。

　　如上所述，食品标签是消费者获取信息的重要来源，它受到多部法律的规范，但负责相关法律的各机构之间在执行时缺乏协调沟通。由于标签术语不统一，不仅是消费者，连制造者及关联企业也都很难把握。于是为了便于消费者理解，2013 年颁布了《食品标签法》，将这些标签标识统一化，实行管理一元化。该法于 2015 年 4 月施行，但对新鲜食品设置了 1.5 年的过渡期、加工食品设置了 5 年的过渡期，于 2020 年 4 月全面施行。

　　基于《健康促进法》的营养成分表以前是可选标识，但从 2020 年 4 月起，营养成分表改为强制性标识，五个基本项目即热量、蛋白质、脂肪、碳水化合物、盐当量必须按顺序列出，如表 10 - 3 所示。

表 10 - 3　1 块饼干的营养成分标签

基本项目	含量
热量	25kcal
蛋白质	1.3g
脂肪	1.1g
碳水化合物	3.5g
盐当量	0.04g

资料来源：根据日本消费者事务局官网资料做成。

3. 食品标签的其他作用

食品安全行政部门推行的食品标签不仅是针对食品事件的回应，也可以说是对环境问题的解释。例如，作为标签改进措施之一的 JAS 标识，只适用于不使用化肥和农药三年以上但使用堆肥或其他方法培育土壤生产的农产品。过量使用化肥和杀虫剂是造成土壤和水污染及枯竭的原因之一，而 JAS 标识这一信息表明，该食品是以保护环境和防治污染的产品。

虽然《食品标签法》中没有明确规定，但也有一些考虑到农产品、劳动力和环境的农业生产方式认证体系，如 GAP（良好农业生产规范）、环境管理认证体系 ISO（国际标准化组织）14000s、安全管理方法 HACCP（危害分析和关键控制点）等都有各自的认证体系，获得这些认证体系的证书可以在相应的农产品上显示徽标标识。以上这些食品标识建立的作用是，消费者可以主动选择带有此类标识的产品，为建设包括食品和农业在内的可持续发展做出贡献。

四、从环境问题到食物问题

从利用和改变自然环境来培育食物这一事实可以看出，食物和环境问题密不可分。从通过狩猎和捕鱼获取食物，到农业文化的建立和技术的进步，人类在生产食物的同时也强烈地改变着环境，但罗马俱乐部（总部设在瑞士的研讨全球问题的全球智囊组织）在 1972 年发表的研究报告《增长的极限》中明确指出，自然环境和地球所能承受的工业化和人口增长带来的风险容量是有限的。

然而，20 世纪 70 年代的两次石油危机之后，人们才开始认真讨论如何处理环境问题，以实现人类的可持续发展。本节将指出日本环境行政管理方面的变化及问题，并总结与粮食问题的间接关系。

1. 日本的环境行政管理

世界整体对环境问题的重视源于 20 世纪 70 年代在 20 世纪以发达国家为中心的工业化进程中，导致了一系列的污染问题，而处于经济高速增长时期的日本，污染频繁发生，因此被称为"公害列岛"。当时的污染控制措施被称为"末端治理"，即在出口点对排放的污染物进行治理，为了国民的健康，曾试图将其上升为预防治理，但由于 1973 年第一次石油危机的爆发，使得这一措施被搁浅。

之后的一些年，粮食生产要应对不断增长的人口、资源和能源的枯竭、臭氧空洞的存在等随之而来的问题，直到 20 世纪 80 年代，人们才真正意识到全球范围内的环境问题。在联合国 1984 年召开的布伦特兰委员会上，根据日本 20 世纪 70 年代提倡的节能技术和公害对策，联合国布伦特兰委员会于 1984 年正式提出了"可持续发展"这一世界性议题。

自此，可持续发展这一概念被定位为国际社会处理环境和其他社会问题的一个重要概念，至今已聚焦于可持续发展目标。布伦特兰委员会报告发表后，1992 年在联合国的主持下召开了地球峰会即联合国可持续发展峰会，各国在就此次地球峰会通过的《里约环境与发展宣言》《21 世纪议程》，以及在地球峰会上通过的《联合国气候变化框架公约》（又称《全球变暖公约》）和《生物多样性公约》等国际条约推行环境政策。

日本环境厅（现为日本环境部）在峰会结束的第二年，即 1993 年颁布了《环境基本法》，将解决全球层面的环境问题和减少生活垃圾定位为重要议题。2000 年颁布的《推进健全的循环型社会基本法》将以下减排方法列为优先事项：减少废弃物的产生、尽可能再利用、循环利用、热能回收、减少日本国内的废弃物。

当务之急是不产生废弃物，虽然导向是通过回收循环再利用建立一个可循环发展的社会，但却以减少废弃物为结果。作为减少废弃物的具体措施，颁布了《容器和包装回收法》（1995 年）、《家用电器回收法》（1998 年）、《绿色采购法》（2000 年）、《食品回收法》（2000 年）、《建筑回收法》（2000 年）和

《小家电回收法》（2013 年）等，如图 10 - 3 所示。

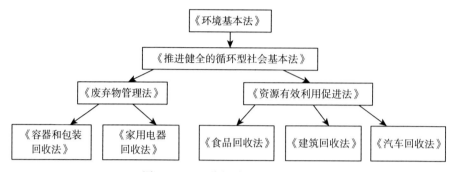

图 10 - 3　回收相关的法律框架图
资料来源：根据日本农林水产省 HP 做成。

2. 有关环境问题的相关规定

（1）容器包装回收利用法

在购买食品时，我们也会随之购买其容器和包装材料。当我们买鱼和肉类时，鱼片和肉片被摆放在托盘上并用塑料薄膜包装，在收银台或自助结账后再放入塑料袋中。这样一份食品就需要一个袋子或箱子包装，如果是作为礼品还要再加上包装纸、盒子、手提袋等。在现实生活中，人们真正有意识地减少与容器和包装相关的废弃物，还是由于 2020 年 7 月塑料袋的全面收费。因此，与其说人们现实生活中有意识地在减少废弃物，不如说是因为回收系统的存在而心安理得。

图 10 - 4 揭示的是《容器和包装回收法》颁布前后铁罐、铝罐、玻璃瓶等的回收率变化情况，由此可知，铁罐、铝罐、玻璃瓶等的回收率一直以来都较高，而且 1995 年颁布该法后也一直在上升，且塑料瓶回收率的增长尤为显著。回收率的提高，不得不说是再利用企业积极开发再生产品所做的贡献。

需要着重关注的是，尽管《推进健全的循环型社会基本法》规定减排的第一要务是减量即减少产出，但回收利用系统却脱颖而出，很容易让人误以为只要建立了回收利用系统，无论处理多少废物，排放量都不会增加。另外，还可能会导致排放量增加从而造成恶性循环，塑料瓶就是一个典型的例子。

如表 10 - 4 所示，至 2000 年塑料瓶的生产量比《容器和包装回收法》颁

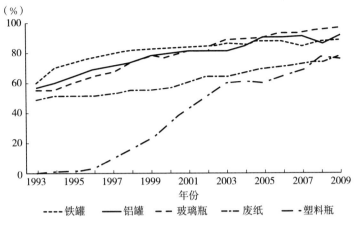

图 10-4　回收率变化情况

资料来源：日本铁罐回收协会、废纸回收促进中心、玻璃瓶回收促进会提供的材料，以及来源于铝罐回收协会、塑料瓶回收促进会的数据。

注：废纸回收率＝实际纸张回收量/差异消耗量；铝罐回收率＝回收的铝罐重量/消耗的铝罐重量×100％；铁罐回收率＝使用的铁罐废料重量/生产的钢罐重量×100％；玻璃瓶碎料利用率＝使用的碎料重量/生产的玻璃瓶重量×100％；塑料瓶回收率＝回收量/生产量×100％。

布之前的 1993 年增加了约 3 倍，虽然回收率也相应提高，但从 2000 年开始废弃量的增加才更为显著，真正实现废弃物消减则是到了 2010 年之后。

表 10-4　塑料瓶的生产、处置的变化

指标	1993 年	1995 年	2000 年	2005 年	2010 年	2013 年
生产量（万 t）	12 379.8	14 211.0	36 194.4	52 984.7	59 468.9	57 870.6
回收量（万 t）	52.8	259.4	12 487.3	32 671.4	42 874.5	52 903.1
回收率（％）	0.4	1.8	34.5	61.7	72.1	91.4
废弃量（万 t）	12 327.0	13 951.6	23 707.1	20 313.3	16 594.4	4 967.5

资料来源：（财）食品工业中心《2005 年食品工业主要指标》及日本 PET 瓶回收促进协会数据。

（2）食品回收法

虽然制定了《食品回收法》，但是如表 10-5 所示食品回收率差异很大。食品制造业的产业废弃物回收率为 95％，循环利用率也较高（转化为肥料、饲料），而外食产业的回收率仅为 32％，一般家庭的回收率仅为 7.2％。在生产制造阶段，一是使用的原材料种类有限，因此转化肥料、饲料时成分较容易掌控；二是可以从一个地方集中收集且数量较大；三是由于与一些农户或产地签订了契约买卖，因此回收再生的肥料、饲料也很容易推广且具有一定的优势。但是，对于来自外食产业和一般家庭的废弃物，由于混有盐、油和其他调味料，回收再利用的成本较高，因此很难在回收利用方面取得进展。因此，如何减少外食产业和一般家庭废弃量的措施成为重要的课题。

表 10 - 5　2017 年食品行业及家庭的回收率

食品行业及一般家庭	废弃量（千 t）	回收率（%）	最终废弃量（千 t）
食品制造业	14 106	95	427
食品批发业	268	67	80
食品零售业	1 203	51	748
外食产业	2 062	32	1 617
一般家庭	783	7.2	726

资料来源：日本农林水产省《粮食流通资源循环利用实际情况报告》、日本环境省《一般废物排放和处理情况、工业废物排放和处理情况等》。

另外，还必须注意的是，大多数回收法都仅涉及工业产品，而只有《食品回收法》涉及有机物。这就提出了一个问题，食物中可食用部分（食物浪费忽略不计），工业产品相同的回收措施是否合理。

3. 食物浪费

如上所述，日本的环境政策侧重于通过回收利用减少废弃物。然而，正如第八章所示，一些人营养不良，另一些人则因过度消费而出现肥胖，还有在物流和处理废弃物方面存在的种种问题，引起了食物分配不均对健康和环境产生的重大影响。在此背景下，联合国粮食及农业组织《世界食物浪费和食物废弃》报告和联合国可持续发展目标，都强调了与食物废弃物相对应的食物浪费问题。

在 2011 年联合国粮食及农业组织《世界食物浪费和食物废弃》报告中，聚焦于世界各地损失或浪费的食物，并公布了对贫困、饥饿和环境影响的研究结果。图 10 - 5 揭示了世界各地在食物的生产到销售阶段和消费阶段的人均废弃量。

特别指出的是发达国家在消费阶段的过度消费不仅造成肥胖等问题，而且浪费量极为突出。而在发展中国家，物流、保管体系的不成熟，有些食物无法

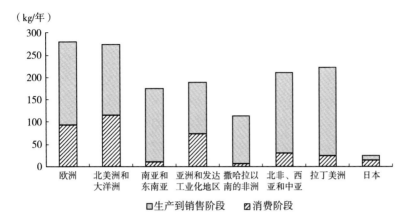

图 10-5　世界各地区人均食物废弃量

资料来源：根据 2011 年联合国粮食及农业组织《世界粮食浪费与食物废弃》报告做成。

注：仅日本单独列出，其他按地区分列。

到达终端消费，导致在生产、销售阶段的浪费量很大，消费阶段的浪费量却很少。这样的结果也反映在联合国可持续发展目标中，其中目标 12 表述为"创造的责任，使用的责任"，具体为"确保可持续的生产和消费模式"，议题 3 规定"到 2030 年，将全球零售和消费环节的人均食物浪费减半，并减少粮食收割后的损失，以及生产和供应链中的其他损失"。

考虑到向发达国家运输食物所消耗的能源和排放的二氧化碳，处理大量未吃完食物所消耗的能源和排放的二氧化碳，这些对环境的影响及其对食物生产的影响，以及暴饮暴食对健康的影响等问题，今后在做稳定供给的考虑时，不仅是增产问题，更需要重新审视人类的食物消费方式。

如表 10-6 所示的日本食物浪费总量，2018 年产生的食物浪费约为 600 万 t，根据日本农林水产省的数据，这几乎相当于人均每天浪费一碗米饭，或年均浪费约 47kg 米饭，这几乎是目前人均年大米消费量（约 54kg）的 90%。再仔细分析一下表 10-6 中企业和家庭的食物浪费、食物废弃比例数据，由此可以看出，2018 年家庭在食物废弃中所占比例约为 30%，而家庭在食物浪费中所占比例却接近 50%。

前文曾提到为了减少食物废弃量，今后必须减少下游外食产业及家庭的废弃量。不过从现实成本削减角度考虑，对于家庭垃圾而言，减少食物中可食用部分的浪费显然比减少废弃量的成本更有效。

表 10-6 日本食物废弃物和浪费的总量及占比（万 t，%）

年份	食物废弃物			食物浪费		
	企业	家庭	合计	企业	家庭	合计
2014	1 953（70.4）	822（29.6）	2 775	339（54.6）	282（45.4）	621
2016	1 970（71.4）	789（28.6）	2 759	352（54.7）	292（45.4）	643
2018	1 765（69.7）	766（30.3）	2 531	324（54.0）	276（46.0）	600

资料来源：日本环境部《环境白皮书》。

注：（ ）内数值为百分比。表 10-7 同。

　　虽然食品制造业废弃物的回收率较高，但如表 10-7 所示，与食物浪费有关的各行业中，食品制造业的浪费率最高，其次是外食产业。食品制造业浪费率居高不下的原因主要是由于产品的包装变形、印刷错误及该行业的"三分之一规则"等商业惯例影响所致。所谓"三分之一规则"，如图 10-6 所示，以最佳食用期 6 个月为例，从制造商流转到零售商，必须在三分之一的时间内（即 2 个月）完成，超过时间只能产生滞留。紧接着在零售商的贩卖时间也仅有三分之一，超过这个期限将被处理、退货或打折销售，像这样的商品滞留及被退货就是造成食品制造业浪费的原因。这一商业管理很难被打破，但近年来越来越多的企业采用的浪费消减对策是，在标识赏味期限时，不用年月日来显示，而是改为年月，如 2020 年 3 月 15 日改为 2020 年 3 月。

表 10-7 食物浪费的构成（万 t，%）

年份	制造业	批发业	零售业	外事产业	一般家庭	合计
2015	140（21.8）	18（2.8）	67（10.4）	133（20.7）	289（45.0）	642（100.0）
2018	126（21.0）	16（2.7）	66（11.0）	116（19.3）	284（47.3）	600（100.0）

资料来源：根据日本农林水产省 HP 做成。

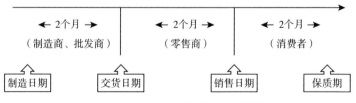

图 10-6 食品业"三分之一规则"

资料来源：木岛根据日本农林水产省《食物、农业、农村白皮书》做成。

鉴于以上现实情况，2019 年颁布了《减少食物浪费促进法》，其目的是将食物的可食用部分作为食物消费，而不是将其作为废弃物进行回收。值得关注的是，原有的《食品回收法》的对象仅为食品企业，而《减少食物浪费促进法》的对象还包含消费者在内。其具体的措施是针对促进食物浪费消减的食品企业，提供相应的扶持及奖励，以及支持"食物银行"计划。2021年之后，日本政府开始通过食物银行或直接向"孩童食堂"（包含给孩童配送）免费提供政府的储备大米。随着《减少食物浪费促进法》的出台，日本从原有环境政策即仅针对食物浪费消减的循环利用，发展为不浪费食物，并且与福利政策相结合，可谓向政策一体化迈出了重要的一步，同时还能改善"一刀切"式管理的不良影响。

五、建设食物系统，实现粮食的稳定安全供应

改变日本食物废弃物政策的背景有两个关键因素：一是联合国粮食及农业组织在 2011 年发布的《世界食物浪费和食物废弃》报告，二是联合国可持续发展目标的波及效应。

如第三章所述，联合国可持续发展目标设定了 17 个具体目标，详见表 10 - 8。这些目标是对其前身"千年发展目标"的反思，因此提出不仅是发展中国家面临这些问题，发达国家或地区同样必须面对。如表 10 - 8 所示，本书涉及人类生存所必需的食物问题，不仅是与关联章节相关，与各章的诸多目标也不谋而合。

表 10 - 8　17 个可持续发展目标与本书各章的关系

目标	内容	本书各章
目标 1：贫困	消除各地一切形式的贫困	第一、二、七、八、九、十章
目标 2：饥饿	消除饥饿，实现粮食安全，改善营养状况，促进可持续农业	第一、七、八、九、十章
目标 3：健康	确保健康生活，促进各年龄段所有人的福祉	第一、十章
目标 4：教育	确保包容、公平的全民优质教育，促进终身学习机会	第十章
目标 5：性别	实现性别平等，增强所有妇女和女童的权能	第一、六章

（续）

目标	内容	本书各章
目标6：水和卫生	确保为所有人提供可持续管理的水和卫生设施	第三章
目标7：能源	确保人人都能获得可靠的、可持续的现代能源	第七、八章
目标8：经济增长和就业	促进包容性和可持续的经济增长，促进充分的生产就业，达到人人有体面的工作	第四章
目标9：基础设施、工业化和创新	建设具有抗灾能力的基础设施，促进包容的、可持续的工业化和创新	第三、四、五、六、七章
目标10：不平等	减少国家内部和国家之间的不平等	第七、八章
目标11：城市可持续发展	实现包容、安全、有韧性和可持续发展的城市	第五章
目标12：可持续生产和消费	确保可持续的生产和消费模式	全书
目标13：气候变化	采取紧急措施减缓气候变化及其影响	第八、十章
目标14：海洋资源	保护可持续利用的海洋及近海资源，促进可持续发展	第三章
目标15：土地资源	保护、恢复和促进可持续利用的陆地生态系统，持续地管理森林，防止荒漠化，制止或恢复土地退化，防止生物多样性的丧失	第三、十章
目标16：和平	为可持续发展促进和平、包容的社会，为所有人提供诉诸司法的机会，在各级建立有效、负责和包容的机构	全书
目标17：实施手段	加强可持续发展的实施手段，振兴全球伙伴关系	第七、八、九章

资料来源：日本外务省《日本可持续发展目标行动纲要》。

可持续发展目标最值得关注的是环境问题和经济增长，这两个自布伦特兰委员会发表报告以来一直存在的问题，并将其视为建设可持续发展社会的必要课题。该报告指出，资本是可持续发展的必要条件，而可持续发展的环境是经济增长的保障，为此，一元化的整合政策显得尤为关键。而对于政策的整合，在《减少食物浪费促进法》出台的背景下，日本政府谈到了世界上仍然存在的大量饥饿人口，并就此提出了食物、环境和福利政策的整合政策。稳定的食物供给不仅是食物的基本特性，也是人类生活和繁衍不可或缺的必需品，正如本章开头所述，如果"食物问题"和"环境问题"是不可分割且相互关联的关系，那么，正如日本食物系统学会从一开始就呼吁的那样，不仅要把食物系统理解为一个生产、加工、流通和消费的线性系统，而且要把它理解为一个包括相关技术、制度、政策、气候和文化在内的聚合性系统，在此基础上整合各项政策显得尤为重要。

1. 确保安全的企业责任

环境问题成为社会问题以来，各类企业从努力获得 ISO14001 认证开始，采取了一系列的相应措施（如环境管理、利用其他的环境会计计算方法、实现零排放、标明使用回收材料等），并把取得的成果通过报告的形式公布于众。另外，如何遵守及执行《容器和包装回收法》和《食品回收法》也成为企业的必要课题。然而，当前社会所面临的课题不局限于环境问题，还需为解决可持续发展目标中提出的各种问题做出相应的贡献。因此，政府和企业都明确表明，其政策或管理目标与可持续发展目标的关系，以及为解决这些目标所做出的贡献，股东及消费者也将此作为评估企业的依据。使用农渔业材料的食品产业，可以通过稳定供给含有各种营养成分的食品，为可持续发展目标做出相应的贡献。特别是 2019 年 12 月修订的《可持续发展目标实施指南》，将下一代年轻人定位为实现目标的中流砥柱，并对其加强宣传和教育。同时根据企业积极解决环境和社会问题的程度，决定是否扩大 ESG 投资（指投资时着重考虑对环境、社会和公司治理的贡献度）。如表 10-9 所示，日本关于可持续发展目标的投资额正在逐步增长。不过日本是近年才真正开始该投资的，所以如果对比 2020 年数据，美国和欧洲的投资额将分别达到 1 880 万亿日元、1 320 万亿日元，而日本的投资额仅为 320 万亿日元，对于一个国内生产总值位居世界第三的国家来说，这一数据有些过低，但如果从增长率来看的话，自 2016 年以来的四年时间里，日本的投资额增加了约 5 倍。企业在投资日本的决策过程中也会以对环境问题和可持续发展目标的贡献值为依据。

表 10-9　日本关于可持续发展目标的投资现状（万亿日元，%）

年份	2016	2018	2020
投资额（增长率）	56（100）	232（414）	320（571）

资料来源：全球可持续投资联盟。

2020 年 3 月，日本农林水产省提出了《环境政策的基本方针》，其中指出可持续发展目标中的所有目标都与食物、农业和农村有关。可以毫不夸张地说，这表明曾经提出的"经济协调条款"即不应为了保护环境而停止经济增长的理念已被彻底抛弃，如果不建立良好的环境基础，就不可能实现经济的可持续增长和社会的发展。现在不仅是企业和政府，消费者也应重新思考环境与食物之间的关系。

2. 在安全食物的稳定供给中消费者所起的作用

在当前的经济体系中，生产及流通等由企业承担，政府执行监督，而消费者更大的贡献是考虑如何构建更有效的食物系统，所谓构建实际上就是消费者的日常消费行为。消费者要有一定的忧患意识，即为什么安全食物的供应不稳定，考虑在市场上供应的众多食品中，我们应该购买和食用哪家企业的产品，这些企业的产品是否在地球的可持续发展方面做出贡献，即行使《消费者基本法》中的消费者选择权。

为此消费者需具备怎样的意识、需要捕捉哪些信息（食品标签和食学教育的重要性），以及政府需要哪些监管、企业需要提供哪些信息，这些都是需要消费者努力去争取的。

第十一章
关于日本食物问题的思考

一、世界其他各国无法比拟的极低的食物自给率

1. 农业问题和食物问题

通过本书以上章节的叙述和食物系统逆流的追溯，发现了食物经济的种种问题。在序章中提出的饮食与农业之间的距离不断扩大所形成的黑匣子，不知读者们解开了多少。

如前言所述，本书的主要目的是鼓励读者思考，食物经济中一个事件与另一个事件之间的关系，而不是理解事件本身。在各章的叙述中，与其说执笔者在帮读者解答问题，不如说执笔者抛出了各环节的问题，让每一位读者结合自己的日常饮食来思考日本乃至世界的食物经济问题，并做出自己的判断。当然，可能会有很多读者因提出的问题数不胜数，而不知所措或困惑不已。因此，在终章中，我们将问题的范围尽量缩小，与大家一起思考日本的食物问题。

美国著名农业经济学家西奥多·舒尔茨（Theodore W. Schultz）指出，与农业相关的经济问题主要有两个。第一个是农业问题。在农产品生产过剩和农产品价格持续低廉的情况下，农业生产者在低收入的困境中挣扎，农村地区的贫困已然成为一个严重的社会问题。这个农业问题也出现在农产品过剩的发达国家，同时也是战前日本农业和农村的基本问题，当时日本农村人口过多，农业和农村长期处于疲于奔命的状态。而放眼全球，至今贫困仍然是发展中国家农村地区普遍存在的问题。

与农业相关的第二个经济问题是食物问题，也就是由于食物供应短缺而出现的食物危机问题，人类曾多次遭遇饥饿和严重的食物短缺。以前日本同样如此，1918年的大米暴动和第二次世界大战后的食物短缺时期，相信读者的祖父母和曾祖父母都曾经历过。食物是人类维持生命的基本生活资料，因此食物问题不仅是一个严重的社会问题，有时甚至还会引起恐慌。我们不能忘记，时至今日，地球上仍有 8 亿多的饥饿人口，在非洲、亚洲部分地区及中东等冲突地区不断出现严重的食物紧缺。

毋庸讳言，这些食物问题是由食物供需关系紧张造成的。换句话说，这取决于世界对食物的需求量是多少，以及为满足这一需求的生产量是多少。关于食物需求，正如第二章所述，由人口、收入水平和偏好的变化而决定；而食物生产则如第三章和第八章所述，由可耕地面积、单位产量及包含水资源的环境问题等决定。

决定食物需求最重要的是人口因素，联合国统计报告称，2019 年世界人口将超过 77.1 亿人。这一数字是 60 年前（1960 年）30 亿人的 2.6 倍，是 115 年前（1900 年）20 亿人的 3.9 倍。全球人口的增长速度有增无减，据美国人口普查局和联合国的估算，世界人口每分钟增加 133 人，即每天增加约 20 万人，每年增加 7 507 万人。按照这个速度，预计到 2050 年，世界人口将超过 97 亿人（中位数估值，详见第八章图 8 - 2），到 21 世纪末将达到 110 亿人，几乎是现在人口的 2 倍。

我们再来看看谷物产量，自 20 世纪 80 年代以来世界谷物种植面积一直在下降，近年来由于谷物单产已达峰值（表 8 - 5），世界人均谷物产量持续下降（图 8 - 7）。目前全球饥饿人口已接近 10 亿人（联合国世界食物计划署，2020 年），而且饥饿人口有可能还会进一步增加。

鉴于以上事实及推算，整个地球未来将长期面临严重的食物问题。作为在 21 世纪关心食物问题的各位读者，大家必须深度思考"食物经济"问题。

2. 食物自给率的国际比较

如第三章的食物自给部分所述，食物自给率有三个衡量标准：总自给率、谷物自给率和总热量自给率。不管用哪个标准计算，日本都呈下降趋势。按 2017 年日本的生产值与消费值计算的总自给率为 64%，含饲料谷物在内的谷物自给率为 28%，而按食物供应的热量推算的总热量自给率为 38%，这意味着不足的缺口只能依赖进口。因此，对照西奥多·舒尔茨提出的分类来看，日本存在着潜在的严重的食物问题。

图 11 - 1、图 11 - 2 是日本与其他发达国家的食物自给率对比情况。从图 11 - 1 中食物自给率的供应来看，1970 年日本的食物自给率为 60%，高于英国的 46%，接近德国的 68%，但之后逐年下降，到 1989 年低于 50%，

2015 年降至 45％。形成鲜明对比的是，同样的时期英国和德国的自给率分别上升到 68％、95％，由此可以看出，仅日本的自给率在下降，意味着国民所必需的食物供给 60％以上依赖于国外进口。

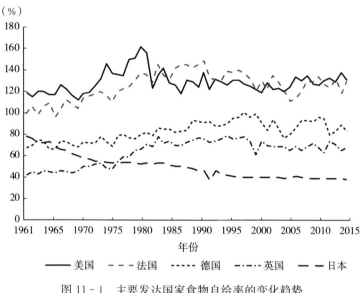

图 11-1　主要发达国家食物自给率的变化趋势

资料来源：根据日本农林水产省《食品供需表》做成。图 11-2 同。

注：食物自给率＝(国内食品供热量/总供热量)×100％（按热值计算）。

从图 11-2 所示的谷物自给率可以清楚地看出。1961 年，日本经济开始快速增长，当时的自给率为 75％，高于德国的 63％和英国的 53％，也远高于荷兰的 35％和瑞士的 34％。然而，之后也仅有日本在急速下降，降至 2015 年的 28％；同样形成鲜明对比的是，英国、德国甚至瑞士的自给率都在稳步上升。图 11-2 还可以看出荷兰的谷物自给率与日本一样低，但是荷兰出口了大量乳制品和其他产品，且 2017 年热量自给率达到了 70％，远高于日本。

表 11-1 揭示了世界上人口 1 亿以上的 14 个人口大国的谷物自给率，排在首位的是俄罗斯 148％，巴基斯坦、美国、巴西和印度均超过 100％，中国接近 100％，印度尼西亚、埃塞俄比亚和孟加拉国约为 90％，而只有日本相对较低，仅为 28％。

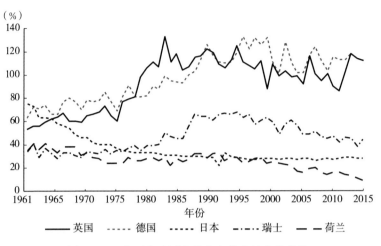

图 11-2　主要发达国家谷物自给率的变化趋势

注：谷物自给率＝（国内谷物消费量/包含饲料谷物在内的国内谷物总产量）×100％（按重量计算）。

表 11-1　人口在 1 亿及以上国家的谷物自给率

国家	人口（千人）	谷物自给率（%）
中国	1 441 860	98
印度	1 366 418	108
美国	329 065	119
印度尼西亚	270 626	93
巴基斯坦	216 565	121
巴西	211 050	112
尼日利亚	200 964	82
孟加拉国	163 046	91
俄罗斯	145 872	148
墨西哥	127 576	70
日本	126 860	28
埃塞俄比亚	112 079	93
菲律宾	108 117	82
埃及	100 388	57

资料来源：世界卫生组织《世界卫生统计报告》、联合国粮食及农业组织《食物平衡表》、日本农林水产省《食物供求表》。

注：人口为 2019 年数据，谷物自给率为 2017 年数据。

3. 提升食物自给率

为什么其他发达国家在全面提高自给率的同时，却唯有日本急速下降呢？为什么日本面临着世界贸易组织谈判和跨太平洋伙伴关系协定涉及的需进一步扩大进口的压力呢？这些问题已在第七章和第九章中有过具体的论述，在此不过多赘述，但在与这两章作者交换意见的基础上，在此对主要论点进行一个总结。

应对自给率低下的第一个对策措施是，对生产率低下、国际竞争力弱的日本农业进行结构改革。虽然农业普查和其他数据的趋势表明日本农业正在衰退，但是仔细观察就会发现，各地区都出现了公司制农业企业，尽管数量不多，可是这些企业的销售额正在稳步增长。农业结构改革正在取得一定进展，笔者对这些公司制农业企业的发展寄予厚望。

尽管日本目前食物自给率低的原因可能在很大程度上，是由于历届政府在外部压力下放开了农产品进口，但不可否认日本今天富裕的生活方式是其国际自由贸易的结果。因此，第二个对策是在这种自由贸易体制下如何提高自给自足。正如荷兰的做法，在接受谷物等大量进口的同时，提升高附加值的农产品及其加工品的出口。在世界范围内，日本的农产品及其加工品是美味、安全和高端的食材，这些产品受到广泛的好评。因此，这些食材或食品应积极出口到世界上经济正在增长的国家。

如前所述，即使日本承认自己是国际自由贸易的推动者，也不得不采取适当的保护措施，这是第三个对策。这也与第九章第五节中提到的食物安全问题有关。例如，日本进出口的主要商品是工业品和农产品，如果出现进出口停滞的极端情况，作为耐用消费品的工业品可以在维修后反复使用。但是农产品不耐储存且不能反复使用，一旦供应短缺，将立即影响到国民的生活保障，一个国家如果食物供应被切断，毋庸置疑会陷入恐慌之中。即使不走到这一步，对于存在潜在风险的国家，也可能因为担心容易受到与国际冲突有关的经济封锁的影响，而无法进行大胆的外交谈判。因此，在当今的国际社会中，食物已成为一种强大的战略商品，食物系统的每个组成主体，包括消费者在内，都必须在理解这一点的基础上做好对应措施。

20世纪七八十年代经济快速增长期所提倡的"饮食西洋化"，使人们忘记了"适合当地气候、风俗的饮食生活"这一基本观念，导致了"饮食无国籍"，这个理念必须被纠正，这是第四个对策。毋庸讳言，饮食习惯是各国家和地区经过漫长的历史及气候孕育而成，并作为饮食文化被传承下来。从这个意义上说，饮食生活必须根植于每个国家和地区，关于这一点我们在后面详细讨论。

二、规则是"适合当地气候、风俗的饮食生活"

本书的作者既不是医生也不是营养学家，所以在这部分，引用该领域专家的观点来进行一些思考。首先想阐明的观点是，在日本环境中被养育的日本人，其体质更适合日本的气候和风俗习惯。

虽然是略显陈旧的文献，但根据生理学家杉靖三郎（1906—2002 年）的研究表明，日本人胃的容量约为 1.5 升，比体型较大的西方人的 1 升大 50％。日本人肠子的长度为 7.6 米，也比西方人的 5.0 米长约 50％。因此，日本人的粪便量是西方人的 2～3 倍[①]。

正如杉靖三朗本人所指出的，这是由于日本人和西方人的饮食习惯不同造成的。换句话说，日本人偏爱吃谷物和蔬菜，而西方人更偏爱吃肉。即使是同样的谷物，日本是以粒食为主，而欧美更多的是以粉类为主。在这两种情况下，西方人长期食用易消化的食物，而日本人长期食用不易消化的谷类和素食混合食物，因此形成了"胃大肠长"的体质。

杉靖三朗进一步指出，与西方人相比，日本人胃中的消化酶水平较低，意味着胆汁成分对脂肪的皂化作用较差，日本人肠道钙化酶缺乏症的发病率高达 85％（西方人仅为 5％），导致了许多日本人无法消化乳糖。日本长期以来的传统饮食习惯，脂肪尤其是动物脂肪的摄入量低，再加上乳制品的摄入量较少，这与许多日本人如今喝牛奶时仍然腹泻有关。

随着时间的积累，每个国家和地区的环境、气候、风俗等形成了各自独特的饮食习惯，同时也塑造了各自的身体体质，因此饮食生活要以适合各自体质的饮食为基础。此外，人体无法合成的八种必需氨基酸，只能通过饮食摄取。根据食物历史学家筱田治（1899—1978 年）的观点，动物蛋白质含有丰富的八种必需氨基酸不足为奇，即使日本人的主食大米也含有不少此类氨基酸。通过对比等量蛋白质中必需氨基酸的含量，如果把内蛋奶算作 100，则大米的含量为 95，远高于面包的 35。

[①]　饮食生活研究会，《未来的饮食生活》，日本农林统计协会，1976 年。

人类每天从大米中摄取的必需氨基酸只需 5 杯份（750g）或 10 个饭团就足够了，而面包则需要每天摄取 3kg，这意味着面包必须与肉类搭配食用。根据味之素的氨基酸百科全书网站（www. ajinmoto. co. jp/amino/），小麦中赖氨酸、蛋氨酸和苏氨酸的含量较低，必须通过肉类和乳制品来补充，但大米略微缺乏赖氨酸，而豆类却含有丰富的赖氨酸，因此大米和味噌、豆腐等豆制品就可以确保人体必需氨基酸的供应。

在以大米为主食的日本，畜产品没必要成为饮食的重要组成部分。据了解，日本直到明治时期才开始普遍吃肉，原因是受佛教影响禁止吃肉，但如果当时的主食是面包而不是大米，由于人们生理上的饥饿，杀生的禁令自然会被打破①。适合亚洲季风气候的水稻种植，不仅是一种可以连续耕作的环保型农业，而且从营养学的角度来看，所产大米也是一种极好的食物。然而，令人担忧的是，大米的消费量正在逐年减少，"脱大米"饮食正在愈演愈烈。因此，需要人们再度审视日本的饮食生活。

还有一项关于日本人体质的有趣研究。许多日本人在饮酒后脸会立即变红，根据酒精药物遗传学研究员原田胜二的研究，这是由于身体缺乏 I 型醛脱氢酶造成的。在日本人等蒙古血统中，这种缺乏症的发病率极高，从 44% 到 69% 不等，但在德国人、埃及人和肯尼亚人等非蒙古血统中，这种缺乏症的发病率几乎为零。这是因为在漫长的人类进化过程中，由于饮食习惯的不同而造成的。与在夏天收获食物，储存起来进行酒精发酵，然后在冬天食用的白种人，以及在食物更容易发酵的热带地区长大的人相比，温带地区受到天气的惠顾，能收获大量的新鲜丰富食材，但却导致了该缺乏症（1987 年 10 月 2 日，日本农业新闻）。

简而言之，欧洲人和非洲人长期被迫食用含酒精的食物，得了缺乏症的人逐渐被淘汰（通过流产等方式），而我们的祖先则不同，他们一年四季都能享受到大自然的恩赐，总是能吃到新鲜的食物，即使得了缺乏症也能存活下来。

需要重申的是，日本人的体质是由生活的地区所创造的食物环境在漫长的历史中形成的，这点可谓意义深远。因此，为了自己的健康应该反思，不能因为收入提高了一点，就无原则地提倡"饮食西洋化"。为了追求美食，可以偶尔享用鱼子酱或鹅肝，但饮食的基础必须是适合当地环境、风俗并在当地气候

---

① 石毛直道 编，《世界饮食文化》，多姆斯出版社，1973 年。

中孕育的食物。笔者认为，这也是"和食"被列入《世界遗产名录》的根本意义所在。

三、追寻真正丰盛的饮食，展望 21 世纪饮食生活

1. 反思现代化及工业化，寻求真正的财富

如今，可以说我们享受着极其优越的饮食生活，包括世界各地的美味佳肴，想吃什么就吃什么，想什么时候吃就什么时候吃，想吃多少就吃多少，在饮食方面没有任何顾虑，似乎一切都是理所当然，而且许多人认为将会永远如此。

毫不夸张地说，如今的富裕生活是前辈们在 20 世纪的一个世纪里建立起来的。1901 年，20 世纪的第一年，正逢中日战争和日俄战争期间，日本的资本主义也渐渐奠定了基础。此后的 20 世纪，尽管经历了第二次世界大战等灾难性事件，但仍是资本主义持续推进现代化和工业化的世纪。幸运的是，战后的经济复苏和随后的高速经济增长使日本跻身世界经济强国之列。正因为如此，才能享有今天的富裕生活。

20 世纪是脱贫、创造富裕生活的世纪，1983 年播出的著名电视剧《阿信》就是整个 20 世纪的缩影，那么 21 世纪又将是一个什么样的世纪呢？我想和生活在 21 世纪的读者们一起思考这个问题。当然，21 世纪在某些方面将继承 20 世纪的成就。因此，有些人可能会认为，丰富多彩的生活将延续到 21 世纪并且将更加富足，但事实真的是这样吗？

20 世纪创造的财富主要是物质财富，如上所述，这些财富是通过持续推进现代化和工业化实现的。我们想指出的第一个问题是现代化和工业化的局限性，即资源问题及全球环境问题带来的局限性。可以确切地说，现代化和工业化是通过大量消耗有限资源和积累有毒物质（公害及环境破坏）实现的。那么 20 世纪系统就必然成为人类历史长河中的非永久性系统。在 21 世纪的下一个 100 年里，这种非永久性系统不能再沿用，而必须被支持可持续发展的永久性系统所取代。

第二个问题是什么样的永久性系统才是 21 世纪系统的基础呢？可能需要集思广益，去创造、去尽快实现系统转型。20 世纪现代工业时代的非永久性系统固然为我们提供了富足的生活。然而，仔细想想，这种系统哺育人类的时

间只有 150 年左右。相比之下，以农业为主体的旧系统在物质上可能并不富裕，但却养育了人类数千年。工业保证了人们丰富的物质生活，但遗憾的是这是一个非永久性系统，无法再延续 100 年。然而，这并不意味着我们能回到工业化之前，这一困境暂时仍将困扰着我们，但在此必须重新审视原有农业的永久性系统（以生态为基础的循环系统），并不惜一切代价建立 21 世纪的新系统。

与此相关的第三个问题是在日常生活中不断追求的真正财富是什么？我们一直在努力追求更加丰富的生活，企业也通过广告等手段刺激我们的欲望，鼓励我们追求更丰富、更先进的物质生活。但是，如果这种生活本身就浪费了大量的资源，破坏了地球环境，那就意味着每一个人都必须对这样的生活方式进行反思，思考什么是"真正的财富"，并成为真正财富的追求者。那么，最基本的应该是节约资源、不破坏环境及可持续发展。联合国提出的可持续发展目标，是 21 世纪所需要的永久性系统，同时也是创造并享受财富的新模式。

2. 展望 21 世纪的饮食习惯

到目前为止，从总体上描述了 21 世纪的发展方向，这种思考也同时适用于农业及饮食生活。20 世纪的农业史可谓是一部现代化和工业化的历史。现代化和工业化通过大量使用杀虫剂和化肥破坏了土壤生态系统，将原本以农业为主的永久性系统变成了浪费资源、破坏环境的非永久性系统。因此，许多批评现代农业的人都说，农产品的原汁原味已经被破坏，我们每天都被迫吃着被农药污染的食物。

然而，值得注意的是，在农产品与其他工业产品一样被视为经济产品，并受到成本削减和规模竞争影响的情况下，为"看得见的消费者"生产农产品，以及提升"看得见的生产者"农产品消费的产销联盟运动数量正在逐步增加。

此外，始于意大利一个小镇的"慢食运动"也在日本得到了发展。"慢食运动"的目的：一是保护正在消失的传统食品；二是保护提供优质食品原料的小生产者；三是促进包括儿童在内的食育教育。在德国和英国，绿色消费者运动正在强劲而稳定地被推广。再有，绿色消费者运动中的素食主义者和纯素主义者人数不断增加，原因是肉食按热量计算需要 4～10 倍的谷物，所以被认为浪费了大量资源，人们也正在从肉食转向豆制品等。

我们可以简单地通过图 11 - 3 进行演示，其中 71 个主要国家和地区的人均 GDP 为横轴，人均谷物消费量为纵轴。各国家和地区的谷物消费量，分为直接用于食用的谷物消费量、包含饲料等间接消费的谷物消费总量，并用趋势线显示了各指标随人均 GDP 变化而变化的情况。

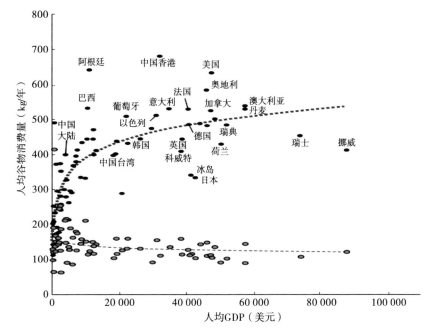

图 11-3　2010 年人均 GDP 和人均谷物消费量
资料来源：联合国粮食及农业组织《食物平衡表》，日本总务省《世界统计》。
注：●表示人均谷物消费总量，即除了食用谷物消费外，还包含生产畜产品用的饲料谷物消费；◐指食用谷物消费量。

　　谷物消费量略有向右下倾斜的趋势，意味着随着人均 GDP 的增加而减少，而谷物消费量却迅速增加，因此两者之间产生了巨大的差距。毋庸赘述，这种差距是随着人均 GDP 的增长，导致了畜产品消费量急剧增加，也导致了谷物饲料的增加。如第八章所述，可以预见的是，随着人口的快速增长，全球对谷物饲料的需求将出现爆炸性增长。如果预测成真，对谷物的需求将不可估量。

　　在欧洲各国的"绿色消费者运动"中，越来越多的素食主义者和纯素主义者也反映了他们对这些问题的认识及正在做的努力。

　　21 世纪饮食追求"真正的丰富"，并不一定是追求世界美食，也不是无止境地追求食物的奢华。问题的关键在于提升植根于各国环境、气候、风俗习惯的饮食文化，创建和建立一个作为永久性系统的食物系统，以确保该国的食物生产和消费在未来的许多年里，即使在全球化的进程中也能得以延续。

参考文献
R E F E R E N C E S

prologue　食料経済で何を学ぶか

髙橋正郎・斎藤修（編）：フードシステム学の理論と体系，農林統計協会（2002 年）

髙橋正郎：フードシステムと食品流通，農林統計協会（2002 年）

時子山ひろみ・荏開津典生：フードシステムの経済学，医歯薬出版（2008 年）

唯是康彦・三浦洋子：Excelで学ぶ食料システムの経済分析，農林統計協会（2003 年）

時子山ひろみ：フードシステムの経済分析，日本評論社（1999 年）

髙橋正郎（編）：フードシステム学の世界，農林統計協会（1997 年）

木南莉莉：国際フードシステム論，農林統計出版（2009 年）

日暮賢司：食料経済入門―経済学から見た現代食料問題，東京書籍（2002 年）

B. トレイル（編）/鈴木福松他（訳）：ECのフードシステムと食品産業，農林統計協会
　（1995 年）

L. シェルツ他（編）/小西孝蔵他（訳）：アメリカのフードシステム，日本経済評論社
　（1996 年）

1 章　食生活の変遷と特徴

豊川裕之・安村碩之（編）：食生活の変化とフードシステム，農林統計協会（2001 年）

黒柳俊雄（編）：消費者と食料経済，中央経済社（2000 年）

岸康彦：食と農の戦後史，日本経済新聞社（1996 年）

吉田忠他：食生活の表層と底流，農山漁村文化協会（1997 年）

岩村陽子：変わる家族変わる食卓，勁草書房（2003 年）

遠藤金次他：食生活論―「人と食」のかかわりから，南江堂（2003 年）

米川五郎・馬路泰蔵：食生活論，有斐閣（2004 年）

福田靖子他：食生活論，朝倉書店（2007 年）

岡崎光子：新食生活論，光生館（2006 年）

味の素食の文化センター（編）：食文化に関する文献目録，同センター（1996 年）

健康・栄養情報研究会（編）：国民健康・栄養の現状，第一出版（各年次）

今村奈良臣・吉田忠：飢餓と飽食の構造，食糧・農業問題全集 3，農山漁村文化協会

（1990 年）

秋谷重男・吉田忠：食生活変貌のベクトル，農山漁村文化協会（1998 年）

石毛直道・鄭大聲（編）：食文化入門，講談社（2002 年）

2 章　成熟期にきた食の需給

西村和雄：ミクロ経済学，岩波書店（1996 年）

高橋伊一郎：農産物市場論，明文書房（1985 年）

時子山ひろみ・荏開津典生・中嶋康博：フードシステムの経済学，医歯薬出版（2019 年）

中島正道・岩渕道生（編）：食品産業における企業行動とフードシステム，農林統計協会（2004 年）

石田正昭・波多野豪：循環型社会における「食」と「農」，三重大学出版会（2003 年）

日本家政学会家庭経済学部会（編）：多様化するライフスタイルと家計，建帛社（2002 年）

F. コトラー，G. アームストロング/青井倫一（訳）：マーケティング原理，ダイヤモンド社（1995 年）

小川孔輔（編）：POSとマーケティング戦略，有斐閣（1993 年）

ブルース・マリオン（編）/有松晃（訳）：アメリカの食品流通，農山漁村文化協会（1986 年）

3 章　農畜水産物の生産

荏開津典生・鈴木宣弘：農業経済学（第 5 版），岩波書店（2020 年）

服部信司：米政策の転換，農林統計協会（2010 年）

速水佑次郎・神門善久：農業経済論新版，岩波書店（2002 年）

本間正義：現代日本農業の政策過程，慶應義塾大学出版社（2010 年）

農林水産省（編）：食料・農業・農村白書（各年版）

田代洋一：農業・食料問題入門，大月書店（2012 年）

生源寺眞一：農業と人間，岩波書店（2013 年）

4 章　食品企業の役割と食品製造業の展開

P. F. ドラッカー/上田惇生（訳）：マネジメント—課題，責任，実践—（上・中・下），ダイヤモンド社（2008 年）

J. A. シュムペーター/塩野谷祐一・中山伊知郎・東畑精一（訳）：経済発展の理論（改訳），岩波書店（1980 年）

J. M. コナー/小倉武一（監訳）：アメリカの食品製造業—構造・戦略・業績・政策—，農山漁村文化協会（1986 年）

M. E. ポーター：競争優位の戦略，ダイヤモンド社（1985 年）

荏開津典生・樋口貞三（編）：アグリビジネスの産業組織，東京大学出版会（1995年）

斎藤修：フードシステムの革新とバリューチェーン，農林統計出版（2017年）

亀川雅人・鈴木秀一：入門経営学（第3版），新世社（2011年）

岸康彦：食と農の戦後史，日本経済新聞社（1996年）

中島正道：食品産業の経済分析，日本経済評論社（1997年）

中島正道・岩渕道生（編）：食品産業における企業行動とフードシステム（フードシステム学全集第4巻），農林統計協会（2004年）

中嶋康博・新山陽子（編）：食の安全・信頼の構築と経済システム（フードシステム学叢書第2巻），農林統計出版（2016年）

上路利雄・梶川千賀子：食品産業の産業組織論的研究，農林統計協会（2004年）

木島実：食品企業の発展と企業者活動，筑波書房（1999年）

大矢祐治：食品産業における中小企業近代化促進政策の展開と意義，筑波書房（1997年）

髙橋正郎（編）：フードシステム学の世界，農林統計協会（1996年）

農林水産省食品産業局企画課食品企業行動室：食品業界の信頼性向上について，農林水産省（2014年）

5章　食品流通とマーケティング

髙橋正郎：フードシステムと食品流通，農林統計協会（2002年）

滝澤昭義（編）：食料・農産物の流通と市場，筑波書房（2003年）

小山周三・梅沢昌太郎（編）：食品流通の構造変動とフードシステム，農林統計協会（2004年）

大阪市立大学商学部（編）：ビジネス・エッセンシャルズ⑤流通，有斐閣（2007年）

山本博信：食品産業新展開の条件，農林統計出版（2009年）

岩崎邦彦：スモールビジネス・マーケティング，中央経済社（2009年）

寺嶋正尚：ケースでわかる流通業の知識，産業能率大学出版社（2014年）

藤島廣二他：フード・マーケティング論，筑波書房（2016年）

和田充夫・恩藏直人・三浦俊彦：マーケティング戦略（第5版），有斐閣（2016年）

西川英彦・澁谷覚（編）：1からのデジタル・マーケティング，中央経済社（2019年）

現代マーケティング研究会（編）：マーケティング論の基礎，同文舘出版（2019年）

（公）フードスペシャリスト協会（編）：四訂食品の消費と流通，建帛社（2021年）

日経MJ（流通新聞）（編）：日経MJトレンド情報源，日本経済新聞出版社（各年次）

6章　外食・中食産業の展開

岩渕道生：外食産業論―外食産業の競争と成長，農林統計協会（1996年）

小田勝己：外食産業の経営展開と食材調達，農林統計協会（2004年）

茂木信太郎：外食産業の時代，農林統計協会（2005年）

国友隆一：よくわかる外食産業，日本実業出版（2008年）

日本惣菜協会：中食 2030，ダイヤモンド社（2021 年）

日経 MJ（流通新聞）（編）：日経 MJ トレンド情報源，日本経済新聞出版社（各年次）
（外食企業上位 150 社のランキングが記載されている）

7 章　貿易自由化の進展と食料・食品の輸出入

堀口健治他：食料輸入大国への警鐘，農山漁村文化協会（1993 年）

斉藤高宏：開発輸入とフードビジネス，農林統計協会（1997 年）

島田克己・下渡敏治・小田勝己・清水みゆき：食と商社，日本経済評論社（2006 年）

下渡敏治：東アジアフードシステムの新局面，山田三郎（監修）：食料需給と経済発展
　の諸相，筑波書房所収（2008 年）

斉藤修・下渡敏治・中嶋康博（編）：東アジアフードシステム圏の成立条件，農林統計
　出版（2012 年）

下渡敏治・宮部和幸・上原秀樹（訳）：グローバリゼーションとフードエコノミー，農
　林統計出版（2012 年）

谷口信和（編）：世界の農政と日本―グローバリゼーションの動揺と穀物の世界価格高
　騰を受けて―，農林統計協会（2013 年）

下渡敏治・小林弘明（編）：グローバル化と食品企業行動，農林統計出版（2014 年）

下渡敏治：グローバル化・地域統合と日本のフードシステム，フードシステム研究第
　22 巻 2 号（通巻 64 号），日本フードシステム学会（2015 年）

下渡敏治：海外直接投資と輸出入，日本農業経済学会編集，農業経済学事典　第 7 章
　フードシステムと農業・食品産業 7 - 20，丸善（2019 年）

農林水産省食料産業局市場開拓課，輸出先国規制対策課海外市場開拓・食文化課：農
　林水産物・食品の輸出促進について（各年度版，2020 年度版）

下渡敏治：日本の産地と輸出促進―日本産農産物・食品のグローバル市場への挑戦―，
　筑波書房（2018 年）

下渡敏治：食品企業のグローバル化と国際分業の新展開，フードシステム研究第 19 巻
　2 号（2012 年）

宮崎義一：現代資本主義と多国籍企業，岩波書店（1982 年）

下渡敏治：国産加工食品の輸出拡大の課題と新たな輸出戦略，（一般社団法人）食品需
　給研究センター：加工食品の輸出需要動向Ⅲ（農林水産省補助事業・加工食品の輸
　出需要拡大対策事業報告書）所収（2021 年）

下渡敏治（編著）：農林水産物・食品の輸出戦略とマーケティング―マーケットインの
　輸出戦略―，筑波書房（2022 年）

8 章　世界の食料問題

レスター R. ブラウン/小島慶三（訳）：飢餓の世紀，ダイヤモンド社（1995 年）

レスター R. ブラウン/今村奈良臣（訳）：食糧破局，ダイヤモンド社（1996 年）

アマルティア・セン/黒瀬卓他（訳）：貧困と飢饉，岩波書店（2000年）

E.ミルストン，T.ラング/大賀圭治（監訳）：食料の世界地図，丸善（2005年）

柴田明夫：食糧争奪，日本経済新聞社（2007年）

国際連合食糧農業機関（編）：世界の農産物市場の現状2004，国際食糧農業協会（2005年）

国際連合食糧農業機関（編）：世界の飢餓根絶のために，国際農林業協力・交流協会（2007年）

国際連合食糧農業機関（編）：世界の飢餓人口を半減するために，国際食糧農業協会（2006年）

国際農林業協働協会（編）：増加する飢餓人口，国際農林業協働協会（2008年）

是永東彦（編）：国際食料需給と食料安全保障（農林水産文献解題），農林統計協会（2001年）

国連世界食料保障委員会専門家ハイレベル・パネル/家族農業研究会他（訳）：家族農業が世界の未来を拓く，農文協（2014年）

薄井寛：2つの「油」が世界を変える，農文協（2010年）

平賀緑：食べものから学ぶ世界史，岩波書店（2021年）

斎藤幸平：人新世の資本論，集英社（2020年）

荏開津典生・鈴木宣弘：農業経済学（第5版），岩波書店（2020年）

9章　日本の食料政策

白石正彦・生源寺真一（編）：フードシステムの展開と政策の役割，農林統計協会（2003年）

服部信司：価格高騰・WTOとアメリカ2008年農業法，農林統計出版（2009年）

生源寺真一：農業再建，岩波書店（2008年）

進藤榮一・豊田隆・鈴木宣弘（編）：農が拓く東アジア共同体，日本経済評論社（2007年）

梶井功（編集代表）：農業構造改革の現段階，農林統計協会（2007年）

生源寺真一：現代日本の農政改革，東京大学出版会（2006年）

大塚茂・松原豊彦（編）：現代の食とアグリビジネス，有斐閣（2004年）

北出俊昭：日本農政の50年—食料政策の検証，日本経済評論社（2001年）

鈴木宣弘：現代の食料・農業問題，創林社（2008年）

佐藤洋一郎：米の日本史，中公新書（2020年）

小田切徳美：農村政策の変貌，農山漁村文化協会（2021年）

10章　食品の安全政策と消費者対応

中嶋康博：食品安全問題の経済分析，日本経済評論社（2005年）

中嶋康博：食品の安全と安心の経済学，コープ出版（2004年）

新山陽子（編）：食品安全システムの実践理論，昭和堂（2004年）

嘉田良平：食品の安全性を考える，放送大学教育振興会（2008 年）

大賀圭治：食料と環境，岩波書店（2004 年）

柴田明夫：食糧争奪，日本経済新聞社（2007 年）

天笠啓祐：世界食料戦争，緑風出版（2008 年）

渡辺正・林俊郎：ダイオキシン，日本評論社（2003 年）

嘉田良平・西尾道徳（編）：農業と環境問題（農林水産文献解題），農林統計協会（1999 年）

環境省総合環境政策局環境計画課（編）：環境白書，日経印刷（各年次）

国際連合食糧農業機関（FAO）（編）：世界食料農業白書，国際農業食糧協会（各年次）

OECD 環境局（監修）：OECD 世界環境白書，中央経済社（2002 年）

国際連合食糧農業機関（編）：世界の食料ロスと食料廃棄，国際食糧農業協会（2011 年）

小林富雄：食品ロスの経済学，農林統計出版（2015 年）

石橋春男：環境と消費者，慶應義塾大学出版会（2010 年）

吉積巳貴・島田幸治・天野耕二・吉川直樹：SDGs 時代の食・環境問題入門，昭和堂（2021 年）

11 章　日本の食料問題を考える

T. W. シュルツ/逸見謙三（訳）：農業近代化の理論（UP 選書），東京大学出版会（1969 年）

食生活研究会：これからの食生活，農林統計協会（1976 年）

吉積巳貴・島田幸治・天野耕二・吉川直樹：SDGs 時代の食・環境問題入門，昭和堂（2021 年）

后 记

POSTSCRIPT

约四年前，本书译者之一刘坤博士联系我们说，上海海洋大学原校长程裕东推荐翻译《食物经济》。当时，我们正在筹备该书第6版，于是答复说，如果要翻译，最好是用最新的数据，所以建议翻译最新版。2022年10月，《食物经济》（第6版）在日本如期出版。约三年后，我们很高兴看到这本书的简体版在中国出版。

在日本，随着经济的发展，食物的外部在不断推进，"饮食"与"农业"的距离在不断的扩大。也就是说，农业与饮食之间介入了各类食品产业的参与者，因此要分析食物经济全貌就必须掌握包括食品产业在内的整体系统的组成及变化规律。为了解析该系统及其变化规律，我们通过出版《食物系统研究全集》（共8卷）等理论书确立了"食物系统"的概念。正如《食物经济》（第6版）副标题"从食物系统视角分析食物问题"所示，该书的起点是为初学者了解该系统所准备的，初版在日本发行于1991年。

20世纪90年代，程裕东教授在日本东京海洋大学做客座教授时，读到了《食物经济》的第1版，由此与原著作者日本大学教授高桥正郎结下了友谊。回头来看，这也是本书翻译的起点。程教授认为，中国需要食物系统的视角，于是在他的协作努力下，2007年上海海洋大学食品经济与管理系成立。此后，该系教师与日本大学食品经济系教师进行了多次的学术交流。这本译著的出版，是程教授为深化中国食物系统研究而辛勤耕耘的研究成果之一，也是程教授与刘坤、陈廷贵等研究同仁们结下的不解之缘，该书的出版必将成为中国食物系统研究领域的基石。

伴随着中国居民收入水平的显著提升，食物外部化趋势日益凸显，这一消费升级现象直接印证了中国从农产品净出口国向进口大国的结构性转

型。我们希望本书的出版能推动食物系统研究在中国的蓬勃发展，也希望
这一研究方法能通过本译著在亚洲地区得到进一步推广。

高桥正郎、清水美悠纪

2024 年 5 月 1 日